DRAMATURGIA DE FRONTERA / DRAMATURGIAS DEL CRIMEN

A propósito de los teatristas del norte de México

Gustavo Geirola

DRAMATURGIA DE FRONTERA
/
DRAMATURGIAS DEL CRIMEN

A propósito de los teatristas del norte de México

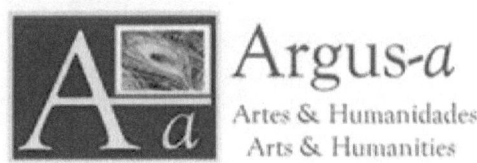

Buenos Aires, Argentina - Los Ángeles, USA
2018

DRAMATURGIA DE FRONTERA/DRAMATURGIAS
DEL CRIMEN. *A propósito de los teatristas del norte de México*

ISBN 978-1-944508-17-3

Ilustración de tapa: Lucia Urrea
Diseño de tapa: Argus-*a*.

© 2018 Gustavo Geirola

All rights reserved. This book or any portion thereof may not be reproduced or used in any manner whatsoever without the express written permission of the publisher except for the use of brief quotations in a book review or scholarly journal.

Editorial Argus-*a*
16944 Colchester Way,
Hacienda Heights, California 91745
U.S.A.

Calle 77 No. 1976 – Dto. C
1650 San Martín – Buenos Aires
ARGENTINA
argus.a.org@gmail.com

a Rocío Galicia

a Mara Maciel

a Les Howard

He aquí, a mi entender, la cuestión decisiva para el destino de la especie humana: si su desarrollo cultural logrará, y en caso afirmativo en qué medida, dominar la perturbación de la convivencia que proviene de la humana pulsión de agresión y de autoaniquilamiento. Nuestra época merece quizás un particular interés justamente en relación con esto. Hoy los seres humanos han llevado tan adelante su dominio sobre las fuerzas de la naturaleza que con su auxilio les resultará fácil exterminarse unos a otros, hasta el último hombre. Ellos lo saben; de ahí buena parte de la inquietud contemporánea, de su infelicidad, de su talante angustiado. Y ahora cabe esperar que el otro de los dos «poderes celestiales», el Eros eterno, haga un esfuerzo para afianzarse en la lucha contra su enemigo igualmente inmortal. ¿Pero quién puede prever el desenlace?

Sigmund Freud. *El malestar en la cultura* 140

One of the foremost tasks of art has always been the creation of a demand which could be fully satisfied only later.

Walter Benjamin, "The Work of Art" 237

INDICE

Prólogo   1

PRIMERA PARTE

Introducción   9

Capítulo 1
Breve encuadre teórico y terminológico:
haciendo pactos con el lector   21

    1.- *Un marco para reflexionar*   21
    2.- *La verdad y el teatrista*   25
    3.- *Verdad y cinismo*   29
    4.- *Verdad, praxis teatral y exigencia de teoría*   31
    5.- *Breve introducción al concepto de teatralidad*   34
    6.- *Las máscaras espectatoriales*   38
    7.- *Los temas y la praxis teatral*   41
    8.- *La dimensión estética del incesto*   42
    9.- *De la realidad y lo real*   44
    10.- *Creación colectiva vs. teatro de la multiplicidad*
        o intensidad   51
    11.- *De la identidad y los ideales*   57
    12.- *De los ideales y la parresia*   61
    13.- *Del sentido y del 'yo no entendí nada' vs.*
        el sinsentido y el enigma   70
    14.- *Construcción de hegemonía y la cuestión de la verdad*   71
    15.- *Transgresión y emancipación*   72
    16.- *La cuestión del cuerpo*   77

Capítulo 2

Frontera, agresividad y dramaturgia   87
Alienación, emancipación y hegemonía   97

SEGUNDA PARTE

Capítulo 3
La praxis teatral y la verdad   105

*Una propuesta norteña: la dramaturgia
imaginada por Ángel Aurelio Hernández* — 105
Foucault y Lacan: teatralidad y representación — 108
Praxis teatral y parresia — 110
*Verdad y semblante de la verdad: del mediodecir
y del no-toda* — 113
Parresia: epicureísmo, estoicismo y cinismo — 120
Pervertir la dramaturgia — 123

Capítulo 4
De los ideales y de la praxis teatral — 129

Del Ideal y de los ideales — 129
Superyó, ley, culpa — 141
*Las vicisitudes poéticas de la función teatral:
de los nombres propios* — 148
Del morbo, de lo pulsional — 152
Las dramaturgias del crimen y lo real — 159
Del sentido y del sin-sentido en la praxis teatral — 167

INTERMEDIO

El poder del silencio, el silencio de la pulsión — 169

Capítulo 5
Del Padre fragmentado y sus consecuencias socio-políticas — 177

*El más allá de la ley: Padre fragmentado
y mundo apocalíptico* — 178
Las mujeres, lo trágico y lo patriarcal — 186
La cuestión del asco: amor, pulsión y violencia — 195
*De la culpa y de la subjetivización de la culpa:
psicoanálisis, praxis teatral, institución jurídica* — 201
Emancipación: alienación y separación — 206

Capítulo 6
A manera de conclusión 227

Hacia una nueva dramaturgia 227
Manifiesto hernandiano: una estética
de la frontera estructural 230
El teatrista ciudadano 236

BIBLIOGRAFIA 243

PROLOGO

> ¿Ha olvidado el hombre industrial de Occidente la ley de la especie, las grandes escenas teatrales que dicen lo indecible para imponer al hombre el límite sin apelar al crimen consumado?
>
> Pierre Legendre, "El hombre homicida", en *La fábrica del hombre occidental* 52

No recuerdo cuándo fue la primera vez que visité la ciudad de Tijuana; sin embargo, recuerdo perfectamente cuándo efectivamente pude empezar a conocerla, gracias a la guía de Leslie Howard, más conocido de ambos lados de la frontera como Les, profesor de sociología en Whittier College. Fue él quien me paseó por sus calles, me habló de los secretos de esa ciudad y sobre todo me hizo probar delicias de la comida mexicana que él no desconocía. Dedico este libro a su memoria, dedicatoria que Les tendrá que compartir, como se verá, con dos mujeres cruciales para la existencia misma de este ensayo.

En efecto, este libro se origina en la gentil invitación que me cursara el Centro de Cultura de Tijuana (CECUT) para participar en el Encuentro de Dramaturgia y Teatro realizado en esa ciudad de Baja California en septiembre de 2017, evento en el que también fungí como jurado para la selección de obras que serían invitadas al Encuentro. En el fragor de las siempre ajustadas fechas con que uno debe responder a estas invitaciones, arriesgué un título por demás ambicioso: "De lo real, de la realidad y la cuestión de los ideales y la verdad en el teatro de la frontera norte de México". Al tiempo, cuando se acercaba la fecha y me puse a preparar la charla, me di cuenta de que iba a resultar casi imposible cubrir, en el tiempo que me habían asignado, no digo todo, sino apenas una mínima parte de lo indicado en ese título. Sin embargo, como hago habitualmente cuando me enfrento a la oportunidad de aprender algo, decidí comenzar mi investigación y dejarme llevar por la escritura, posponiendo para último momento seleccionar aquello que me pareciera más adecuado para disertar en Tijuana.

El título de la charla era el resultado de una serie de cuestiones que me venían preocupando como director de teatro y, en parte, como dramaturgo y hasta dramaturgista, de este lado de la frontera norte de México, esto es, en Los Ángeles, puesto que cada año realizo un espectáculo con estudiantes que crean una obra, siempre de tipo experimental. El evento me ofrecía la oportunidad de enfocarme en algo concreto, a pesar de mi casi total desconocimiento del tema: son pocos los autores del norte mexicano que conozco personalmente, pocos también a los que he leído y casi insignificante mi experiencia como público en cuanto a las puestas en escena de ese teatro. Aun así, no me permití 'achicopalarme', como dicen allá. Sentía que tenía un cierto compromiso con alguien, justamente con Rocío Galicia, a quien conozco desde hace mucho tiempo y quien se ha ocupado y especializado en el teatro de la frontera norte de su país. Rocío tiene muchos libros publicados, algunos con entrevistas –que conformarán, como se verá, la base inicial de mi investigación— y otros con obras de los autores norteños, amén de muchos ensayos publicados por el Centro de Investigaciones Teatrales Rodolfo Usigli (CITRU), donde trabaja, y otras editoriales, y ponencias presentadas a muchos congresos.

A ella y a Mara Maciel del CECUT, que tantas veces me ha invitado a sus eventos, está dedicado este libro porque, en cierto modo, la cuestión teatral en México, sobre todo en la frontera norte, me involucra de muchas maneras gracias a ellas. No solo por la cercanía de dicha frontera a Los Ángeles, donde resido, sino por la historia que se remonta varios años atrás cuando Lola Proaño y yo pergeñábamos ese proyecto monumental publicado en el 2010 por el Instituto Nacional de Teatro de Argentina: tres enormes volúmenes de 900 páginas cada uno, con tres DVDs, titulado *Antología del Teatro Latinoamericano (1950-2007)*, recientemente digitalizado por el CELCIT Argentina, en 14 volúmenes. Se incluyen allí muchas obras en un acto de dramaturgos de casi todos los países de la región, con introducciones y biografías realizadas por críticos y expertos en cada país. Una de las investigadoras participantes es, obviamente, Rocío Galicia a quien, en aquellos años, le solicitamos una obra representativa de la frontera norte de su país, habida cuenta de que, en los inicios del proyecto, teníamos en mente una pequeña antología que sirviera para la enseñanza del teatro latinoamericano en los Estados Unidos. Nos pareció crucial incluir una obra de la frontera, que de una u otra manera atraviesa la experiencia de muchos estudiantes Latinos en Estados Unidos. Como se puede ver, el entusiasmo nos rebasó al punto que hoy nos parece casi un sueño ver esos voluminosos libros impresos y digitalizados. En aquel momento, como relata la misma Galicia y Enrique Mijares en los respectivos prólogos e introducciones a *Dramaturgia en contexto I y II*, pocos en la capital de México prestaban su debida atención al teatro de su región norte, de modo que, pasado el momento de la sorpresa por esa falta, Rocío se abocó a darle la presencia que merecía y, a partir de ahí, con sus viajes y sus publicaciones, que indudablemente continúan, tenemos un corpus de textos de toda índole para abordar un tema que nos duele de un lado y del otro de la frontera entre los dos países.

No resulta fácil conseguir obras de la región norte de México en Estados Unidos, razón por la cual, viéndome en la necesidad de abordar los temas que me había propuesto para la charla, recurrí a Rocío Galicia para gestionar algunos materiales que me interesaban puntualmente y que ella, con rapidez, depositó en mis manos digitales, vía Internet. Tenía en mi casa algunos de sus libros, particularmente el titulado *Dramaturgia en contexto I*, con entrevistas a dramaturgos y dramaturgas de varios estados mexicanos de norte; le solicité el segundo tomo. Como la entrevista que más me fascinó fue la realizada a Ángel Aurelio Hernández, del Estado de Tamaulipas —tal como se verá en este libro, casi exclusivamente construido sobre dicha entrevista y una de sus obras— volví a recurrir a Rocío para que me hiciera llegar *Padre fragmentado dentro de una bolsa*, obra con la que el autor ganara en el 2013 el premio Víctor Hugo Rascón Banda, otorgado por el Gobierno del Estado de Nuevo León y que fuera inmediatamente publicada ese mismo año. Si bien este libro se centra en las entrevistas y esa pieza de Hernández, a veces he incluido algunos comentarios sobre materiales de otros autores, incluso otras piezas que el mismo Hernández tuviera la gentileza de enviarme, dejando abierta mi curiosidad para continuar con otras lecturas sobre una cuestión tan dolorosa como es la frontera.

Como se apreciará a lo largo de la lectura de este libro, el movimiento de mi escritura, los problemas que suelo enfrentar al momento de trabajar en la puesta en escena de obras en la institución donde me desempeño, el impulso de mis propias preocupaciones en el campo de la *praxis teatral*, disciplina que vengo intentando construir desde hace bastante tiempo, me fueron orientando –sobre todo a partir de un *fragmento* de la entrevista a Hernández— a reconceptualizar, desde los marcos teóricos que frecuento (Michel Foucault y su genealogía; Lacan y el psicoanálisis), el vocablo "frontera" y, al hacerlo, con todo el encanto y hasta el hechizo que comencé a experimentar mientras preparaba la charla, se fue borroneando este libro que, obviamente, no tiene como objetivo ni tampoco como resultado una investigación detallada del teatro norteño mexicano.[1]

Un lector que quiera conocer al detalle el teatro de esta región mexicana debe recurrir a los trabajos de Rocío Galicia, de Enrique Mijares, de Hugo Salcedo (dramaturgo dos veces premiado a nivel nacional), de José Ramón Alcántara Mejía, Iani del Rosario Moreno y tantos otros; no siendo ni pretendiendo ser un experto en el tema, me he servido de ellos en varios momentos de la escritura de este libro que, como verá el lector, muy velozmente me impuso un itinerario propio al que no pude renunciar

---

[1] El lector interesado en un panorama pormenorizado de la historia y el teatro fronterizo norteño en México puede consultar el libro, brillantemente documentado, *Theatre of the Borderlands, Conflict, Violence and Healing*, de Iani del Rosario Moreno. Nuestro objetivo en este libro es cualitativamente diferente: nos interesan los problemas suscitados por la frontera (que definineremos como estructural, pulsional) al teatrista en su saber-hacer de la praxis teatral; no es objetivo de nuestro libro ni el análisis de los textos dramáticos, ni el acopio de datos históricos o brindar un panorama detallado del teatro norteño.

justamente por aquello mismo que está en el corazón de mi charla tijuanense y de mis intereses como teatrista (más que como investigador), es decir, lo que constituye el núcleo de este libro: en primer lugar, *el coraje de la verdad*, frase hegeliana que Foucault hace suya para titular su famoso curso de 1983-1984 y, en segundo lugar, esa frontera que, más adelante, denominaré "estructural", a partir de los conceptos psicoanalíticos.

PRIMERA PARTE

INTRODUCCION

> Yo he sido, pues, un tipo inconforme; yo creo que hay que ser rebelde, inconformes; todo el teatro que he escrito ha provocado controversias o problemas [...] por lo general, me gusta o trato y a veces logro poner el dedo en la llaga... [...] es que el teatro siempre ha sido de denuncia, siempre ha sido político... [...] la verdad se vuelve sospechosa en México [...] todos los dramaturgos han tenido problemas con sus gobernantes... [...] algunos disfrazan las cosas de una manera u otra por la represión que hay, pues nosotros no, lo decimos más abiertamente... el teatro es una religión, es mi religión...
> Óscar Liera[2]

A pesar de la ironía que representa su muerte, Walter Benjamin siempre subrayó la importancia de la esperanza en momentos crepusculares del mundo, el del nazismo, que lo tocó personalmente, y eso vale también para el nuestro hoy, no menos horripilante. Todavía para 1940 "aún subsiste [en Benjamin] esta utopía, pero ya sin esperanzas en la política ni en los políticos actuales, manifestando su repudio por la 'complacencia' de la socialdemocracia y de la unión soviético-fascista" (Perucci 145). Benjamin deviene el sujeto —trágico, si se quiere calificarlo de algún modo— en el que se cruzan e intersecan las coordenadas del siglo XX: por un lado, un pensador segregado de los círculos filosóficos, un forastero de la filosofía, un nómade casi deleuziano, que atraviesa las fronteras y la micropolítica de las fronteras, alguien que, por la movilidad de su pensamiento, no puede ser capturado por el panoptismo impuesto por el Estado; por el otro, es el que hace el esfuerzo de resistencia —hasta su claudicación final con su suicidio— para sostener su esperanza en un movimiento de vaivén entre el materialismo y el mesianismo, es decir, entre una perspectiva marxista y una dimensión utópica. Si la esperanza tenía su sostén en el aura

---

[2] Ver *Óscar Liera (pasión por el teatro)*, de Óscar Blancarte (1992).

de las obras de arte, la tecnología con la reproductibilidad mecánica acabaría con ella, abriendo un campo de desencanto que el fascismo terminaría por consumar al hacer del arte un instrumento de dominación de las masas. A punto de salir del territorio europeo, Benjamin se suicida, cruza la frontera más definitiva. No es un acontecimiento meramente fatal; es un pasaje al acto paradigmático para el porvenir de la cultura. Si "[a]ll efforts to render politics aesthetic culminate in one thing: war. [Y si] [3]War and war only can sent a goal for mass movements on the largest scale while respecting the traditional property system", entonces "[o]nly war makes it possible to mobilize all of today's technical resources while maintaining the property system" ("The Work of Art" 241). Comprueba Benjamin cómo la humanidad con "[i]ts self-alienation has reached such a degree that it can experience its own destruction as an aesthetic pleasure of the first order. This is the situation –agrega—of politics which Fascism is rendering aesthetic. Communism responds by politicizing art" ("The work of art" 242). Su conclusión es que la destructividad de la guerra "furnishes proof that society has not been mature enough to incorporate technology as its organ, that technology has not been sufficiently developed to cope with the elemental forces of society" ("The Work of Art" 242).

Retengamos de estas citas, en primer lugar, la referencia a la *masa*: el ensayo "The Work of Art in the Age of Mechanical Reproduction" es de 1936; Freud ya había publicado en 1921 su famoso *Psicología de las masas y análisis del yo*, y *El malestar en la cultura* en 1930, también, como Benjamin,

---

[3] Si "[todos] los esfuerzos por hacer que la política estética culmine en una cosa: la guerra. [Y si] La guerra y solo la guerra puede enviar un objetivo a los movimientos de masas en gran escala respetando el sistema de propiedad tradicional", entonces "solo la guerra hace posible movilizar todos los recursos técnicos actuales mientras se mantiene el sistema de propiedad". Comprueba Benjamín cómo la humanidad con "su auto-alienación ha alcanzado tal grado que puede experimentar su propia destrucción como un placer estético de primer orden. Esta es la situación -agrega- de la política que el fascismo está tornando estética. El comunismo responde politizando el arte". Su conclusión es que la desestructividad de la guerra "es una prueba de que la sociedad no ha madurado lo suficiente como para incorporar la tecnología como su órgano, que la tecnología no ha sido suficientemente desarrollada para hacer frente a las fuerzas elementales de la sociedad" (mi traducción).

conmovido por el estupor de la guerra y el rumbo que estaba tomando la "civilizada" Europa de su tiempo. Benjamin apela al psicoanálisis en su ensayo sobre el arte, de modo que probablemente buscaba a su manera una perspectiva novedosa sobre la catástrofe bélica y el malestar en la cultura como suplemento de la freudiana. Casi reescribe en parte el epígrafe de Freud que pusimos a este libro. Subrayemos, también, el término *autoalienación* y la referencia al *placer* estético que, puesto en sintagma con "su propia destrucción", va a llevarnos, a lo largo de este libro, a la cuestión del *goce* tal como Lacan lo conceptualizara al final de su enseñanza. Será preciso volver e interpretar a nuestro modo aquello de "las fuerzas elementales de la sociedad", que puede leerse desde el psicoanálisis como un campo pulsional que desestabiliza el contrato social. Benjamin percibe, pues, cómo se cancela todo ideal histórico de redención de una humanidad empeñada en la autodestrucción de sí misma y de la naturaleza. Todas sus ilusiones de emancipación de la humanidad quedaban arrasadas por el nazismo y el stalinismo; constataba así que la catástrofe de la guerra ponía en tela de juicio toda idea de progreso en la historia y ya parecía una certeza indiscutible el hecho que la barbarie pudiera desplegarse nuevamente en la Europa que le tocó vivir. Caída, pues, de todas las utopías.

Recientemente, el filósofo argentino José Pablo Feinmann escribía que "[a] veces parece que se cerraran los espacios y horizontes de la esperanza. El grupo siempre está en crecimiento. Y aunque se atraviese una etapa en que todo se obstina en estar mal, siempre hay que sostener la mirada crítica, esa que ve el desajuste en que se nos quiere hacer vivir. El desajuste es lo que se produce entre las políticas del poder y los intereses de las clases no poseedoras. El neoliberalismo vive en ese desajuste que constantemente reproduce" ("El hombre libre"). Trataré, con mis pocos medios, de hacer honor en este libro a la esperanza y poder articular algo que valga la pena sobre el tema que me propuse. Sin embargo, por mi orientación lacaniana, debo advertirle al lector no alentar demasiado optimismo. En todo caso, la cuestión sobre qué esperar (de la lectura, en este caso), podría mejor reescribirse, como lo hace Lacan, apelando al lector mismo: "¿de dónde espera usted?", pues el psicoanálisis "le permitiría [al lector, al teatrista, al analizante] esperar seguramente que el inconsciente del cual usted es sujeto pueda ser traído a la luz. Pero todo el mundo sabe [escribe Lacan y yo también] que no aliento a nadie a ello, a nadie cuyo deseo no esté decidido" ("Televisión", en *Otros escritos* 569). Espero, pues, que el lector de este libro tenga un deseo decidido.

Como lo expresé en el prólogo, voy a basar mis reflexiones fundamentalmente sobre las entrevistas realizadas por Rocío Galicia a *teatristas* norteños en sus dos tomos de *Dramaturgia en contexto*. Para introducirnos, y teniendo en cuenta que mis preocupaciones son las de la praxis teatral, es decir, las que le importan a un hacedor de teatro y no tanto quizás a un investigador teatral, me parece interesante detenerme en algunas cuestiones previas.

Tres cosas me llaman de entrada la atención en el aporte de Rocío Galicia: en primer lugar, la osadía, porque publicar esas entrevistas (más los libros con las obras de muchos de los entrevistados) es un gesto que apunta a una reparación, a una *falta* y que tiene connotaciones políticas ineludibles: al abordar el teatro norteño y darle visibilidad, Rocío procede a la canonización de los dramaturgos de la región y, como se sabe, ese gesto, casi un *desafío* realizado desde el centralismo político-cultural, a veces miope, sostenido típicamente desde la capital (y esto no es exclusivo de México, sino que ocurre en toda América Latina), está dando cuenta de una violencia epistémica en la medida en que, sin duda, su intervención provoca todos los disturbios artísticos y académicos que ocurren en estos casos, cuando se pretende alterar y ampliar el canon nacional. No es lo mismo realizar investigaciones y publicaciones regionales desde la misma región (como lo ha hecho, por ejemplo, Enrique Mijares), que hacerlo desde el centro, supuestamente representativo de la nación y su canon, y autoconcebido como un Otro simbólico al que, supuestamente, no le faltaría nada. Rocío, como investigadora, asume una falta en su saber, y la articula a la falta en el Otro de la nación. Y este gesto, como veremos en

Dramaturgia de frontera / Dramaturgias del crimen

la segunda parte de este libro, tiene consecuencias para la constitución del sujeto: de una falta a otra falta.[4]

En segundo lugar, Rocío utiliza la palabra "dramaturgia" en singular y eso es algo que valdría la pena discutir. Por las entrevistas incorporadas a sus dos libros e incluso en mi leve conocimiento de la producción teatral de la zona, me parece que habría que considerar la posibilidad de usar ese término en plural: si pensamos en la cuestión colonial, incluso la ejercida en América Latina por los centros capitalinos sobre el "interior" del país, entonces, tal como lo han visto algunos investigadores, la cuestión de la frontera podría invitar a pensar en su/s dramaturgia/s —en el sentido de que podría haber varias, tal como reconocemos hoy diversas epistemologías (indígenas, étnicas, criollas, de género, de clase, queer, etc.), o bien como se las puede diferenciar a partir de los cuatro discursos lacanianos.[5] Como teatrista que monta espectáculos con estudiantes en los Estados Unidos (mayormente Latinos), he comenzado a sospechar que la 'frontera' va más allá de lo padecido y transportado por los migrantes que circulan a su alrededor y las atraviesan en México/Estados Unidos y en diversas regiones del mundo. Así parece entenderlo también Elba Cortez Villapudua al decir:

> La frontera es más rica, más intensa, compleja [que el tema de los indocumentados y sus tragedias], y desde muchos ángulos los dramaturgos de esta zona estamos hablando de ella, partiendo en ocasiones de algo regional, pero con una mirada a lo universal. (II, 123).[6]

Hugo Salcedo, por su parte, dice escribir sobre la frontera, no sólo porque es la zona en la que vive, sino "porque es un fenómeno que acompaña a la historia del hombre" (II, 311). Me siento cerca de Salcedo

---

[4] Me permito jugar aquí con la palabra "sujeto" que, en inglés, también podría ser traducida como tópico o tema.

[5] Ver mi ensayo "Los cuatro discursos lacanianos y las dramaturgias".

[6] Todas las citas que refieren I y II, corresponden a *Dramaturgia en contexto I y II*.

cuando afirma que hay que entender "el cruce de fronteras, en todos los sentidos; no sólo geográfico sino también formal y estilístico" (II, 313).[7]

Como puede apreciarse, nos vemos enfrentados a dramaturgias diversas que abordan fronteras diversas (geopolíticas, emotivas, de género, de orientación sexual, de raza, etc.); todas ellas, no obstante, podrían ser como *síntomas* de una frontera más estructural, razón por la cual aquello que los personajes dan a ver en los escenarios, a pesar de admitir localizaciones precisas, podría ser interpretado como variaciones fantasmáticas de una problemática que va más allá de los conflictos que afectan a una región y pueden apelar a otros públicos. De hecho, algunas obras lo han demostrado, como, por ejemplo, la gran metáfora casi becketiana de *El viaje de los cantores*, de Hugo Salcedo, que va más allá de una circunstancia puntualmente localizada en el tiempo y el espacio. Mijares, con su sagacidad habitual, comenta esta transformación de la realidad en metáfora, no solo para el teatro norteño, sino para el teatro en general:

> Estoy convencido de que, desde el principio de los tiempos escénicos, incluyendo los prehelénicos, no sólo los personajes sino las situaciones, todo lo que concierne y participa en el acontecimiento teatral, se instala y sustenta en la realidad, para de inmediato trascender esa sustancia de realidad y convertirse en metáfora, ejemplo de duda, reflexión, refracción y no simple espejo ni mera copia al carbón del mundo. ("La violencia" 245)

---

[7] Yo mismo exploré todas las posibles sutilezas de la frontera (políticas, corporales, íntimas, emocionales) en *Border(s) tu: Rally of Redemption*, publicado conjuntamente por la UNAM, CISAN, el Tecnológico de Monterrey y Whittier College en el 2008, en un libro titulado *Speaking desde las heridas*, a cargo de Claire Joysmith (267-288). Es una propuesta multimedia e interactiva, que requiere varias pantallas, un trabajo actoral muy complejo porque no tiene personajes y, además, hibridiza teatro, performance, instalación; está en inglés y español y fue construida con *fragmentos* de poemas escritos por chicana/os y latina/os. Lo monté con estudiantes de Whittier College primero y más tarde con otros del Pasadena City College y pudimos presentarnos en varios lugares de Estados Unidos y también en un congreso de poesía en Hungría.

Dramaturgia de frontera / Dramaturgias del crimen

Al ser abordadas como síntoma (e incluso como *sinthome*, según la última enseñanza lacaniana), las fronteras suponen, implican, requieren o apelan a la cuestión de la memoria y la rememoración, de los pueblos y de la historia oficial, siempre sospechosa de la verdad, tanto como puede serlo "la novela familiar" que el neurótico relata a su analista. Sin embargo, eso no quiere decir que se podría ir al fondo de la cuestión para develar, como quieren los hermenéuticos, una verdad originaria reprimida, ya que siempre hay un núcleo traumático que funciona como *frontera*, que funge de límite, de borde a la rememoración. Núcleo que se resignifica infinitamente con cada lectura, con cada re-escritura o cada interpretación. ¿Cuál sería, para lo que nos va a ocupar en este libro, esta frontera *estructural*, en el sentido de frontera inevitable, de núcleo traumático?

En tercer lugar, aunque se habla de dramaturgia, resulta evidente que casi todos los entrevistados por Rocío Galicia son teatristas,[8] es decir, responden —comenzando por la figura epónima de Óscar Liera— a individuos que asumen casi todas las funciones teatrales: actor, director, dramaturgo, pedagogo, investigador, crítico, etc., tal vez —y como lo vemos hoy, no solamente en México—en la línea de escribir, como ya están haciendo algunos, casi *sobre* el escenario o con el escenario en la cabeza, y que cumplen el ideal ya elucubrado por Rodolfo Usigli cuando, como lo plantea Domingo Adame:

> La "visualización', decía Usigli, preexiste a la escritura de la obra y consiste en la objetivación de la trama y de los personajes—concreción del espacio, movimiento, colores—. Su insistencia en realizar una puesta en escena previa refleja el propósito de garantizar la presencia de "teatralidad" en el texto dramático. (33)

---

[8] Jorge Dubatti define al teatrista como un "creador que no se limita a un rol teatral restrictivo (dramaturgia o dirección o actuación o escenografía, etc.) y suma en su actividad el manejo de todos o casi todos los oficios del arte del espectáculo" (*El teatro laberinto* 14).

Asimismo, Ángel Norzagaray, bastante cerca de la aproximación que también hace el argentino Ricardo Bartís (*Cancha con niebla* 33) en relación al "relato de actuación" (que no es el relato o la fábula representada), declara que "los textos van saliendo con los actores" (II, 235). Por su parte, Calafia Piña nos dice que "a partir de la llamada dramaturgia escénica, voy fijando y descartando o replanteando asuntos de la trama, luego lo llevo al papel y queda documentado en éste" (II, 274). Además de dramaturgo, Edeberto Pilo Galindo nos cuenta que él asume roles de "tramoyista, escenógrafo, iluminador, director, musicalizo mis obras" (I, 133). Sergio Galindo nos dice: "Escribo y dirijo mis propias obras, simple y sencillamente porque eso ha sido para mí hacer teatro" (II, 135). Medardo Treviño, por su parte, afirma: "voy escribiendo las obras de acuerdo a lo que los actores están dando y las propuestas físicas" (II, 407).

Se ve bien en las entrevistas cómo avanzada la segunda mitad del siglo XX comienza a darse una presencia del teatrista que, por diversos factores, asume muchísimos roles que antes estaban separados en personas distintas. Sin duda, no es algo nuevo; ocurría lo mismo en la antigüedad y en otros momentos del teatro occidental en los que no existía la tiranía del texto dramático, del dramaturgo o del director.[9] Sin duda, esto cambia fundamentalmente la idea de la dramaturgia concebida y limitada a un dramaturgo de escritorio separado del escenario —como ya se ha repetido muchas veces— pero, lo que resulta peor, desentendido de la producción escénica. Enrique Mijares, asumiendo el teatro como una confluencia de disciplinas diversas, nos dice que "siempre he considerado que no hay papel pequeño y que incluso la más mínima participación técnica o tramoyística son sustanciales para ese fenómeno de adición e interdisciplina por excelencia que es el teatro" (I, 257). Esto también se ha dado en otros países latinoamericanos, y tal vez sea mi paisano Eduardo "Tato" Pavlovsky el que, además de hacer lo que otros, se dio al trabajo de teorizar sobre su escritura escénica. Entonces, cuando me refiero a la praxis

---

[9] Para un cuestionamiento y actualización sobre el concepto de "puesta en escena", véase el ensayo de Patrice Pavis titulado "La puesta en escena contemporánea como sociología".

teatral, estoy pensando en esa dramaturgia del teatrista inescindible de la actuación, de la puesta en escena, del trabajo técnico, de la financiación, de la promoción y otros tantos detalles que, como bien lo plantea Mijares, van requiriendo un saber mucho más complejo que el literario. Este libro, pues, no pretende ser un estudio del teatro mexicano de la frontera norte de México, sino una reflexión sobre los problemas que el teatrista debe confrontar en su praxis teatral frente a las cuestiones suscitadas por los impases de su propio saber-hacer teatral.

Finalmente, una reflexión general: me ha llamado la atención, tanto leyendo las entrevistas de Rocío como las que hice para *Arte y oficio*, cierto aislamiento de los dramaturgos o teatristas, muy restringidos a su región, a su entorno; ninguno, por ejemplo, parece conocer a sus colegas de otros países latinoamericanos o incluso de otras regiones de México, salvo algunas menciones a Sanchis Sinisterra, para los pocos que han viajado a España o tomado talleres o cursos con él. Rubén Sandoval, por ejemplo, debido a sus viajes tiene una obra teatral ambientada en París y un poemario erótico escrito en Holanda, con inspiraciones en el paisaje de Extremadura (II, 326). Hugo Salcedo, también muy viajero, incluye una viñeta dramática, titulada "Xixi", ambientada en la China, en su colección de obritas breves *Nosotras que los queremos tanto*, en la cual hay tres piezas sobre la condición terrible de la mujer musulmana; me refiero a "Maimoüna" e "Indira", esta última ambientada en Pakistán, y "Amou", que cierra el conjunto, con una mujer castrada, probablemente con referencia a la amputación del clítoris en alguna sociedad africana. Ángel Aurelio Hernández ha escrito piezas cuya acción ocurre fuera de México, con personajes de otras culturas, tales como *Hanoi Hilton* o *Suite Afganistán*. No obstante, a pesar de abordarse dramatúrgicamente otras regiones, no parece haber demasiado diálogo entre las regiones del país ni a nivel internacional.

La cuestión de la frontera parece imantar a los teatristas, como si algunas cuestiones que hoy afectan a sus sociedades no pudieran admitir otros paisajes. Desde lo fotográfico a lo metafórico, la frontera oficia como una *insignia* —ese fragmento de realidad elevado a significante—, sobre la cual Lacan medita al momento de tratar uno de los temas que nos ocupará en la segunda parte de este libro: el Ideal y las identificaciones. Y esa frontera parece también separar a los teatristas en múltiples aspectos, por ejemplo, el aislamiento respecto a su trabajo, el cual también los deja capturados, a pesar de sus esfuerzos por superarlos, en ideales de propiedad, de individualidad, de estilo y de roles tradicionales. En las entrevistas hay constantes quejas de los teatristas, en su relación con los directores: nadie se interesa por la producción del otro y por eso salta del escritorio al escenario y se aboca a producir su propia obra. López Arriaga, entre otros, dice que "los directores locales siempre han tenido un menosprecio por los dramaturgos locales" (I, 99); Edeberto Pilo Galindo asume que jamás otros directores le van a pedir su obra e hipotetiza que "a lo mejor a mí me sobra soberbia y a ellos les falta humildad. Así no vamos a hacer teatro. Hay un distanciamiento muy marcado entre Pilo Galindo y la comunidad teatral de esta ciudad [Ciudad Juárez]" (I, 140).

Me parece que esto no ocurría en los tiempos más auspiciosos de la Revolución Cubana, en la década de los 60-70, en la que primaron los intercambios, en las que las fronteras no imposibilitaban la re/unión. Tal vez en aquel entonces había una utopía, un ideal, otra insignia, que unificaba los esfuerzos; caída tal utopía, se astilla el espectro de unificación social y política y entonces se multiplican las voces y las versiones de la realidad,[10] lo que no es poco rédito, pero tal vez se fue perdiendo intensidad en los diálogos entre pares, abriendo la puerta a la soledad, al aislamiento, a las repeticiones, los estereotipos y los lugares comunes. No es sorprendente, entonces, que para Calafia Piña las temáticas que la obsesionan sean las del encierro y la espera, en la que "vamos construyendo

---

[10] La multiplicación de versiones de la realidad debe entenderse en la medida en que el sujeto no tiene acceso directo a la realidad 'material', objetiva —como imaginan los científicos o los psicólogos— sino por medio del filtro, si podemos decirlo así, de la realidad 'psíquica', siempre fantasmática y subjetiva. En el psicoanálisis y a partir de Freud se trata siempre de una realidad psíquica, que Lacan más tarde contrastará con lo real.

Dramaturgia de frontera / Dramaturgias del crimen

nuestros propios campos semánticos y nos aterra salir de éstos" (II, 278). Se mantiene en la región, no obstante, cierta actitud *estoica*, en la medida en que algunos dramaturgos norteños asisten a encuentros y talleres, donde se nuclean alrededor de la figura de un maestro que los incita a destrabar su escritura abriéndoles la posibilidad de consolidar su experimentación y su estilo.

Resulta evidente que la frontera en general y en el teatro norteño de México particularmente, requiere de una conceptualización en el marco de la praxis teatral; sin duda, como lo hemos sintetizado en este prólogo, la frontera convoca muchas cuestiones interdisciplinarias que, a su vez, van a redundar —como pretendemos iniciar con este libro— en la promoción de nuevos horizontes de trabajo para la praxis teatral. Este proyecto es apenas un intento de contribuir a un debate ya iniciado y que debe continuar.

CAPITULO 1

Breve encuadre teórico y terminológico: haciendo pactos con el lector

1.- Un marco para reflexionar

A fin de acercarme a mi tema, propongo enmarcar mis reflexiones con dos citas. Una del escritor y psicoanalista argentino Jorge Alemán quien, en una nota publicada en el diario Página 12, el 10 de agosto de 2017, y titulada "Capitalismo y vida", dice lo siguiente, después de enumerar los males de nuestros días:

> Tal vez en este abrupto paisaje contemporáneo, donde se podrían dar muchos más testimonios de la erosión de los lazos sociales provocadas [sic] por el Capitalismo se pueda captar que actualmente una política con trazos emancipadores debe disponer una teoría del sujeto y las posibilidades que puede desplegar en una praxis, donde su vida como sujeto no esté totalmente cautivada por la trama del Mercado y su despliegue. Finalmente se trata de pensar, por parte de la izquierda, en un orden simbólico, que al no ser inventado por nadie, tampoco por el capitalismo, porque en la lengua habita lo Común que no pertenece a nadie, pueda tener lugar la vida.

Propongo conservar esta cita en la memoria durante la lectura de este libro, como un telón de fondo de lo que me importa tratar. Quiero enfatizar en esta cita dos aspectos: el primero, que vivimos en un mundo donde los lazos sociales están erosionados, sea por la declinación de la función paterna, la ley, la autoridad, o por otros factores que sería largo enumerar e investigar. Se trata de una erosión progresiva causada por el desarrollo mismo del capitalismo. No es casual, como lo sumariza Nora Merlin en su libro *Populismo y psicoanálisis*, que las cuestiones ligadas a la gobernabilidad hayan comenzado a plantearse a partir del siglo XVII; una serie de pensadores (Hobbes, Rousseau, Taine, Le Bon, Tarde, Marx, Freud) ha abordado el tema de la constitución, poder y violencia de las masas en relación a las distintas estrategias de disciplinamiento y control social requeridas para impedir, frente al "resquebrajamiento, falla o déficit de autoridad", que los grupos humanos regresen "a su estado de naturaleza y que, llevado a su máxima expresión [ese déficit], puede devenir en la anarquía" (Merlin 23). Los debates van a centrarse en la oposición de teorías contractualistas y moralistas, en su esfuerzo por dar razón de los orígenes de la sociedad humana, civil o del Estado. Particularmente, nos interesan aquellas nociones que los diversos pensadores fueron proponiendo: contrato o lazo social, masa, pueblo, multitud, público, de las cuales dos (*masa* y *pueblo*) comenzaron a conceptualizarse en el psicoanálisis más reciente acuciado por los cambios políticos y culturales causados por el neoliberalismo.

Trabajaremos más adelante dos conceptos claves de estas aproximaciones psicoanalíticas que no son ajenos, como se verá, a la praxis teatral: identificación e idealización. Así, por ejemplo, exploraremos ambos conceptos en cuanto atañen a la figura del padre/líder; en este sentido, las entrevistas más patéticas de la colección en relación a las figuras parentales, parecen ser la de Ramón Perea, la de Daniel Serrano y la de Ángel Aurelio Hernández, a las que volveremos más adelante.

Alemán nos invita (y hasta plantea como urgente y necesario) vislumbrar, en la oscuridad medieval y barroca de nuestro presente de capitalismo neoliberal,[11] una política de emancipación para rescatar al ciudadano como sujeto, de la captura atroz, de la objetalización, cosificación y

---

[11] En "El otro, el muro", José Pablo Feinmann nos dice, hablando del neoliberalismo actual: "Asistimos a una reformulación tecnológica de la Edad Media". La medievalización provocada por la política neoliberal es un tema complejo ya tratado por varios investigadores; nos importa porque el neoliberalismo arrasa con las fronteras pero también las impone al dispersar y regionalizar a su antojo los límites nacionales o personales. Frente a eso, Feinmann, al referirse a las neobarbaries (particularmente los inmigrantes y diásporas causadas por el mismo neoliberalismo desarraigante), nos dice con tono esperanzador y optimista: "Entre tanto, en Estados Unidos los mexicanos se obstinarán en trepar por todos los muros que les construyan. El mundo de hoy es uno de miedo

Dramaturgia de frontera / Dramaturgias del crimen

que no cesa de construir nuevos muros, no de Berlín, sino de todas partes". Quede claro que, para el filósofo argentino, el miedo es sobre todo el de las élites neoliberales frente a estas neobarbaries. Y no deja de ser paradójico que propongan construir muros, cuando son esos mismos ideólogos de la libertad de mercado los que alardean de la caída del muro de Berlín, ese "símbolo de la Guerra Fría, del régimen estaliniano, de la esclavización del individuo, de lo que en verdad era el comunismo, de la ferocidad dictatorial, de la negación de la libertad". A la vez que afirman abatir –continúa Feinmann— la "cortina de hierro" en nombre de la libertad –obviamente solo la libertad del mercado, no la del individuo o de las naciones— también instalan sus muros de protección de aquellas masas hambrientas y desesperadas que amenazan sus privilegios y sus zonas exclusivas.

Guillermo Castillo Ramírez, catedrático de la UNAM, nos alerta con algunos datos que vale la pena tener en cuenta a lo largo de este libro y que, de algún modo, hace puente con las reflexiones de Feinmann y Alemán. En el 2000 el número de migrantes en el mundo alcanzaba el 2,8% de la población mundial; en 2018, ese porcentaje se ha elevado a 3,4%. Las tres causas principales de estos movimientos migratorios, expulsatorios de la nación, son, según este autor, (a) la disparidad entre países desarrollados y en vías de desarrollo; (b) los desastres naturales causados por el cambio climático que afectan, sobre todo, al "sur global" y (c) los conflictos armados y bélicos que intervienen en lugares claves para la economía neoliberal. Castillo Ramírez nos recuerda que la riqueza se concentra hoy en el 1% de la población mundial, con un 99% de pobreza creciente. Al leer su artículo, se me ocurrió pensar (desde lo que me importa, la praxis teatral y la cuestión del deseo), si los muros fronterizos ("muros" para metaforizar todos los obstáculos, materiales y jurídicos, que se ponen a la migración en muchas partes del planeta) no estarán allí para incrementar los réditos neoliberales con la migración. Y disparan mi reflexión estas frases de la nota: "La migración, contrario a los discursos xenófobos y racistas nacionalistas, *genera mucho dinero*" (énfasis mío); y esta otra: "Lo que sí acontece es que, derivado de políticas migratorias-fronterizas agresivas y de falta de regulación de los pagos y condiciones de trabajo, los migrantes en los países de destino están expuestos a situaciones laborales precarias, a bajos salarios, explotación y a la ausencia de derechos laborales y humanos". Me parece ver aquí la clave oculta del neoliberalismo capitalista: instalar muros (aunque los derriban donde les conviene, según conveniencias de la expansión del mercado, tal como nos plantea Feinmann), para atraer contingentes migratorios que se ofrecen a los mayores niveles de explotación económica y humana capaces de producir una plusvalía mayor que la que se obtendría con trabajadores ciudadanos, todavía precariamente sostenidos por regulaciones laborales, jurídicas, sindicales, etc. en cada nación desarrollada para los ciudadanos. Hay, pues, una hipocresía de los discursos del poder respecto a su intención de impedir el cruce de fronteras. Los migrantes conforman así una *masa* seducida por el muro: basta que haya una prohibición, una ley, para que haya deseo de transgresión, particularmente cuando este deseo se funda en una ilusión de bienestar o mejoría económica para la desesperación que provocan las tres causas mencionadas por Castillo Ramírez. Ilusión no sin cierto apoyo en la realidad, como lo demuestra el monto de remesas a sus países de origen que efectúan los migrantes. En consecuencia, no habría neoliberalismo sin muros y sin discursos xenófobos que contribuyen a justificar una mano de obra concebida como 'nuda vida' (Agamben), completamente sacrificable, sin remordimiento y sin mayores costos. Habrá que esperar en el hasta animalización realizada por el mercado y el consumo. Es decir, el autor asume –como Benjamin, como Feinmann—que es imprescindible articular un horizonte de esperanza; y si bien no estoy muy seguro que sea una tarea para la que la izquierda latinoamericana esté realmente preparada, me doy el lujo de reemplazar la palabra "izquierda" por la de "teatro". Como lo demuestra la prepotencia de trabajo de nuestros teatristas en su lucha contra la melancolización a las que nos quieren someter,[12] el teatro asume esa loable, noble tarea de vislumbrar la esperanza. "Creo que la esperanza –nos dice Ramón Perea— es lo único real y utópico a lo que me aferro hoy por hoy" (II, 255, 260), aunque "hablar de esperanza es predicar en el desierto" (II, 262), particularmente, como luego afirma, en un país donde "nos robaron la esperanza" (II, 256). Perea llama 'cinismo' a la hipocresía de los poderosos (partidos, sindicatos, monopolios, gobierno) que publicitan "el narcotráfico, sus crímenes, sus héroes y sus víctimas" para ocultar la verdad, es decir, la situación de injusticia y de impunidad que vive México (II, 256). Por eso insiste: "Creo que no debo callar, cuando la muerte vive en las calles de mi ciudad" (II, 255). Perea se asigna como teatrista la tarea de "hacer dudar [al público] de lo que vio [a fin de] que quiera indagar por su cuenta" (II, 265).

La segunda cita con la que enmarco este libro es la que tomo de una de las entrevistas (a mi ver, la más irreverente) de las publicadas por Galicia; me refiero a la de Ángel Aurelio Hernández, quien nos dice al final de su conversación con Rocío, qué espera él de la dramaturgia norteña, a saber, que

> se exente del tiempo y sus necesidades históricas, que se deje pervertir por el morbo y el cinismo de adentro, que

---

futuro más muros, proliferación de muros, fragmentación de la nación en feudos, hasta que una transformación cuanti-cualitativa acelere la contradicción al punto de que haya tantos muros y tanto horror como para que ese 99% asuma los riesgos de muerte en una lucha de clases revolucionaria. En este año de homenaje a Marx, no cabe otra reflexión.

[12] Ver mi ensayo "El bifurcado camino de la melancolía: La civilización del espectáculo y el futuro del teatro latinoamericano".

trabaje con la ausencia, que pierda el respeto, el miedo, la confianza, que ya no sea la vanguardia el efecto único que la seduzca, que ya no se llame innovación y que nos siga doliendo (I, 360).

Esta cita, más la pieza del mismo Hernández titulada *Padre fragmentado dentro de una bolsa,* nos llevará en la segunda parte de ete libro a un desarrollo extenso de índole teórica y con fuerte impronta en la praxis teatral.

2.- *La verdad y el teatrista*

Ambas citas nos permiten aproximarnos al tema de la verdad, de la relación del teatrista con la verdad. Casi todos los dramaturgos entrevistados por Galicia, de una manera u otra, admiten que sus obras surgen del dolor, del miedo, de la violencia, del peligro, de las ansias de justicia, de la esperanza. Por ejemplo, Jorge Celaya [II, 62, 69]) manifiesta que el teatro norteño es un teatro que le duele tanto al dramaturgo como al público. Edeberto Pilo Galindo, por ejemplo, dice: "Mis obras de teatro me duelen un chingo" (I, 145). Cutberto López Reyes expresa: "Creo en el teatro, le apuesto y deseo hacer un teatro inteligente, con ternura, con cierta dosis de cinismo, cabrón, ácido… "teatro" (II, 194). Mario Jaime Rivera confiesa que escribe teatro como catarsis o descarga pulsional: "Casi siempre [escribo] como una furia que debo descargar. […] Es como un vómito. El proceso es doloroso" (II, 290); y agrega más adelante en la entrevista: "En el teatro escupo lo que me arde, lo que me duele" porque, nos dice, para él "el ser humano [es] la plaga más virulenta de la biodiversidad y el sinsentido de la existencia" (II, 293), puesto que en el teatro "no espero nada más que ser sincero con mi visión, escribir lo que tenga que escribir" (II, 295), sin descuidar lo poético y hasta lo sublime (II, 296). Rafael Martínez, por su parte, nos cuenta que a la hora de escribir dejó de importarle el qué dirán y se abocó "a ser lo más honesto posible consigo mismo" (II, 205). Ramón Perea nos dice que busca "un camino honesto, sincero y humilde, [a fin de] presentar un discurso estético que satisfaga tus necesidades más apremiantes de lo que le quieres decir a tu sociedad, a tu público, y la realidad brutal y tiesa que te rodea" (II, 250).

Como vemos, se va diseñando, en varios dramaturgos, la idea de un "teatro ético", como lo denomina Rafael Martínez (II, 211), y lo retoma Calafia Piña (II, 278); es que ética es la única posición que un teatrista (al igual que un psicoanalista lacaniano) puede asumir en su praxis teatral. Y también abocan por un teatro con esperanza (II, 213), para retomar a Walter Benjamin.

Si la verdad y la esperanza son dos cuestiones que me preocupan como hacedor de teatro, en estas entrevistas he encontrado buena compañía. ¿Por qué me parece importante ocuparnos de la verdad, de la verdad en el teatro? Veamos: Demetrio Ávila afirma que cree en "el teatro que conduce a la verdad" (I, 350). También me siento acompañado por Manuel Talavera cuando en la entrevista afirma que debemos "cuestionarnos sobre el porqué del teatro, cuestionarnos qué tanto contiene de verdad el teatro como manifestación artística" (I, 191). Talavera es consciente, como lo plantean Foucault y Lacan, de las dificultades y los riesgos: "no es fácil decir la verdad y decirla a veces te puede costar muy caro" (I, 193). Por eso, como lo plantea Roberto Corella, sintetizando casi todo respecto a la dramaturgia norteña, la frontera es crucial porque es en sí una "zona de riesgo" (II, 106), que involucra no solo temas sino estilos y desafíos artísticos para significantizar un Real que acucia por todas partes.

Frente a esta situación de desubjetivación que produce el capitalismo neoliberal, Manuel Talavera no parece esperar respuestas al estilo de la filosofía, tal como es preocupación de los investigadores del teatro, aunque no de los hacedores. Por mi parte, a mí tampoco me seduce la filosofía de tipo apofántica, de prosapia aristotélica; las preguntas que me importan son las que me duelen, las que aparecen en mi praxis teatral, las que me interrogan en mi tarea como teatrista metido hasta la cabeza en las innumerables cuestiones que surgen en un proceso de producción teatral y que suelen evidenciarse en el ensayo. ¿Por qué nos importa saber – en todo caso, me importa a mí como teatrista, sobre todo cuando dirijo un espectáculo— cuáles son las formas de presentarse la verdad y cuál es la genealogía de aquellos conceptos que nos fueron "vendidos" en occidente desde Aristóteles sobre la verdad y la verdad teatral?[13] ¿Cuáles son los determinantes de la verdad teatral y cómo desafían o enfrentan los teatristas dichos determinantes en su tarea? ¿Qué relaciones tiene la verdad con la realidad y lo Real, dos dimensiones que no se confunden? ¿Qué pretensiones de universalidad tiene una verdad teatral? ¿Hay una verdad particular, singular, para una región, que la distinga de otra? ¿O de un teatrista que lo distinga de otro, más allá de la diversidad de estilos o enfoques? ¿Qué validez nacional puede tener una verdad regional, si la hubiere? ¿Qué ideales fundan u orientan la verdad de un sujeto? ¿Cómo se cruza la subjetividad del teatrista con su arte en relación a la verdad? ¿Hay ideales comunitarios o regionales, más allá de los nacionales impuestos por el Estado? Como puede apreciarse, estas preguntas diseñan un extenso programa para las investigaciones futuras.

No pretendo en este libro breve responder a todas estas preguntas, ni siquiera algunas, al menos directamente. Voy a dejarme llevar por mi discurso y espero, al menos, alcanzar un marco más o menos teórico, para que cada uno de los lectores pueda contestarse las preguntas que más lo hayan inquietado. Me limito, simplemente, a recordar la famosa frase de Lacan cuando hace hablar a la verdad, la cual nos dice "Yo, la verdad, hablo". Y Miller nos explica:

> Cuando Lacan hace que la verdad hable, la hace hablar como el enigma de la verdad, no como la verdad que dice lo que ocurre, no la verdad que habla claro y de manera directa, no la verdad que permite orientarse, sino la verdad "que se escabulle apenas aparecida", como él se expresa. No es la verdad de las familias ni la de las Academias, sino la verdad que es afín al enigma. A esto denomina verdad

---

[13] Ver mi ensayo "Una posible genealogía de lo político teatral: El régimen de verdad de la escena teatral."

propiamente dicha. No es la verdad lógica [...] Es la verdad que, en calidad de tal, se dice al margen, la que se cubre de figuras, de apólogos, de nubes, la que brilla en la oscuridad y también la que se extingue cuando se expone. Si permanece mucho tiempo al sol, se cancera... (*Un esfuerzo...* 28)

Y el teatro tenemos que pensarlo en esta dimensión lacaniana de la verdad porque, además, siendo la verdad la del goce y del deseo, y siendo oracular, es la verdad que no puede ser capturada por la ciencia o por el mercado, los cuales siempre apuntan a lo utilitario. El goce, por su parte, está fuera de esta dimensión utilitaria porque, como lo planteó Lacan, es lo que "no sirve para nada" (*Seminario 20* 11); sin embargo, es justamente la verdad relativa al goce lo que hay que saber. Y el *saber* tampoco debe ser confundido con el conocer o el *conocimiento*, que compete a las ciencias fácticas y a la filosofía. El saber es en psicoanálisis el saber no sabido del inconsciente. La verdad irrumpe en el acto teatral o en el teatro como acto; disparada por el significante, gambetea, si podemos decirlo en términos deportivos, el carácter mortificante de éste y apunta a lo vital: la verdad es así producto del arte, un artificio o, como inventa Miller, un *actificio* (*Un esfuerzo...* 38). La interpretación que hacen los académicos de una pieza o un espectáculo es siempre apofántica, está en la dimensión del conocimiento, debe responder a los protocolos de verdad/falsedad, de coherencia, por eso se habla de una ciencia o una filosofía del teatro con base en diversas disciplinas científicas. Pero la interpretación en psicoanálisis va por otro sendero: quiere promover "un significante que no podemos interpretar" (Miller, *Un esfuerzo...* 69). Y en cuanto al goce, pues no hay ciencia posible, porque no es interpretable y porque es singular; no hay estadísticas posibles sobre los goces, porque el goce no es calculable ni universalizable y menos aún previsible.

3.- *Verdad y cinismo*

Lo primero que deberíamos establecer, a partir de la genealogía[14] de la verdad que elabora Michel Foucault, es la verdad en el sentido de los cínicos. Ya vimos cómo Ramón Perea introduce en su entrevista el tema del cinismo y la hipocresía de los poderosos (II, 256); también Ángel Aurelio Hernández aspira a una dramaturgia que se deje pervertir por el 'cinismo de adentro' (I, 360). Conviene, pues, distinguir aquí el cinismo que nos va a interesar, tal como Michel Foucault lo plantea, del que hoy se practica en el discurso político: en efecto, para Foucault se trata del cinismo antiguo, diferente al cinismo contemporáneo, al que percibimos hoy como hipocresía, ése que en cierto modo ya preocupaba al Usigli de *El gesticulador*.

Foucault, en los últimos años de su enseñanza, va a buscar en la antigüedad greco-latina, sobre todo en el período del Imperio Romano, cómo se pensó y hasta cómo había una performance de la verdad. Imperio y verdad, imperio y decadencia, ésas son cuestiones que interesaron a Foucault y nos afectan hoy tanto como ayer y como a él. El cínico era aquel que hablaba con franqueza, con honestidad, decía *su* verdad, tal como los entrevistados por Galicia lo hacen. Es incluso una actitud, como le ocurre a Sergio Galindo, quien está por un "teatro honesto" (II, 140), que se extraña: "De mi etapa de juventud extraño horrores el arrojo, la desfachatez" (II, 138, ver también 146). Calafia Piña también afirma que hace "un teatro por decisión propia y honesto" (II, 281). Enrique Mijares subraya

---

[14] En su ensayo "Nietzsche, la genealogía, la historia", Foucault, al retomar dos conceptos del filósofo alemán, nos plantea dos vertientes para pensar la genealogía: como un "análisis de la *procedencia* [que] se encuentra por tanto en la articulación de cuerpo y de la historia. Debe mostrar al cuerpo impregnado de historia y a la historia como destructor del cuerpo" (15, énfasis mío). Además, nos invita a pensar la genealogía como *emergencia* a la que define como un punto de surgimiento, no de la esencia de la cosa, sino de la aparición de la regla o ley a partir de un estado de fuerzas, de un campo de lucha, "un lugar de enfrentamiento" (16). Se entiende que nosotros, por nuestra parte, hayamos definido la teatralidad (con sus seis estructuras) a partir de un campo agónico, de lucha, esto es, como política de la mirada, la que difícilmente puede fundamentar o sostener una idea del teatro como convivio.

esta cuestión en su prólogo al tomo II de *Dramaturgia en contexto* (II, 12). Es una verdad en la que el cínico creía y justamente la decía porque creía en ella. No es la verdad de Aristóteles, de la filosofía apofántica, la que surge de la lógica, la de la causa-efecto, la de la linealidad y el binarismo, la del sistema cerrado, pretendidamente universal y *supuestamente* análogo a lo Real, categorías éstas todavía hoy asumidas incluso por la ciencia o la semiótica, esa verdad que se discierne en el par verdad/falsedad, que requiere evidencias y demostraciones.

Quizá— por el peso de siglos en el teatro occidental— siempre resulte necesario insistir en referirnos a la tradición aristotélica en el campo teatral. Sin embargo, hoy –sobre todo en nuestros tiempos postfreudianos— se hace imprescindible resaltar su carácter opresivo y discriminador, no solo de la creatividad en sí misma, sino de las teatralidades latinoamericanas que responden a otros paradigmas no europeos. Aristóteles asume el rol de padre en los estudios teatrales y, por ende, como diría Lacan del Otro, aunque no existe, siempre tenemos que servirnos de él. "En realidad —nos dice Ángel Norzagaray— la historia comienza cuando el espectador se levanta de su asiento. El espectador de esta época construye con fragmentos las historias, no se detiene a que le cuentes una historia de manera lineal" (II, 239). Indudablemente está criticando directamente esa tradición de la narración organizada en forma lineal, con sus tres tiempos de comienzo/nudo/desenlace, y respetando la famosa unidad de acción. En un trabajo de 1994, Hugo Salcedo, al dar un panorama de la situación de la dramaturgia mexicana contemporánea, frente a las puertas del siglo XXI, ya nos alertaba "lo terrible que resultan los rumbos que en imparable carrera parecen [llevar] a la destrucción" (129), y hace una lista de estas destrucciones (el medio ambiente, el orden social), entre las que figuran, sin dudas, la negación de "la ley de la causalidad dramática" y "la fragmentación de un discurso globalizante" y "la desaparición del diálogo como transmisor verbal del conflicto" (130).

Dramaturgia de frontera / Dramaturgias del crimen

4.- *Verdad, praxis teatral y exigencia de teoría*

Como podemos ver, la cuestión de la verdad teatral se conecta inmediatamente con aquellos artefactos teatrales que el teatrista utiliza, maneja y hasta manipula para afrontar y trasmitir *su* verdad desde el escenario. Me he preguntado durante años por qué no había, salvo documentos muy marginados y dispersos, una disciplina teóricamente fundada que abordara de manera conceptual las dificultades y obstáculos que el teatrista enfrenta en su tarea creativa. Los teatristas tienen saberes, sin duda, pero no se articulan teóricamente, se limitan a ser nociones que no llegan a convertirse en conceptos. Por ejemplo, para llegar a la teatralidad, me pareció importante distinguir *lugar* y *espacio*, vocablos que traen bastante confusión cuando se los usa indiscriminadamente, como ocurre habitualmente cuando se conversa con los teatristas. Un *lugar* es lo empírico, que no podemos cambiar, tiene medidas precisas de altura, ancho y largo, tiene puertas o ventanas, tiene otros determinantes y, en general, ya se trate de salas o de lugares alternativos, no podemos modificarlos salvo si se emprende una obra de remodelación. En cambio, el *espacio* es parte de un discurso, tiene posiciones precisas para el que emite y para el que recibe la palabra, para el que ve y es visto. Pensemos en cualquier aula, hay un escritorio que espera al maestro, como sujeto supuesto saber, y hay bancos para los que se suponen no saben y vienen a aprender. Se trata de un espacio verticalizado para la transmisión del saber, un espacio atravesado por el discurso del Amo —bancario, diría Paulo Freire—, que se da en toda institución pedagógica, más allá de los relatos modernizantes que pretendemos sostener para horizontalizar el poder.

En una sala teatral, entonces, hay determinantes materiales para el lugar, pero en ella se pueden construir espacios diversos, basados en relaciones múltiples entre la escena y el público, las cuales pueden o no ser coherentes con la fábula. Habitualmente, los teatristas asumen el formato a la italiana y piensan que promoverán novedades a nivel de la fábula, sin transformar la relación espacial *discursiva*, no material, desde donde la escena es vista. Como veremos, el actor se enmascara con su personaje, pero el director procede a enmascarar la escena cuando dispone de espacios que podrían desestabilizar el típico y tradicional contrato con el público, basado en la *perversión* inherente a la teatralidad del teatro, que emergió con la modernidad europea. Grotowski intentó modificar este pacto, que no es ni esencial ni único, distribuyendo al público en un espacio muy diferente a la sala a la italiana; obviamente, el mapa de la política de la mirada en la teatralidad del teatro (como en el panóptico) va más allá de la materialidad de la sala, ya que esa específica relación contractual discursiva entre escena y público se puede reproducir en cualquier esquina de barrio. No es lo mismo sentarse en una platea a oscuras con otros ciudadanos y ver la acción distante e iluminada, que sentarse en una cama al lado del actor/personaje; tampoco es igual entrar a un espacio en el que falta la tarima para la escena y faltan las sillas. No ocurre lo mismo si hay sillas fijas dispuestas en cierta dirección para percibir lo-dado-a-ver por la escena, que cuando le damos una silla plegable a un ciudadano para que se ubique en donde mejor le convenga para sostener su perspectiva y ejercer su derecho (humano) a ver. La obra, el relato de la obra, puede ser un himno a la libertad y los derechos humanos, pero el verdadero contrato de teatralidad no está en la escena, está entre la escena y el público, y poca libertad y derecho a ver puede haber en un espectáculo que sostiene el pacto tradicional, que es una convención perversa y autoritaria fraguada a partir del Renacimiento. Muy *sádicamente*, de acuerdo a nuestro poder adquisitivo, nos ubican en los asientos que delatan nuestra posición social, nos dejan a oscuras, nos prohíben hablar, movernos, nos imponen el monofoco de la frontalidad, etc.

    Por razones como éstas, desde hace años, me he empeñado en acompañar mi tarea de teatrista con mi intento de conceptualizar lo que he denominado *praxis teatral*, ese espacio de trabajo y creatividad que ocurre, principalmente, durante los ensayos, pero que involucra, ciertamente, un antes y un después del mismo. La praxis teatral avanza, como el psicoanálisis, caso por caso, montaje por montaje, por eso un espectáculo concluye no con el estreno o la gira, no cuando termina la temporada, sino con las nuevas preguntas que le ha dejado al teatrista, las que orientarán su nuevo proyecto escénico. Aquello experimentado en un espectáculo redunda en nuevos desafíos a mi imaginación y creatividad para el espectáculo siguiente. En este sentido, vale la pena insistir: la praxis teatral como disciplina tiene un objeto muy diferente al de los estudios teatrales; efectivamente, no se limita al estudio del texto dramático o espectacular; por el contrario, aunque involucra a ambos, su campo de trabajo se enfoca en la elaboración de conceptos capaces de apoyar la tarea del teatrista con su saber-hacer, desde la pre- hasta la post-producción, pero fundamentalmente en lo concerniente a los ensayos y el montaje.

Siempre me pareció que la praxis teatral había quedado, como la *actio* en la retórica, muy descuidada por los mismos teatristas, salvo momentos fulgurantes, al menos para América Latina, con Enrique Buenaventura y Santiago García, que intentaron hacer un puente con las elaboraciones teóricas más sofisticadas en aquel momento en que les tocó trabajar y hacer como artistas. Al decir esto, no estoy pensando en aquellos maestros que se ocuparon de la actuación y la cuestión de la verdad relativa al actor y a la escena, como Stanislavski, Grotowski, Brook, etc. La actuación es un componente de la praxis teatral, pero no abarca por completo la índole de cuestiones ni involucra los saberes y las disciplinas a los que aspira la praxis teatral. Y al tratar estos aspectos, me siento acompañado por Antonio Zuñiga cuando en la entrevista afirma: "Creo que la renovación de la dramaturgia mexicana se dará cuando los dramaturgos podamos exteriorizar nuestros procesos, analizarlos y hacer teoría de ellos" (I, 215). Basta sustituir en esta cita "dramaturgos" por "teatristas" para acomodarse a mis objetivos.

Las aproximaciones académicas al teatro, las que estudian los textos dramáticos o los textos espectaculares, sea desde la semiótica, los estudios de género o estudios subalternos o postcoloniales, etc., pueden brindarnos enormes contribuciones; sin embargo, como teatrista, principalmente como director y hasta dramaturgo o dramaturgista, me siento en la necesidad de un saber que no tiene nada que ver con la lectura académica de textos, ni con la ciencia; es más, como un teatrista que apunta a una elaboración estética, me siento en la obligación de ir incluso *contra* la ciencia. El teatro no solo es efímero, sino contingente y, a pesar de los esfuerzos de Aristóteles, no puede haber ciencia de lo contingente. El teatro, como el arte, nada tiene que ver con la verdad en sentido científico, sino con *otro* tipo de verdad, la del *deseo*, esto es, como lo dice Ángel Aurelio Hernández, una verdad ligada a la *ausencia* de objeto, de ese objeto perdido que causa el deseo y, para esto, no hay semiótica que pueda asistirme. Un director no parte de signos sino de significantes a los que, primero, tiene que vaciar de sentido y luego atribuirle un significado que, probablemente, lo conviertan en signo, aunque poco tenga que ver con el que figura en el diccionario. Es este trabajo con el significante y la lógica del significante, tal como planteó Lacan, lo que nos permite la única posibilidad que tenemos de elaborar la cuestión del deseo y la del goce, esto es, la de la verdad del sujeto. Y esa verdad puede alojarse en la factura o lectura del texto verbal o en la puesta en escena, pero principalmente –y fue lo que más me preocupó desde el mero comienzo de mi trabajo como teatrista –en la *teatralidad*, entendida como política de la mirada, porque es ella la que establece el pacto (social y político) de la escena con el público.

5.- *Breve introducción al concepto de teatralidad*

Desde que empecé mi trabajo teatral, me vi necesitado de pensar la cuestión de la teatralidad. No la vi ni como ilustración o decoración de un texto dramático y menos aún como espectacularidad, que son los sentidos habituales que encontramos en las entrevistas, no solamente en las realizadas por Rocío Galicia en su *Dramaturgia en contexto I y II*, sino también en las realizadas por mí en mi proyecto *Arte y oficio*, que cubre las tres Américas, y las realizadas por Lola Proaño y por mí en *¡Todo a pulmón!* Mi primera aproximación a esta cuestión resultó en un largo trabajo[15] que

---

[15] Ver mi *Teatralidad y experiencia política en América Latina* (1957-1977), publicada en el 2000, y una síntesis ajustada y actualizada, en "Aproximación lacaniana a la teatralidad del teatro: desde la fase del espejo al modelo óptico. Notas para interrogar nuestras ideas cotidianas sobre el teatro y el realismo".

involucró, como lo señala Enrique Mijares, muchas disciplinas: arquitectura, teoría de la guerra, psicoanálisis, física, óptica, geometría, oftalmología, etc.

Sin pretender extenderme aquí sobre trabajos ya publicados, baste decir que entiendo la teatralidad como *política de la mirada*, esto es, se trata de concebir la teatralidad en un campo agonal, como lucha y poder, y como lucha por el poder. Distinguí, desde el comienzo, seis estructuras de la teatralidad que denominé, para bien o para mal: seducción, ceremonia, contra-rito, rito, teatro y fiesta. Al hacer estas distinciones, pude pensar la *teatralidad del teatro* como una entre otras y también como surgida en un momento preciso de la historia de Occidente: el Renacimiento y el comienzo de la modernidad. El gran diseño panóptico de la teatralidad del teatro lo constituye la sala a la italiana, pero no se restringe al mero edificio, sino a un mapa discursivo preciso y abstracto que puede reproducirse en cualquier parte. En esta estructura de la teatralidad del teatro hay privilegios y restricciones para *ver*, y todo se desarrolla bajo la *mirada* del Otro del poder.

La gente paga por ver: "tanto pagas, tanto ves", tal como lo plantea la teatralidad del teatro, como metáfora de todos esos aparatos de disciplina y control que Foucault estudiara tan puntualmente en los hospitales, las cárceles, las escuelas, los manicomios y, sorpresivamente, no en la sala teatral. ¿Hasta qué punto la ilusión (teatral) necesita de una distancia regulada que genere una confusión entre imagen real e imagen virtual? En su *Seminario 1*, al presentar su modelo óptico del ramillete invertido, con el juego de espejos cóncavo y plano, Lacan dice que hay que distinguir "a partir de las diferentes posiciones del ojo que mira, cierto número de casos que tal vez nos permitirían comprender las diferentes posiciones del sujeto en relación con la realidad" (191. Y más adelante en su seminario agrega que lo que el sujeto "ve en el espejo es una imagen, nítida o bien fragmentada, inconsistente, incompleta. Esto depende de su posición en relación a la imagen real. Demasiado cerca de los bordes, se ve mal. Todo depende de la incidencia particular del espejo. Sólo en el cono puede obtenerse una imagen nítida" (*Seminario 1* 213). Si trasladamos esto al teatro, podemos especular que hay una consistencia clasista muy marcada en la teatralidad del teatro: la producción de ilusión juega con la ubicación y la distancia. Y entonces la intervención política del teatrista va a residir en la manipulación del espejo y de los espacios; mayor o menor ilusión dependerán así del modo en que el teatrista se posicione respecto a la relación simbólica, porque es desde allí, acatando o transgrediendo, que se rompe el pacto óptico y consecuentemente el vínculo social. "La relación simbólica—dice Lacan— define la posición del sujeto como vidente" (214) y agrega aquello que exploraremos mejor en la segunda parte de este libro: "El ideal del yo dirige el juego de relaciones de las que depende toda relación con el otro" (214). Lacan invita a sustituir el espejo plano de su modelo óptico por un vidrio transparente: allí se da el caso como el de la famosa "cuarta pared", ya que nos hace creer que hay cierta relación entre nuestras imágenes y las imágenes de la realidad. Y allí el sujeto, si podemos decirlo así, percibe no lo empírico como tal, sino siempre lo que "puede" según lo simbólico, esto es, según esa guía que es el ideal del yo. Justamente por todo ello me preocupé de la teatralidad desde mis primeras puestas, no como decoración/ilustración de un texto, sino como política de la mirada, más allá de la obra o la ideología que ésta planteara.

    Emilio Carballido quedó sorprendido cuando una tarde, en la Universidad de Kansas, le expliqué cómo había montado su hermosa obra *Yo también hablo de la rosa* en 1990 en la Universidad de Tucumán. Me dijo que había visto muchas puestas de su obra, pero todas frontales, que jamás se imaginó que se podría plantear un pacto de teatralidad que tuviera como base nada más ni nada menos que lo que lacanianamente podría denominar el *fantasma fundamental* de esa pieza: la *versión*. Mi puesta en escena estuvo diseñada de forma tal que cada integrante del público, se sentara donde se sentara, quedaba en posición de tener solamente una *versión* del espectáculo, como le ocurre a todos los personajes de la obra respecto al descarrilamiento del tren causado por los niños. Había una distribución *espacial* con cinco posibilidades de ver, y en cada una, por diversos artefactos que manchaban la visión,[16] el público de cada sector podía escuchar unas escenas, pero no verlas, de modo que tenía que *inventar* su versión, tal como hacen los personajes de la obra. Amén de este diseño espacial, hubo que plantearse novedosas tácticas para el *casting*. Como cada actor tenía un personaje más o menos importante y un par más secundarios, y como se rotaba cada noche esos roles actorales, resultaba que si un ciudadano se hubiera propuesto venir cinco veces y sentarse en esos lugares, tampoco podía ver una versión definitiva, simplemente porque no la había, porque nunca la hubo. Cada noche rotaban los actores y, como habían ensayado sus escenas con directores diversos que trabajaron con plena libertad para elegir estilo de la escena (ópera, gauchesca, flamenco, etc.), tenían una aproximación diferente a la misma y se confrontaban allí, frente al público, en un riesgo actoral y artístico fascinante. Como puede fácilmente apreciarse, este diseño de espacio y de producción era consistente con la *problematización de la verdad* que Carballido hace en su famosa obra; bajo estas premisas, cada miembro del público podía también hablar de la rosa, su propia versión de lo visto y lo manchado. Esta puesta en escena, poniendo en crisis la estructura de la teatralidad del teatro, involucraba a su vez un procesamiento de los cuerpos, de la voz, de la luz, también ponía en juego la cuestión de la verdad, no sólo la de la fábula, sino la de la puesta en escena que la montaba y trasmitía. Como lo vienen viendo los teatristas contemporáneos, hay un relato de la actuación que no siempre tiene que ver con el relato entendido como fábula narrada en escena o, como ocurría en mi puesta, relato y montaje se homologaban estructuralmente.

La gente paga por ver. Pero, ¿por ver qué? En el teatro, aunque el público se detenga en lo imaginario (narración, palabras, luces, trajes, ídolos, etc.), paga para conocer *su* verdad, similarmente a como lo hace el

---

[16] "Lacan describe la mancha en el cuadro como la presencia de una impureza en el cuadro de la visión que nos informa sobre la división del sujeto" (Merlin 74).

analizante cuando narra y paga a un analista. Y esta verdad es, como vemos, la del deseo, no las vociferadas por los científicos o académicos, menos aún por los periodistas, usualmente contrastadas por estadísticas o en laboratorios. Y todo esto trae como consecuencia una necesidad de promover un saber que *no es* el que Aristóteles fraguó y con el que nos marcó por siglos, ni el de la filosofía del teatro ni el de los estudios semióticos, de género, postcoloniales, o queer. Ese saber que inventamos en el teatro es al que apunta la praxis teatral, de ahí la necesidad de teorizar y conceptualizar, no para producir conocimiento, sino para abrir nuevas dimensiones de creatividad artística.

6.- *Las máscaras espectatoriales*

Otra confusión nocional que atraviesa la experiencia de los teatristas y tal como ellos la manifiestan en sus entrevistas es la de recurrir descuidadamente, debido al peso de la tradición, a los términos *público* y *espectador* como sinónimos. Y resulta sorprendente que todavía ocurra esto, habida cuenta de que ya hoy a nadie, por ejemplo, se le ocurre confundir *autor* con *narrador*, *actor* con *personaje*. Me interesé en hacer de estos vocablos un par de conceptos que, de a poco, fueron sugiriendo cuestiones estéticas precisas durante mi trabajo como teatrista y abriendo nuevos rumbos a la creatividad.

El *público* es un incalculable, un impredecible en el sentido numérico con respecto a su calidad; el teatrista, más o menos, se orienta en esto, porque incluso con cierta intuición sociológica, como lo vemos en las entrevistas, sabe que su comunidad está afectada por los mismos horrores y goces que lo afectan a él o ella. Ambos, teatrista y público, a veces, son parte de la misma parroquia, es decir, como diría Lacan, comparten el mismo inconsciente. La obra, obviamente, no puede ser igual cuando es montada por teatristas de otra parroquia. Como plantea la psicoanalista argentina Patricia Leyack, toda lectura es siempre una escritura realizada por un sujeto (el mismo u otro) que, de pronto, se involucra en la letra del inconsciente y, al interpretarla, la reescribe. Nos dice:

> El inconsciente produce, entonces, escrituras. El inconsciente escribe. El asunto para nosotros, analistas, es cómo acceder a esas escrituras, cómo descifrarlas y producir con nuestra lectura una reescritura que, apostamos, modifique la posición del sujeto en relación al goce. (36).

Basta reemplazar el vocablo "analistas" por el de "teatristas" o "público" para que se nos abra la cita a múltiples cuestiones. Digamos que el público es un factor externo que, a su manera, interpreta, reescribe. Pero a diferencia del analista, el público asume un rol jurídico, para usar términos foucaultianos, en la medida en que acepta o rechaza lo que se le dio a ver; en muchos casos "esa verdad" como sanción social del público decide muchas cosas: suspensión de financiamientos, transformación y cambio de rumbo del teatrista, radicalización o aligeramiento o ablandamiento de su cinismo parresiasta (la lucha inclaudicable de Liera, en este sentido, es ejemplar para el teatro norteño, tal como se lee en uno de los epígrafes de este libro), el veredicto del público puede promover incluso hasta el abandono de su carrera como teatrista, a veces vislumbrado desde la frustración y el fracaso, como se lee en algunas de las entrevistas.

El *espectador*, sin embargo, es una máscara construida por el director. He hablado en algunos de mis trabajos de máscaras espectatoriales, porque todo teatrista no solo trabaja con el actor y los artistas involucrados en el proyecto escénico para "enmascarar" la escena (con vestuario, maquillaje, estilos de actuación, personaje, iluminación, música y sonido, etc.), sino que también dispone qué quiere dar a ver, cómo lo quiere dar a ver, desde dónde se debe ver o no se debe ver algo, etc. Y este "perspectivismo" está íntimamente ligado a la cuestión de la verdad teatral. A diferencia del público, este diseño del espectador es *calculable*. Lo he explorado a partir de las tres estructuras freudianas que Lacan enseñó: neurosis, perversión y psicosis, todas con una manera de darse la verdad del sujeto.[17]

---

[17] Ver mis ensayos publicados en la Revista *telondefondo*, "El director y su público: la puesta en escena y las estructuras espectatoriales"; "Praxis teatral y puesta en escena:

No es lo mismo montar una escena construyendo una máscara espectatorial neurótica, psicótica o perversa. La misma escena, con el mismo texto, exige procedimientos precisos para dar*se* a ver, sean éstos neuróticos, psicóticos o perversos. La máscara espectatorial que se disponga para una puesta en escena, con su propia economía libidinal, no hace circular el mismo sentido que las otras.

El público llega y puede entrar en el juego de la máscara que se le propone o puede rechazarlo y "mirar" como mejor le guste o como pueda, según el diseño espacial de la sala y la distribución que haya hecho el teatrista.[18] No tengo dudas de que la *política de la mirada* juega aquí un papel definitivo: la consistencia política del espectáculo no reside solo en el tema de la fábula, sino en la opción de la máscara espectatorial (entre otras opciones) que le parezca adecuada al teatrista para decir *su* verdad. De este modo, podemos decir que hay enmascaramiento tanto arriba como abajo del escenario, es decir, a ambos lados hay enmascaramiento: no solo los actores se enmascaran o son enmascarados por el director.[19] Hay, pues, una máscara espectatorial que ya está allí dispuesta por el teatrista antes de la llegada del público, una máscara que lo espera. Por eso me esfuerzo en mi praxis teatral, particularmente durante los ensayos, y sin hablar con mis actores y artistas de la escena, en tener más o menos clara la forma en que debo aprovechar los materiales que ellos traen y en función de pro-

---

la psicosis como máscara espectatorial en el ensayo teatral (1ª parte)"; "Praxis teatral y puesta en escena: la psicosis como máscara espectatorial en el ensayo teatral (2ª parte)".

[18] Debo agregar que en la puesta de *Yo también hablo de la rosa* habíamos azarosamente asignado colores a los asientos de la sala: rosa y celeste, para marcar el registro simbólico respecto al género sexual. Era interesante comprobar cómo, en algunos casos, una pareja heterosexual se sentaba y, al rato, el señor se daba cuenta de que estaba sentado en la silla rosa e invitaba a su pareja a cambiar posiciones.

[19] En Guanajuato, durante un taller que compartimos con los actores de la universidad, hemos podido hacer varios ejercicios interesantes de montaje de *La maestra* del maestro colombiano Enrique Buenaventura apreciando la diferente consistencia del sentido y la forma en que afecta al público según se la realice desde una u otra de estas máscaras espectatoriales. Obviamente, posterior a los ejercicios de la mañana, tocaba teorizar a la tarde, para puntualizar los conceptos; este movimiento de práctica y teoría sobre la puesta en escena forma parte de la dinámica misma de la *praxis teatral*.

mover un espectáculo que, aun entreteniendo, posicione al público críticamente, sea por adhesión o rechazo. Mi preocupación es, pues, la verdad de la escena, la que comienza a asomar en los ensayos. El debate teórico grupal viene, usualmente, después del estreno, porque mis actores son estudiantes; si fueran profesionales y si, además, fuera un grupo estable, la cuestión de la verdad teatral que queremos proponer formaría parte de un intercambio frecuente y sistemático durante todo el proceso de montaje.

7.- *Los temas y la praxis teatral*

Por lo dicho anteriormente, vemos que la preocupación del teatrista no debería limitarse a los temas que quiere abordar con su espectáculo, sino a planteos formales muy puntuales en los que ancla invisiblemente su perspectiva política; me refiero a las cuestiones de teatralidad que venimos comentando: espacio/lugar, espectador/público, máscaras espectatoriales. La praxis teatral procura, entonces, desde el psicoanálisis,[20] promover la creatividad del sujeto a partir de sus opciones estéticas más que de una agenda temática. En efecto, más que de temas, la praxis teatral parte de esos significantes-amos que operan como marcas, huellas, rasgos, emblemas, insignias y hasta prejuicios a los que el sujeto responde, que ocasionan su sufrimiento, cuya causa desconoce en la medida en que son inconscientes, porque le fueron impuestos por la cultura y la tradición. Manuel Talavera atribuye "la fuerza de esta dramaturgia [norteña]" no

---

[20] He tomado al psicoanálisis como modelo epistemológico para construir la praxis teatral, por la enorme productividad conceptual de esa disciplina, porque es también una praxis que trabaja con lo real, lo simbólico y lo imaginario, y porque, como lo planteó el último Lacan, no es ni ciencia ni religión, sino arte y, en consecuencia, no se inclina a la producción de conocimiento, sino que se orienta hacia el saber y el saber-hacer con lo incurable del síntoma y el malestar en la cultura. Es, por eso, una praxis (ni práctica por un lado ni teoría por el otro) que avanza caso por caso; apunta –a diferencia de la psicología, que es una ciencia y pretende objetividad y universalidad— a la singularidad del deseo y el modo de goce de un sujeto.

tanto a los temas sino a la autenticidad: "cuando hablamos de algo auténtico estamos hablando de algo que es necesario" (I, 203). Los teatristas conviven con estos significantes-amo, y de pronto se topan con ese "coágulo" que no hace sentido, como lo planteaba Eduardo Pavlovsky, tomando el vocablo de Julio Cortázar. Y lo comparten, lo traen de múltiples maneras al ensayo, disparan con él su creatividad. Ricardo Bartís precisamente señala que su proceso de trabajo se inicia con "cierta aparición momentánea de algo arbitrario, pero lo suficientemente singular y potente, algo que, en lo aparente, quiebra y corta pero, por otro lado, produce campo de sujeciones y de sugestiones" ("Entrevista" en Geirola, *Arte y oficio* II 114).

Jesús de León y algunos otros entrevistados por Galicia enumeran el repertorio de temas "que se consideran emblemáticos del norte, pero yo creo—nos dice— que ocurre un poco lo mismo en todas partes" (I, 90). Y hace una lista: "la homosexualidad, las cantinas, la sierra, las casas viejas que se convierten en ejes de conflictos familiares […] el desierto es un tema propio… [aunque] hay muchas formas de desierto" (I, 90). Carlos Almonte agrega las limpias, las sanaciones, la lectura de la fortuna (I, 72), y otros obviamente agregarán la frontera, los santones, la inmigración, la homofobia, la migra, la sequía, la siembra, los asesinatos de Juárez y la violencia contra las mujeres, la soledad del individuo (Ayub 122, 123). Sin embargo, como vemos, en general no enumeran sus procedimientos de trabajo, particularmente a nivel formal, no menos políticos y determinantes que los contenidos de sus obras y montajes.

8.- *La dimensión estética del incesto*

> Voy a metaforizar ahora, con el incesto, la relación que la verdad mantiene con lo real.
>
> Jacques Lacan, "El atolondradicho", *Otros escritos* 477

Dramaturgia de frontera / Dramaturgias del crimen

Aparte, y por razones que requieren un tratamiento teórico especial, menciono un tema que me gustaría profundizar en el futuro: muchos entrevistados mencionan o tratan en su obra la cuestión del incesto: Gerardo Campilo (I, 236), Mario Jaime Rivera (II, 291); también Hugo Salcedo lo trata en "Angeliquita", una de las viñetas dramáticas en *Nosotras que los queremos tanto*, donde lo conecta con el abuso infantil, ambos igualmente insinuados en "Britney", otra viñeta de la misma colección. Obviamente, el incesto aparece en la pieza de Ángel Aurelio Hernández, conectado al parricidio. Sin dudas, al incesto se suman los abusos y violencias de los padres hacia los hijos (II, 292). Me parece que habría que trabajar —como esbozaremos en la segunda parte de este libro— el incesto en muchos niveles, porque involucra la cuestión de la paternidad y de la ley, del deseo y del goce (complejo de Edipo) y de las identificaciones, los ideales y el superyó. Se trataría de aproximarse teóricamente al incesto, considerando no solo aquello ligado a lo más obvio del tema, sino a otros registros escriturarios que parecen estar capturados por él.

Me hago eco aquí de la propuesta de Eduardo Grüner a propósito de Claude Levi-Strauss, cuando aborda la cuestión de la Semejanza y la Diferencia en la relación incestuosa, ya no como oposiciones de pares (naturaleza/cultura, crudo/cocido, mito/historia), sino esa zona intermedia (puente o pozo, en nuestro caso incluso frontera, en la oposición internacional/nacional/regional) como un contacto incestuoso o un incesto de segundo grado invertido "en el que la Semejanza y la Diferencia están en juego *al mismo tiempo*, sin que se pueda hablar, estrictamente, de un sistema de oposiciones tajantemente definido, cuya mera confrontación produciría el famoso *sentido completo* de la estructura" (122). Grüner hace llegar su propuesta hasta el concepto de heterotopía del Foucault de *Las palabras y las cosas*, que tampoco establece oposiciones binarias. A esa "instancia textual 'incestuosa'" (Grüner 124), como zona intermedia, fronteriza, la califica no de trágica (con polos irreconciliables) sino de irónica o "momento *irónico*, si aceptamos describir muy genéricamente la figura de la ironía como esa operación por la cual el sentido "literal" se invierte, por así decir, en sentido *literario*, introduciendo una singularidad estilísticopoética (y retórica) que desconecta y vuelve a re-conectar el sentido, resultado de una *crítica* (etimológicamente: *una puesta en crisis*) del sentido común habitual para el enunciado literal" (Grüner 124, subrayado del autor). No escapará al lector la relación entre este incesto de segundo grado invertido (en el que hay mito en la literatura y literatura en el mito, o hay nacional en lo regional y regional en lo nacional), con lo que queremos sostener en este largo ensayo, particularmente sobre la posición irónica que asume el teatrista en la praxis teatral contemporánea y la función crítica (parresiástica) respecto a los ideales de la comunidad y a la captura de una singularidad en lo real y el goce, para conmoverlos de ese "sentido común habitual". Como se ve, hay aquí esbozado todo un programa de investigación para el futuro, pero cuyas primeras elucubraciones adelantamos en este libro.

9.- *De la realidad y lo real*

Rápidamente, me gustaría agregar un par de distinciones que los entrevistados no parecen realizar: en un ensayo teatral es menester, al menos para el director o coordinador o encargado de la escritura escénica, distinguir entre realidad y lo real; esta distinción se ha hecho en el psicoanálisis, particularmente por el esfuerzo de Jacques Lacan, y hoy resulta indispensable en muchas disciplinas, incluida la praxis teatral. Los actores improvisan y van ofreciendo materiales. ¿Qué sirve de todo eso? ¿Cómo seleccionar? ¿Cómo saber por dónde proseguir? Los entrevistados nos dicen que no les interesa reflejar miméticamente la realidad; recurren a procedimientos diversos para armar la fábula, desde acatar a Aristóteles (por ejemplo, Jesús de León [I, 92]) hasta ir contra él (Georgina Ayub [121]; Enrique Mijares [I, 251, 263]). Como lo plantea Rascón Banda, en relación a esos significantes-amos que nos marcan desde nuestro nacimiento, "venimos de una tradición teatral, de un pasado que hay que conocer para luego romper" (I, 184). Sin embargo, muchos de esos procedimientos del teatro norteño (y de otras regiones) no son nuevos; la mayoría —no lo he investigado puntualmente, pero me arriesgo en virtud de mi experiencia como público— los podemos encontrar en la narrativa del Boom de la novela latinoamericana o el teatro de las vanguardias y las neovanguardias: rompimientos témporo-espaciales, metaficción, dialogismo, alegoría, intertexualidad, parodia, discurso histórico ficcionalizdo o deconstruido, desdoblamientos narrador/personaje, collage, multiplicación de las voces, intertextualidades y parodias, hibridizaciones de todo tipo, etc. El estructuralismo de los sesentas y setentas y posteriormente lo que conocemos como postestructuralismo aportaron mucho en este campo. Aunque si los teatristas hoy recurren a la pérdida de la linealidad en la construcción de la fábula, por ejemplo, no lo hacen tanto por afiliarse a lo posmoderno o postdramático, como dicen los académicos, sino porque hay algo que los inquieta, los angustia: lo Real, ese vacío de sentido al que aspiran significantizar.

Cuando muchos de los entrevistados hablan de la frontera, de un modo u otro se acercan a lo que dice Virginia Hernández, como experiencia visceral en su cuerpo y también en su arte:

> No sé si formo parte de ese movimiento [dramaturgia norteña], solo te puedo decir que vivo en la frontera, respiro la frontera, me duele la frontera, disfruto la frontera, me valgo de ella, la recreo en mis textos, me sirve de pretexto y me expreso a través y a partir de ella. Allí creo que formaría parte de los que hablan de frontera; pero también juego con las estructuras, mezclo y hago mixturas con los géneros literarios, transgredo las fronteras, o por lo menos lo intento. (II, 166)

Ya vimos que la realidad se astilla en múltiples perspectivas; la percepción está lejos de ser objetiva, con lo cual la realidad deviene una versión, una ficción entre muchas de lo real. Por ello, no se trata de 'representar' miméticamente la frontera de la realidad, sino otra frontera que inquieta en el afuera y en el adentro del cuerpo. Si Freud comenzó a captar el sentido en el sinsentido de un lapsus, de una equivocación, del olvido de un nombre, de un chiste, de un sueño, Lacan abordó este sinsentido como registro real (diferente a lo que designamos como la realidad), lo que no tiene significante que lo designe, de modo que toda verdad, aunque hay que captarla entrelíneas por medio del lenguaje, no puede ser dicha toda, por lo tanto habrá que *mediodecirla*. Freud todavía jugaba con los desplazamientos y condensaciones para ir despejando aquello que estaba en juego en el relato del sueño del analizante; Lacan, en cambio, se preocupa por las formas en que lo pulsional, que afecta el cuerpo, insiste en satisfacerse por medio del *goce* del sujeto que, en el psicoanálisis, es opuesto al *placer*, concebido como una descarga de tensiones. Como lo expresa Manuel Fernández Blanco

> El empuje al goce se impone —hasta que el cuerpo aguante, rompiendo la homeostasis gobernada por el principio del placer. Principio del placer que está al servicio de que el placer dure, moderándolo. Frente a la moderación está el exceso, lo no limitado. (*Cuerpos escritos...* 31)

Respecto a la relación del placer con la verdad, Lacan afirma —asumiendo que, en esto, distorsiona un poco la perspectiva de Freud— que "lo verdadero causa placer, y esto lo distingue de lo real. Lo real no produce forzosamente placer" (*Seminario 23* 76). Lo real y el goce van juntos, constituyen lo que Lacan designa como *souffrance*: se trata de lo que golpea, que afecta el cuerpo, lo traumático. Como lo expresa el Fidencio en la pieza de Enrique Mijares a Don Elías, "la más alta autoridad", quien se queja de los golpes provenientes de la nación: "Usted no está enfermo del cuerpo, don Elías. Usted tiene podrida la conciencia por apuraciones que no le corresponden. Es puro complejo de culpa el suyo" (Galicia, *Ánimas y santones* 43). Si la realidad como sufrimiento a veces se puede explicar con palabras, de lo real en cambio "solo podemos alcanzar fragmentos" (Lacan *Seminario 23* 121). Lo real tiene tendencia a la repetición, incluso bajo distintos disfraces imaginarios, como las fábulas que los teatristas nos cuentan sobre la frontera norte de México. Lo real, dice Lacan, "es un cogollo en torno del cual el pensamiento teje historias, pero el estigma de este real como tal es no enlazarse con nada" (*Seminario 23* 121).

Dramaturgia de frontera / Dramaturgias del crimen

Recordemos que Pavlovsky hablaba del coágulo, como un sinsentido que llevaba al ensayo para empezar a trabajar. Tampoco el goce es relativo al deseo. El deseo está protegido por el fantasma, concebido como esa pantalla que protege al sujeto y regula su aproximación (transgresiva o compulsiva) al objeto *a*, como goce y como real no significantizado. Desplegaremos mejor estos conceptos en la segunda parte de este libro.

Las entrevistas realizadas por Galicia nos muestran a teatristas preocupados por la violencia. Sin embargo, no están interesados solamente en retratarla imitativamente, es decir, en hacer una fotografía de la realidad, porque sospechan que dicha violencia y sus consecuencias en el sufrimiento de la gente responde a múltiples factores. En efecto, casi podríamos decir que particularmente los teatristas del norte de México nos brindan en sus obras una genealogía, en sentido de Foucault, de la violencia, esto es, no solo de la actual que sufren a diario, sino de aquella que tiene larga data y que parece ya configurar una cierta estructura de agresividad que hoy se recicla con diversos matices: *Apaches*, de Víctor Hugo Rascón Banda, por dar un ejemplo, enfoca los conflictos entre mexicanos e indígenas en la frontera norte durante los años de la independencia y a lo largo del siglo XIX, mostrándonos la crueldad alcanzada y los aparatos materiales y discursivos de dominación del otro, de deshumanización del diferente, y las formas de esclavitud que se extienden a tiempos más cercanos, como en *La mujer que bajó del cielo*. Los temas, pues, no son nuevos, sin embargo lo que importa es nuevamente la aproximación formal a dichos temas,[21] que ya no asumen ninguna linealidad narrativa tradicional, como lo muestra *Venado viejo... Venado joven*, de Jorge Celaya, donde di-

---

[21] Como lo plantea García Wehbi para su trabajo como teatrista: "Para mí la política de una obra de arte no está en el contenido, no está en la ideología, sino en la forma. La forma de la obra de arte es su política". El rechazo del padre es el rechazo de la verticalidad o, en términos lacanianos, de sostener el discurso del Amo; por eso, respecto a su praxis teatral, expresa: "Yo rechazo al padre y busco la horizontalidad. Yo trabajo de la forma más horizontal posible, entendiendo que un asistente de dirección es tan importante como un escenógrafo o un actor. Son pequeñas prácticas que tienen que ver con los afectos, con lo sensible. El concepto de otredad es fundamental para mí".

versas temporalidades –míticas, históricas— conviven y resignifican la resistencia Yaqui frente a los embates europeos y mexicanos por medio de diversas estrategias de sobrevivencia comunitaria e identitaria. Así, la injusticia, la corrupción, el machismo, la pobreza, entre otros, pueden detectarse en otros períodos históricos de la frontera norte y como alcanzan y de alguna manera explican el presente: "Acá nadie descansa en paz –dice Victorio, un personaje de *Apaches*—[…] Acá, la guerra sigue" (Rascón Banda 558); pero lo que distingue al teatro fronterizo actual es que a nivel temático y también formal pareciera ya no darse únicamente una imposición de la ley (colonial) a otro considerado subalterno, sino la consistencia de otro paradigma: la caída de la autoridad, de la Ley o, como prefieren denominarlo los psicoanalistas, la declinación de la función paterna, que dispara la cuestión de la violencia hacia un campo pulsional en el que ya es más difícil distinguir víctimas y victimarios, porque pareciera haber un arrasamiento de lo humano en todos los niveles. Nos topamos nuevamente con el complejo de Edipo y la cuestión de la castración. La ley inscribe al sujeto en lo social (función simbólica del Otro, del lenguaje), estableciendo lo permitido y lo prohibido, fundamentalmente la prohibición del incesto y el parricidio, para sostener el lazo social. El *sujeto* es el resultado de esa operación del significante sobre la cría humana, ese ser "en trance de devenir ser humano", como lo expresaba Alexandre Kojève (15). El significante, al producirlo como sujeto de una parroquia (el sujeto es siempre sujeto del inconsciente, que Lacan designó como parroquial y no como colectivo), lo petrifica, lo esculpe, lo mortifica, lo aliena para permitirle "humanizarse", es decir, la ley hace a esa cría humana un sujeto como parte de la cultura. Esta operación, sin embargo, en la que el sujeto emerge como alienado al Otro, a la cultura, deja caer un resto vital, pulsional –ligado al incesto y al parricidio—que no desaparece. La ley prohíbe acceder a ese resto, a ese goce al que hubo que renunciar para ser parte del pacto social, pero también incita a gozar.[22] Así, se ingresa en el pacto

---

[22] Aunque vamos a centrarnos en incesto y parricidio, no se puede descuidar hoy, cuando los psicoanalistas han comenzado a trabajar sobre nuevos síntomas y las neopsicosis, en esas prácticas más cotidianas en las que puede observarse la dificultad de los sujetos de renunciar a lo pulsional y a los mandatos superyoicos: baste como ejemplo

social a costa del sacrificio que el sujeto hace de su cuota de goce pulsional por la renuncia a sus pulsiones incestuosas y parricidas (quedarse con la madre, eliminando al padre); en fin, de ese resto que denominamos objeto *a* y que, no obstante, lo invitará a la transgresión de la ley. Muchos pensadores que han sostenido teorías contractualistas para explicar la sociedad humana a partir de un pacto que aseguraría el bienesar y la erradicación de la violencia, incluso partiendo del mito, como es el caso de Freud en *Tótem y tabú*, terminan no obstante asumiento posiciones pesimistas. Se trata de pactos que no duran, la cultura no logra ni satisfacer las pulsiones ni cancelar la agresividad de los seres humanos. Son, pues, pactos amenazados por el superyó que incita a cada uno a gozar y a debilitar, cuando no cancelar, la autoridad de la ley.[23] Como lo plantea Merlin:

> los pensadores contractualistas en un principio mantienen una posición optimista en relación con el pacto, al cual suponen capaz de resolver los problemas de la agresividad y la hostilidad humanas. Sin embargo, a medida que avanzan en sus indagaciones esa ilusión se desvanece y el pacto, al tiempo que funda la civilización, produce lo que Freud denomina el malestar en la cultura, conflicto al que considera sin solución, y el fracaso del programa cultural" (126-127)

Para Freud y Lacan, lo alentador frente a este panorama, es el síntoma, en la medida en que, perteneciéndole al sujeto como la propia singularidad de su cuerpo, lo precave de la masa, lo potencia para articular una demanda emancipatoria. Así, en el trabajo de cada sujeto con el

---

percatarse de la incapacidad que tienen de alejarse de su celular, de refrenarse de mirarlo, a costa de aumentar el aislamiento comunicativo frente al otro, velado por la ilusión de conectividad constante.

[23] Alejandra Pizarnik, una poeta tan fuera de la norma y de la ley, da cuenta de este carácter mortificante del significante y del superyó en uno de sus poemas de *El árbol de Diana*, cuando escribe: "El poema que no digo, /el que no merezco. /Miedo de ser dos/camino del espejo:/*alguien en mí dormido/ me come y me bebe*" (el subrayado es mío).

enigma de su síntoma, en su intento por alcanzar un plus de gozar que ha escapado al significante, al lenguaje, y que no tiene significante que lo significantice, tiene la posibilidad de desamarrarse del Otro, siempre y cuando afronte la castración. Para lograrlo, require de la transferencia como vía regia para abordar su modo de goce y, en lo posible, responsabilizarse por él ante la ley. Lacan designa a ese goce *lo real*: aquello que insiste en la repetición, concebida no como rutina, como hábito, como *automaton*, sino como *tyche*: "lo real es eso que yace siempre tras el *automaton*", que se produce "*como el azar*", que está detrás del fantasma y puede traducirse como "*el encuentro* [siempre fallido] *con lo real*" (Lacan, *Seminario 11 62*), es decir, como algo sorpresivo que invade al sujeto.

De modo que la declinación de la función paterna o caída de la autoridad de la ley en nuestra sociedad, ha abierto la caja de Pandora de los goces desenfrenados, ésos de los que nos alertaba la cita de Jorge Alemán. Los teatristas, pues, enfrentan esa sociedad conmovida del "todo vale", del regreso a la venganza como ojo por ojo, del incesto y el parricidio, del "todos contra todos"; en consecuencia, exploran en sus espectáculos, no la realidad, que está a la vista de todos los ciudadanos, sino que se interrogan por lo real, por la causa y por esa insistencia de lo pulsional sin ley en sus comunidades.

Resulta difícil hoy para el teatrista asumir una posición de amo, una posición de saber, como ocurría cuando estaba vigente la utopía revolucionaria en los sesentas. La creación colectiva clásica, bajo premisas del teatro político o de la estética brechtiana, podía "investigar" la realidad y, desde la escena, ofrecer doctrinalmente vías para la transformación de la sociedad capitalista. Pero las certezas de aquellos años se han desvanecido. Alemán, como vimos, imagina como tarea ineludible de la izquierda actual imaginar inéditos horizontes de emancipación. Esto impone nuevamente la cuestión de la ley, porque no hay sociedad sin ley; no es posible imaginar la liberación como destrucción y desaparición de la ley.

Si el sujeto está alienado a los significantes o insignias que le impone el Otro cultural, deberá por cierto elaborar un camino para emanciparse de esas insignias que lo amarran a un goce, a un sufrimiento cuyas causas desconoce. Deberá, pues, emprender un proceso de separación para, al menos, dejar emerger sus propios significantes-amo, aquellos que definen *su* propio goce (no menos sufriente, en muchos casos) y, consecuentemente, asumir la responsabilidad por ellos frente a la ley. Alienación y separación son dos conceptos lacanianos fundamentales en psicoanálisis y, por ende, también para la praxis teatral. Todo ensayo teatral no es otra cosa que separar al actor de su alienación a estereotipos culturales, a los significantes-amo que sellan su biografía para poder, en lo posible, abordar *creativamente* su personaje, sin alienarse a su vez a él. Lo mismo vale para el director y los creativos que forman su equipo. Estos dos conceptos lacanianos, con sus dificultades ligadas a la cuestión del yo-Ello-superyó y a los ideales (Ideal del yo, yo ideal), nos ocupará en la segunda parte de este libro.

10.- *Creación colectiva vs. teatro de la multiplicidad o intensidad*

En los últimos años, la creación colectiva clásica, basada en certezas doctrinarias, ya no tiene demasiado que ofrecer al teatrista, quien trabaja hoy con grupos igualmente desilucionados, sufrientes, esperanzados y carentes de apoyaturas y saberes teóricos, por ende, políticos. La *realidad*, la que se ofrece a la percepción, funge como una máscara de un *real* mucho más difícil de balbucear. Algunos teatristas han comenzado a plantearse un teatro orientado hacia lo real, sin que eso signifique desentenderse de la realidad. Eduardo Pavlovsky, en Argentina, llama "teatro de la intensidad o de la multiplicidad" a esta nueva dinámica de trabajo a partir de teatristas que ya no asumen posicionarse como dueños de una verdad, de una doctrina que hay que imponer al público, tan desorientado como ellos. Se trata, como al final de un análisis, de abordar el sinthome como modo de goce, de ver cómo el sujeto está amarrado al goce del Otro que tanto sufrimiento le causa; se trata de ir promoviendo un teatro que lo desamarre pero, al mismo tiempo, haga al sujeto *responsable* —crítico, si se toma esta palabra en sentido amplio— de su propio modo de goce. ¿Cómo trabajar, por ejemplo, la complicidad civil con la dictadura, la corrupción, el narcotráfico o los feminicidios? Hugo Salcedo, por ejemplo, tematiza en su obra *Noche estrellada sobre un campo de pepinos* esta cuestión de la complicidad civil; el personaje de Michael [sic] Foucault, al referirse al crimen que un grupo de adolescentes criados sin figura de autoridad y cómplices ellos mismos por formar parte de esa "otra' familia unida por un pacto de horror, dice: "Todos lo supieron siempre, y nadie movió un solo dedo para evitarlo. Nadie se tomó en serio los detalles, los minimizaron y así todos se fueron convirtiendo en cómplices" (21). […] Todos pues lo sabían y esperaron sin prisa, pacientes a que sucediera, igual que como pasa, como sucede siempre, para luego simplemente arrepentirse" (41). El lado oscuro, obsceno del superyó lo descubrimos en muchas otras del teatro norteño, no sólo aquellas referidas al narcotráfico sino también a los santones. Unos y otros, imponiendo una ley inapelable y una obediencia sin fallas, satisfacen deseos temporarios de fama, lujo, dinero, placeres y alguna cuota de poder, a cambio del sacrificio del *sujeto* por parte de sus seguidores (creyentes, miembros de pandillas o carteles), quienes quedan sumidos en una masa indiferenciada, como objetos fácilmente eliminables y sustituibles, muchas veces marcados por insignias de subjetividades prefabricadas por el capitalismo neoliberal a fin de mejorar el rendimiento al que aspira.[24] Individuos, pues, animalizados que como 'nuda vida' (Agamben) son arrojados al anonimatoen vida al uniformarlos, incluso como portadores de signos identificatorios del grupo de pertenencia (tatuajes, tipos de vestimenta, etc.) y en muerte, por estar tan brutalmente desmembrados o irreconocibles. Se paga, pues, el ingreso a esta familia 'sustituta', 'elegida', con una lealtad al líder basada en la identificación a éste y en la constitución de lazos ya imposibles de cortar, salvo con la muerte. En esto, santones y narcotraficantes, quienes ejercen la sobernía absoluta en tanto son capaces de dar vida o muerte, reproducen—apelando a códigos de honor de fuerte impronta machista y mediante identificaciones a mitos

---

[24] Josefina Ludmer abre su libro *El cuerpo del delito. Un manual,* con una distinción entre el delito en el discurso jurídico y en el literario. Inmediatamente nos recuerda cómo Karl Marx, en 1893, ya planteaba que "el delito es una rama de la producción capitalista y el criminal un productor" (11).

Dramaturgia de frontera / Dramaturgias del crimen

e íconos hollywoodenses[25] y religiosos, y políticas de terror— la lógica del capital solidificando estructuras de poder patriarcal y empresarial difíciles de revertir. Tal vez, como pensaba Lacan, será cierto que la religión ganará la partida a la ciencia, al arte y al psicoanálisis. Formalmente, la complicidad civil supone un rasgo muy ligado a la teatralidad del teatro y por eso es justamente lo que los teatristas aspiran a visibilizar; como dice Río, el personaje de *Sirenas del río*, frente a un asesinato callejero en el que una madre ve caer baleada a su hija después del intento de secuestro de ésta, "hay que desviar la mirada" o tapar con un velo, promover algún escándalo que desvíe la mirada (Ávila 76).

Ahora bien, la idea que proponemos no pasa por tematizar la complicidad, sino por hacerla una experiencia de la puesta en escena, sea cual sea la temática o el relato de la obra, porque ha pasado previamente por el cuerpo de los teatristas durante el ensayo. No se trata, entonces, de abordar el tema a la manera de la creación colectiva, realizando investigación o invitando a expertos al ensayo; se trata de ver cómo dicha complicidad pasa por nuestros propios cuerpos. Enrique Mijares cita a Mauricio Bares, quien al enfocarse sobre el criminal y sus fechorías, "nos responsabiliza a todos por igual"; escribe Bares, refiriéndose a la explicación freudiana que análoga al asesino con el niño y que, en cierto modo, veremos más adelante cuando abordemos la cuestión de la perversión y el morbo en la estética de Ángel Aurelio Hernández:

---

[25] En la pieza de Mijares, Fidencio se pone las ropas para imitar a Rodolfo Valentino; Jesús Malverde encarna el mito del bandido social y, en general, todos ellos, como los narcotraficantes, completan su ciclo de fama asumiendo el mito de la pasión cristiana con una muerte sacrificial para satisfacer el goce del Otro o para postularse como Otros de veneración ritualística, tal como Freud lo viera para los hijos del padre de la hora en *Tótem y tabú*. Y permanecen en la cultura popular, apoyados en el sincretismo de religiones diversas, para regresar no tanto como Ideales del yo, sino como espectros, esto es, figuras del superyó obsceno que impele al goce y a la pulsión de muerte. No es sorpredente, entonces que con este martirologio adquieran características de héroes redentores a imitar y venerar, particularmente si, como en el caso del Jesús de la cristiandad, provienen de los estratos socioeconómicos más vulnerables y encarnen demandas básicas de los sectores marginados. De ahí que sea sospechosa, si no nula, la potencia emancipadora que podrían imaginariamente simular.

> [E]sta parece ser una tendencia de toda nuestra sociedad, lo que también nos acerca a este tipo de criminales. Mientras tanto el cuerpo yace asesinado en calles, escuelas, centros comerciales. ¿Quién es el asesino? Nadie. Todos. Nosotros mismos. Que el cuerpo aparezca despedazado en los mass media, es una búsqueda hambrienta de inmediatez. Los asesinos seriales sólo son la expresión última de estos mecanismos en que todos participamos. La fascinación que estos criminales ejercen sobre la gente […] demuestra que tampoco estamos tan alejados de ellos como quisiéramos suponer (Bares, "Artistas y asesinos" 9, citado por Mijares, "La violencia" 243)

Federico Pavlovsky, siguiendo la ética de su padre y recordando *El señor Galíndez* (1973) y particularmente *Potestad* (1985), obras emblemáticas de Eduardo 'Tato' Pavlovsky, también nos recuerda, como Bares, que nadie está a salvo de ejecer una agresión violenta, particularmente cuando se es miembro de una masa:

> la persecución, la movilización de una horda, el saqueo sistemático, los actos más extremos e impensados de violencia, la ausencia de empatía humana y el sadismo son aspectos horrorosamente presentes en distintas latitudes y escenarios. ("Dime quien te denuncia…")

En otra nota previa titulada "Rostros familiares", que produjo consecuencias internacionales, Federico Pavlovsky recordaba lo ocurrido en Jedwabne, un pueblo polaco, durante la Segunda Guerra Mundial, donde un grupo de vecinos masacró a la mitad del pueblo, integrantes de la comunidad judía; fue una matanza no atribuible a los nazis. Todos eran, escribe Pavlovsky, "buenos vecinos"; en ese horror participaron hombres, mujeres, muchos eran profesionales. Por eso,

Dramaturgia de frontera / Dramaturgias del crimen

> La historia de Jedwabne representa un acontecimiento testigo de hasta dónde puede llegar un grupo de personas comunes, de rostros amigables y familiares, ante ciertas circunstancias de contagio del odio más visceral, y donde no hay ninguna cabida para la reflexión y la empatía [...] El comportamiento de seres ordinarios, de aquellos que habitan en tantos pueblos lejanos y ciudades cercanas de este mundo, y que pareciera que solo están esperando a que alguien se anime a dar la orden de ataque.

Nos refiere luego en su nota tres experimentos realizados en las universidades de Yale y Stanford y una serie televisiva llamada *Push* (2017), en los que se observa cómo el individuo menos propenso a la violencia puede, dadas las circunstancias, ejercer la más atroz crueldad sobre un semejante. En la masa bajo la propuesta de un líder o fuera de ella, la agresividad que anida en el yo, que constituye su estructura, de pronto cruza la frontera de la ley y se convierte en conducta agresiva hacia el otro.

La historia humana está plagada de estos ejemplos; la del México actual, que nos importa en este libro, despliega un espectro de horrores que, en la frontera norte o sur, a lo largo de su territorio, progresivamente van subiendo a los escenarios porque los teatristas viven en medio de estos acontecimientos que desbordan cualquier aproximación racional. Allí, como también enfatiza Federico Pavlovsky, se pueden encontrar a cada paso, desde el lado del narcotráfico o, lo que es peor (como ha sucedido en el Cono Sur durante las dictaduras de los años 70 y 80), desde el lado del Estado y las fuerzas de seguridad, múltiples ejemplos "en donde la horda, la furia de una masa resentida que por distintos motivos se contamina con las ideas de diferencia y superioridad, elimina los límites y las responsabilidades individuales".[26] Como siempre, y hay que repetirlo por-

---

[26] Valga compensar este panorama tan negativo de la condición humana, con otro ejemplo mexicano positivo y a imitar, en el que el amor, el Eros, como imagina Freud, evitó la masa y ganó la partida construyendo hegemonía y materializando la utopía. Me

que lamentablemente estamos ya acostumbrados a estas atrocidades, a estos acontecimientos, como en el caso polaco, "siguió la confiscación de los bienes 'abandonados', el silencio generalizado, y un olvido sistemático y colectivo de lo acontecido" ("Rostros familiares"), lo que nos retorna al tema de la complicidad civil con el horror, la violencia y el mal.

Por eso las obras no tienen finales claros, a la manera aristotélica, ya que generan en el público no una euforia a partir de una justicia poética que ya no existe, sino una deposición subjetiva respecto a lo que hoy no funciona en la sociedad, en la ley. Hay dramaturgos que abordan esta cuestión de responsabilización del sujeto entregando obras que exigen una reescritura constante (como es el caso de Pavlovsky) o que entregan a los directores borradores para que éstos asuman la libertad de trabajar a su manera, incluso cuando hay texto, como en el caso de *El viaje de los cantores*, obra en la que, como todos saben, Hugo Salcedo deliberadamente no les dio a las escenas un orden fijo, un poco a la manera de *Rayuela* de Julio Cortázar o del *Woyzeck* de Georg Büchner, aunque en este último caso, como se sabe, no por voluntad del dramaturgo, sino por la inminencia de

---

refiero a lo que Álvaro Villalobos-Herrer denomina "caso ejemplar", es decir, los levantamientos iniciados por las mujeres en la meseta Purépecha del Estado de Michoacán de Ocampo, en que el grupo indígena predominante, desde el 15 de abril de 2011, establece el Autogobierno del Municipio de Cherán. "Este hecho—escribe Villalobos-Herrera— se convirtió en el momento crucial para tomar decisiones en torno a la liberación de situaciones concretas y problemas sociales contenidos en la política, las economías globales, el capitalismo y la corrupción que los agobian". Se trató de una gestión realizada "por medio de acciones comunitarias realizadas sin ningún tipo de violencia". Fue también un movimiento rebelde que desafió la ley, que la desobedeció; al grupo de mujeres que lo originaron se unió el pueblo entero (aquí la categoría de 'pueblo', tal como la plantean los lacanianos, toma toda su importancia). Los indígenas Purépecha "[d]estituyeron al presidente municipal [...] representante en Michoacán del partido político (PRI) [...] [se] desarmó y despidió a la policía municipal y [se] enfrentó a los taladores de bosques respaldados por los narcotraficantes de la zona". Los narcotraficantes mismos fueron expulsados y muchos políticos corruptos. La comunidad se autogobierna "por medio de un sistema de 'Gobierno Comunal' basado en un Consejo Mayor de Gobierno (KERIS) integrado por 12 personas representantes de los cuatro barrios de Cherán. El consejo es nombrado por tres años" y es remplazado por decisiones del pueblo sin "casillas de votación".

su muerte.[27] Lo mismo puede decirse de *Rompe-cabeza* de Antonio Zúñiga, con sus escenas breves y ambiguas cuya combinatoria queda a disposición del director, a quien se le brinda la posibilidad de ejercer la interpretación en verdaderos términos psicoanalíticos, apostando al enigma.

Regresamos así a la cuestión, de larga data, de la imposibilidad de fidelidad al texto dramático, sea en la perspectiva más tradicional, sea en el teatro de la intensidad o la multiplicidad. No hay manera de poner en escena lo que ha escrito un/a dramaturgo/a, ni siquiera cuando lo intenta él mismo o ella misma. Ya hicimos mención a Patricia Leyack cuando nos afirmaba que toda lectura es siempre una escritura, cuando toda interpretación deviene una reescritura. Por lo tanto, resulta justificado hoy apelar al psicoanálisis, no entendiéndolo como terapia (la que siempre supone criterios ideológicos de normalidad/desvío o patología), sino como la única entre las disciplinas que nos permite interrogarnos por el deseo, lo real y el goce, y que dispone de una batería conceptual siempre en revisión, implacable en su constante interrogación. El psicoanálisis, después de algunas vacilaciones de Freud y Lacan de postularlo como ciencia, se definió como arte, esto es, como una praxis que supone un saber hacer con el síntoma; no se asume como una terapia, porque el psicoanálisis apunta a lo incurable y a separar al sujeto de la alienación en la que se haya respecto al goce del Otro. No es diferente el lugar que le atribuimos a la praxis teatral.

11.- *De la identidad y los ideales*

Si hay una de las preguntas del cuestionario que más fastidia o dispara comentarios diversos y divergentes entre los entrevistados por

---

[27] Enrique Mijares menciona la obra *Expedientes del odio* (2008), de la autora Selfa Chew, "de madre oaxaqueña y padre chino", conformada por microdramas que no solo se presentan como fragmentos sino además con dicontinuidad, lo que permite realizar también una combinatoria particular para cada montaje e incluso aumentar las "posibilidades autónomas de escenificación" ("La violencia" 233).

Galicia, es justamente la que tiene que ver con la identidad posible de un teatro del norte de México como una discursividad diferenciada de otras regiones y/o del centralismo impuesto por las prácticas institucionales, estéticas y financieras del Distrito Federal, rebautizado como Ciudad de México. Algunos teatristas la admiten entusiastamente y otros ponen en duda la existencia de una región dramatúrgica y teatral con cierta homogeneidad. Habría que hacer una investigación muy detallada de las obras dramáticas y las puestas en escena norteñas, por ejemplo, para detectar el tipo de teatralidad y de formatos escénicos a los que se apela, las estéticas que se convocan, la máscara espectatorial que sobresale en esa producción regional y que la distinguiría de otras regiones, cotejando a su vez la cuestión de los ideales, que suponen un juego muy complejo de identificaciones de todo tipo.

Aunque los discursos culturalistas insisten en cuestiones de identidad, no hay que ir muy lejos para que se desbaraten sus construcciones: el psicoanálisis se ha desentendido tempranamente de la cuestión de la identidad (siempre a la postre ligada a un discurso esencialista que, llevado a sus extremos, termina en nacionalismos fascistas) y ha trabajado más la cuestión de las identificaciones. Una identidad es corsé, una forma de petrificación; salvar la cuestión diciendo que nos referimos a una identidad que se transforma es un contrasentido: no es identidad aquello que cambia o, peor aún, imaginar que progresa. Enrique Mijeres plantea esta cuestión con toda crudeza, subrayando el carácter limitativo de esa posición teórica y, como veremos más adelante, la alienación al Ideal del yo y a los mandatos superyoicos, del que habría que emanciparse:

> Lo lamentable es que esa pugna sorda se basa en el prejuicio, en modelos de identidad inamovible, en atavismos y cánones de rigurosa, ciega aplicación. El encono del binarismo. La reducción de todo sentimiento humano al cara o cruz inapelable; porque estás obligado a obedecer y comportarte de acuerdo con los usos y costumbres del grupo al que perteneces, sin importar que dichas reglas

sean injustas u obsoletas, o se opongan a tus inclinaciones personales, a tu atracción o cercanía con el otro, con el distinto, con el que la tradición te indica que debes considerar como enemigo irreconciliable. ("La violencia" 233)

También en esta línea antiesencialista, Tamsin Spargo, en su breve libro *Foucault and Queer Theory*, nos describe puntualmente cómo la identidad es un constructo discursivo sobre el que no conviene construir ninguna política o hegemonía; la identidad es una ilusión yoica decidida de antemano al nacimiento del sujeto y dependiendo del registro simbólico:

> What allows me to think of myself as having an identity of any kind are the very discourses and their knowledges that produce and police sexuality as well as gender. The words I use, the thoughts I have, are bound up with my society's constructions of reality; just as I see the colours defined by the spectrum, so I perceive my sexual identity within the set of 'options' determined by a cultural network of discourses. (52)

Por eso el psicoanálisis apuesta a las identificaciones, que pueden ser transformadas. La pregunta no se hace esperar: ¿a qué tipo de identificaciones están ligados los dramaturgos de una región y hasta qué punto, inconscientemente, dichas identificaciones lo amarran a aquello que estorba o potencia su tarea, genera su frustración o euforia y le obstaculiza o facilita abordar sus propios significantes-amo? Esta tarea está por hacerse.

En general, observo que no todos los entrevistados por Galicia, por ejemplo, aspiran a un teatro norteño identificable en la región y en cierta medida unificado por ciertos rasgos temáticos y formales que lo caracterizarían o le darían una cierta homogeneidad capaz de ser reconocida como diferente de otras regiones, particularmente del centralismo defeño. Bárbara Colio dice no tener claro que haya una dramaturgia norteña con fuerza y, además, le parece que son designaciones académicas. Admite que últimamente la dramaturgia es más excéntrica y ostenta más nombres. Es un tema polémico y lleno de matices. Joel López Arriaga expresa su ideal:

> en lo que respecta a los creadores, a mí me gustaría que en lugar de estar fragmentados, peleados unos con otros y resbalándonos con nuestros propios egos, deberíamos unirnos y hacer un compromiso común, un proyecto común por el bien del teatro nacional y de nuestras futuras generaciones. (I, 111)

El término "común" que aparece en la cita está seguramente relacionado con el sentido que se le viene dando en la "política lacaniana", donde se lo entiende como la construcción de hegemonía a partir de las singularidades de cada sujeto en soledad (*Soledad:Común*, tal el título de libro de Jorge Alemán al que nos referimos a lo largo de este libro), sin propender a convertir dicha hegemonía en un dogma; muy por el contrario, sosteniendo la tensión agonística del discurso político y de promover el debate continuo desde una perspectiva democrática, sin intentar homogeneizar al estilo de la masa que –como hemos visto— cancela al sujeto y lo transforma en objeto. Mario Cantú Toscano, con mayor precaución, hace su aporte a este debate sosteniendo que no se puede definir la dramaturgia del norte por lo que no es ni tampoco por medio de postulados políticos: "Cuando se haga un estudio estético y se vean las características de la dramaturgia del norte, veremos si existe o no" (I, 283, 284). Más o menos en la misma línea, Reynol Pérez se queja de cómo la consagración de un dramaturgo norteño es la que se decide en la Ciudad de México y de que dicha dramaturgia esté solamente reconocida por algunos críticos que solo saben enfocarse en "las muertas de Juárez, los mojados y la inmigración" (I, 317). Construir la dramaturgia del norte con sello propio es construir una hegemonía y, obviamente, ésta no es una tarea que se haga de un día para otro. Para ello, la dramaturgia del norte supone desalienarse de ciertas identificaciones (como el de consagración en la capital del país, la vanguardia, etc.), porque en este juego identificatorio están involucrados los ideales.

Dramaturgia de frontera / Dramaturgias del crimen

12.- *De los ideales y la parresia*

Decir la verdad, no poder callarla, no claudicar ante ella, explorarla en los intersticios del lenguaje y del cuerpo durante los ensayos, durante las improvisaciones, las lecturas y la escritura escénica, nos conducen a la cuestión de los ideales. La verdad, la honestidad parecieran ser los grandes ideales que atraviesan las entrevistas compiladas por Galicia. La pregunta se impone: ¿qué orienta la búsqueda del teatrista? Tal vez, si recordamos la famosa frase de Picasso que tanto le gustaba citar a Lacan ("yo no busco, encuentro"), entonces una pregunta mejor calibrada sería: ¿qué hace y cómo procede el teatrista con lo que encuentra? ¿Qué toma de lo que surge de las improvisaciones o de las propuestas de su escenógrafo, su vestuarista, su maquillador o su músico? ¿Qué descarta? ¿A partir de qué incluye y excluye para su proyecto escénico, para alcanzar el semblante de esa verdad que lo sacude interiormente? Como veremos más adelante, la verdad del parresiasta es siempre crítica, dirigida a los otros. La verdad en el teatro, en el escenario, está dirigida al público, al Otro, y no al espectador. El gesto parresiasta es un diálogo con otro, no un monólogo a la manera del discurso del político. En el psicoanálisis, sin embargo, la relación no es dual sino que simpre supone un tercero, el Otro del registro simbólico: "la experiencia analítica debe formularse en una relación de tres, no de dos" (Lacan *Seminario 1* 25). Foucault no contempla esa instancia del Otro; pero en el teatro y en la praxis teatral siempre estamos en una relación triádica. Ligada al lenguaje, la parresia es una actividad que, basada en la palabra y en el cuerpo, intenta hacer dos cosas —ambas enfatizadas por Foucault— que son las descriptas por los teatristas que nos ocupan: promover "las emociones del auditorio" (Foucault 98), ya que se trata de un modo de "persuadir a los otros" (Foucault 104), y realizar una crítica de su tiempo. Los teatristas entrevistados por Galicia, tal vez deudores de aquella premisa de Usigli según la cual "Un pueblo sin teatro es un pueblo sin verdad", todos practican la parresia en una forma u otra. Muy emotivamente, Virginia Herández nos dice:

> Hablo de lo injusto, xenofóbico, racista, bárbaro: de lo que no se debe callar a riesgo de que se te haga un nudo en la garganta que te asfixia. (II, 161)

Joel López Arriaga expresa su ideal al creer en el teatro "que dice la verdad, el que nos da una propuesta que equivale a salvar la dignidad y al ser humano que a veces olvidamos que llevamos dentro (I, 110). Edeberto Pilo Galindo nos dice: "Estoy trabajando en lo que creo, me interesa mucho empezar a encontrarle otra cara a esta ciudad" (I, 145), y luego asume el tópico de la honestidad, cuando afirma que "[e]l teatro me llena, me colma, me desahoga, me drena—vemos aquí lo pulsional, como en Ángel Aurelio Hernández—me hace ser honesto conmigo mismo" (I, 146); y agrega que cree en un teatro que se hace "con coraje, con agallas" (I, 146).

Lo formal también es objeto del ideal parresiástico: es lo que se deja escuchar cuando Enrique Mijares, por ejemplo, afirma que "Nunca escribí en atención a los cánones aristotélicos" que, obviamente, suponen el binarimo de la verdad apofántica, "sino en función –continúa— del imperativo socrático" (I, 251; ver también I, 256, 257). Georgina Ayub nos detalla el diálogo incentivado por Enrique Mijares en sus talleres a partir de algunas preguntas básicas (I, 120), que apuntan a ayudar al teatrista en la búsqueda de su voz y de su verdad, esto es, de poner en crisis sus significantes-amo y, por ende, sus ideales.

¿Qué ideales están operando en la búsqueda de la verdad? Si bien tanto el político como el teatrista hablan motivados por ideales, el teatrista norteño, como lo vemos en las entrevistas, no pretende imponerlos, al menos como ocurría en décadas pasadas con la creación colectiva y todavía ocurre en algunos casos en que se apela al teatro político o documental. De la política se pasa a lo político, y este componente político puede detectarse no solo en los temas tratados sino en las opciones de teatralidad, de diseño, de máscara espectatorial, etc. Como lo dice Jorge Celaya, él quiere "ponerle al espectador frente a sí lo que está aconteciendo en su realidad social, *sin manipular* y *sin tratar de resolver nada*" (II, 68, subrayado mío); y Celaya va todavía más lejos cuando expresa sus reservas respecto a asumir cargos burocráticos porque, según él, eso corrompe el escenario (II, 50).

Otros tienen incluso ideales de verdad y hasta de transcendencia; Rascón Banda nos dice que quisiera que sus textos estuvieran siempre vigentes (I, 166). Enrique Mijares denomina "sueños" a sus ideales:

> Pero ya, aterrizando en las pesadillas, esos sueños irrealizables, sueño con el día en que las instituciones de cultura a todos los niveles, verdaderamente hagan su trabajo; acopien los datos reales, sin amiguismos ni revanchas, de la jurisdicción a que cada una le compete; configuren un registro o inventario de su universo artístico; conozcan el desempeño, la capacidad, los alcances y la viabilidad de cada individuo o grupo; y se dediquen a distribuir de acuerdo a un criterio de justicia, lo que a cada cual le corresponde en ese entendimiento de doble vía, de reciprocidad, que media entre la actividad creativa y su difusión. Ese es mi sueño más sentido. Porque veo en todos lados el centralismo, el favoritismo, el partidismo, la filiación; lo que invariablemente deriva en inequidad, castigo, segregación, condicionamiento, descalificación; esto es, el cúmulo de males que, si no liquidan, sí entorpecen el impulso creador. (I, 247).

La extensa cita se justifica porque la aproximación a lo institucional, sean los sistemas de archivo y preservación del patrimonio cultural, los sistemas de consagración (concursos, premios), o los sistemas de financiación y promoción (publicaciones, subsidios, etc.), todo esto hace a la verdad teatral.[28] Claro está que hay otros ideales, que operan como mo-

---

[28] Ver mi ensayo "Una posible genealogía de lo político teatral: El régimen de verdad de la escena teatral" y mi libro *Praxis teatral. Saberes y enseñanza. Reflexiones a partir del teatro argentino reciente*.

das pasajeras, afiliaciones temporarias y, por ende, no se los puede conceptualizar. Pero a la praxis teatral le importan, en cambio, esos otros conceptos ligados al ideal (Ideal del yo, yo ideal, superyó), tal como los ha elaborado el psicoanálisis y que nos ocuparán más detalladamente en la segunda parte de este libro.

El psicoanálisis se esforzó en conceptualizar el ideal, sobre todo al enfrentarse al malestar en la cultura y a los síntomas que éste provocaba; la cuestión se dibuja, desde Freud y luego con Lacan, al menos en relación a cuatro términos: el yo, el Ideal del yo, el yo ideal y el superyó. Si admitimos guiarnos por la verdad (como parresia o como semblante), el teatrista, al apuntar a la crítica de la cultura y de la realidad, lidia con ellos, *aunque no lo sepa*. Por una parte, el Ideal aglutina, hace masa, uniformiza; miles de seres humanos se pueden hasta sacrificar por un ideal, sea la patria, dios y hasta un equipo de fútbol. Freud, que oponía masa, no a cultura sino a libido autoerótica, planteaba en su *Psicología de las masas y análisis del yo* que *"Una masa primaria de esta índole es una multitud de individuos que han puesto un objeto, uno y el mismo, en el lugar de su ideal del yo, a consecuencia de lo cual se han identificado entre sí en su yo"* (109-110, énfasis del autor); y ese objeto es el líder al que los individuos han idealizado y con quien se identifican, a la vez que los identifica entre sí como formando parte de la masa. En *Introducción al Narcisismo*, tal como sumariza Merlin, "Freud articula identificación y amor, y confiere a éste último estructura de engaño, dado que en el amor hay ceguera y ausencia crítica: 'en la ceguera del amor, uno se convierte en criminal sin remordimientos'" (29). De modo que ese Ideal, ese líder (hipnotizador, objeto amado) homogeiniza, hace masa, uniformiza, mientras que los miembros de la masa se satisfacen masoquistamente en los estados de "sumisión humillada, fascinación, obediencia y falta de crítica" (Merlin 29), que anula su capacidad de acción y agencia, promoviendo parálisis y dependencia en la medida en que todo se espera de ese Uno proveedor, que "uniformiza y excluye" (29). Ese Uno encarnado en el líder aparece como un articulador capaz de sostener la ilusión de un orden social cerrado, de dimensiones universales, en el que dicho líder podría satisfacer todas las demandas sociales porque, precisamente, nada le falta y todo lo garantiza.

En el arte, en cambio, si interviene el ideal, éste importa en la medida en que singulariza: por eso apostamos a la singularidad del deseo. Volviendo a Picasso, por ejemplo, lo que nos atrae es lo que lo hace ser precisamente Picasso y no otro; no se trata del deseo de Picasso por la pintura, sino del deseo singular que lo anima para pintar lo que pintó y lo distingue de otros artistas de antes, de su época y posteriores. Ya en el *Seminario 1* Lacan subrayaba cómo Freud apuntaba a la singularidad y al caso por caso: así, estudiar un caso en su singularidad "[q]uiere decir que esencialmente, para él [Freud], el interés, la esencia, el fundamento, la dimensión propia del análisis, es la reintegración por parte del sujeto de su historia hasta sus últimos límites sensibles, es decir, hasta una dimensión que *supera ampliamente los límites individuales*" (26, énfasis mío). Como vemos, ya en esta temprana enseñanza, Lacan hace un puente, nos abre una puerta —si podemos decirlo así— a la idea del inconsciente como transindividual, sea el inconsciente transferencial, sea el inconsciente real que aborda en sus últimos seminarios, igualmente transindividual y del que más adelante hablaremos.

La praxis teatral en la que he estado trabajando todos estos años, en mis ensayos teatrales, está siempre orientada a un real cuyo semblante será una verdad a medio decir por el texto dramático y la puesta en escena; no se parte de ideas que habría que ilustrar con un montaje para la digestión del público: por ejemplo, en *Las mujeres de Juárez del mundo* (2006), nos esforzamos en abordar la cuestión desde lo que no sabíamos, desde lo que nadie sabía, ya que lo poco que se sabía y se sabe de esos feminicidios eran de dominio público en los medios de comunicación y en las conversaciones de la gente. No teníamos ninguna tesis. Sin teorizar con mis estudiantes, simplemente los invité, teniendo en cuenta el psicoanálisis, a trabajar bajo su regla de oro: la asociación libre, iniciando nuestra tarea a partir del vacío de saber, lo que Alemán denomina la Causa (recordemos que el objeto *a* lacaniano es el objeto *causa* del deseo); olvidos, chistes, lapsus linguae, lecturas de noticias en forma fragmentada y azarosa, nos parecieron las vías para intervenir en el actor o en el público sin adoctrinar, ya que no contábamos con una verdad al estilo de la ciencia o de los teatristas documentalistas y del teatro político, que podría constatarse con evidencias. Durante el trabajo, fuimos progresivamente enfrentándonos a nuestros prejuicios y dolores, esos significantes-amo que el Otro nos imponía desde la cultura y los medios de comunicación, sobre todo esos *"mass media*, o sea esas miradas errantes y esas voces alocadas" que nos rodean (Lacan, Conferencia, citado por Gorog 40); tuvimos que atravesarlos dolorosamente durante los ensayos para dejar emerger nuestros propios significantes-amos, aquellos que sutil y secretamente, inconscientemente, nos ligaban a esos cadáveres ferozmente mutilados y abandonados a la intemperie. Como lo plantea Juan Bautista Ritvo, "[e]l paso del ámbito pulsional al deseante supone cruzar el umbral de la angustia" (28).

    Hubiera sido más fácil, como lo hicieron muchos teatristas, apelar a Brecht, contar la historia de una muchacha que sale para la maquiladora y no regresa; la familia la busca, hace denuncias, las fuerzas policiales, coludidas probablemente con los asesinos o por lo menos con el machismo, se desentienden. Hubiéramos proyectado noticias tomadas de los diarios, videos de los noticieros; habríamos tal vez incorporado un narrador que hubiese ido organizando las escenas de esta épica del horror. Y seguramente hubiéramos desdoblado al actor del personaje para provocar el famoso efecto de distanciamiento. Hubiera sido, el nuestro, un teatro válido, apoyado en su 'buena' intención de *des-alienar* al público, *separarlo* del efecto patético de los crímenes, incluida la narcotización de los medios de comunicación, distanciarlo para llevarlo a un estado crítico. Sin embargo, aunque volveremos en la segunda parte de este libro a esos dos conceptos lacanianos cruciales (*alienación* y *separación*) para orientarnos en la praxis teatral, lo cierto es que, de haber procedido con esa fórmula brechtiana y típica de la creación colectiva setentista, hubiéramos quedado en posición de denunciantes que se conmueven por lo que ocurre en Juárez y asumen guiar al público a un conocimiento crítico que, por ahora, nadie tiene. Habríamos actuado un poco deshonestamente en nuestro intento de generar en el público un distanciamiento crítico para entender la situación de los feminicidios de Juárez, *como si* nosotros realmente tuviéramos algún saber.

Habida cuenta de que sabíamos lo mismo que el público, nos inclinamos, en cambio, a conectar con esa parte cómplice, ese *goce* que anida en las redes de la realidad, esa realidad que Lacan designa como *souffrance*, aquello que nos duele, "con la soberbia ambigüedad que tiene en francés [sufrimiento y espera]. La realidad está ahí sufriendo, está aguantada, a la espera" (*Seminario 11* 64). Ese goce, amarrado a los ideales o significantes-amo impuestos por el Otro (la cultura, el machismo, el Estado, la policía, los medios, el narcotráfico, la corrupción, el tráfico de personas, etc.), también atraviesa nuestros cuerpos. Fue desde ese lugar que apuntamos al cuerpo y al goce del público, porque aceptábamos ese inconsciente que nos reunía bajo los mismos significantes-amo; éramos de la misma parroquia. Baste recordar aquí una vez más que, para Lacan, *el inconsciente no es colectivo*, no es universal, no está formado por símbolos que permanecen allí ahistóricamente, idénticos a sí mismos, como quieren los que sostienen posiciones hermenéuticas. El inconsciente, tal como Lacan lo ha conceptualizado, es *transindividual*: es decir, es singular de un grupo, no es universalizable, y está marcado por los significantes compartidos. En el *Seminario 23* retoma la cuestión del inconsciente y, quizá por las referencias a James Joyce durante el dictado de ese seminario, la lleva más lejos: nos dice aquello que aporta, sin duda, a nuestra praxis teatral y a la tarea del teatrista:

> Se crea una lengua en la medida en que en cualquier momento se le da un sentido, se le hace un retoquecito, sin lo cual la lengua no estaría viva. Ella está viva en la medida en que a cada instante se la crea. Por eso no hay inconsciente colectivo. Solo hay inconscientes particulares, en la medida en que cada uno, a cada instante, da un retoquecito a la lengua que habla. (131)

Y, entonces, el teatrista es aquel que sabe escuchar los retoquecitos de su época y su comunidad. Recordemos una vez más que Lacan gustaba decir que el inconsciente es parroquial: frente a un chiste, solo se pueden reír los de la misma parroquia. El chiste, como formación del inconsciente, tal como Freud lo trabajó en *El chiste y su relación con el inconsciente*, no causa la risa de cualquiera, salvo si se comparten ciertos sobreentendidos comunitarios. Los retoquecitos también son los que una comunidad comparte y en los que se reconoce.

Para decirlo brevemente, aunque estábamos en una institución educativa cuando montamos *Las mujeres de Juárez del mundo*, no apelamos al discurso de la Universidad; por el contrario, nuestros ensayos transcurrieron bajo el discurso de la Histérica y, cuando se pudo, bajo el discurso del Analista, que es precisamente el opuesto al discurso del Amo.[29] Y es allí donde, a lo largo del trabajo, esperamos que se instalase en nuestro espectáculo una forma política diferente de relacionarse no con lo que se conoce, no con la tradición, no con lo heredado, sino con la causa, con el no-saber, con el vacío de sentido, incluso con el sinsentido de lo Real. La reacción final del público fue no aplaudir; se retiró en silencio, conmovido, sin ideas, tal como nosotros habíamos comenzado. La escena final fue una crucifixión de un cuerpo inexistente, inhallable o no identificable. Durante la obra, un actor con un carrito de supermercado estaba todo el tiempo caminando por el espacio, entre el público, atravesando la escena y juntando los desechos de utilería de las escenas previas: botellas de refrescos, papeles, cajas de comida rápida, ropas femeninas y también trozos de cuerpos (manos, torsos, cabezas, piernas); todos estos objetos nada significaban para él o significaban lo mismo, la diferencia le era indiferente; su tarea era limpiar el escenario y mirar fijamente a los ojos de cada integrante del público. La crucifixión final, retomando la de Cristo –pero irónicamente invirtiéndola—, dejaba ver colgadas de la cruz ropas femeninas, sobre todo las que hubieran podido servir para identificar a las víctimas: ropas pares (medias, guantes, aretes). Iluminada de rojo, con las

---

[29] Ver mi ensayo "Los cuatro discursos lacanianos y las dramaturgias".

madres y hermanas arrodilladas al pie de la cruz, y con el fondo de un video que mostraba mujeres masacradas de todas las razas y latitudes, poco había para aplaudir. Por todo esto es que sostengo que un teatro concebido como ilustración de ideas nace muerto y mortificado por la idea misma. "La idea te traba", dice el director argentino Rubén Szuchmacher (166). Nuestra propuesta fue darle al público el enigma para que se lo llevase consigo y lo trabajara, lo meditara en soledad. Era también nuestro enigma.

Y esta dinámica, ligada en parte al teatro de la intensidad o de la multiplicidad, o al "teatro nomádico", como lo denomina Alcándara Mejía (282), es la que cada vez hay que variar en los ensayos –según el caso por caso, la singularidad de cada caso; cada proceso inaugura un trabajo diferente con lo que surge de las improvisaciones y de las propuestas de los artistas que trabajan eventualmente con nosotros. Y los conceptos nos sirven, como le sirven al analista, no para "aplicarlos", sino para guiarnos evitando encorsetar lo que emerge. Solo así podemos encontrar, sin buscar. Es un proceso en el que, con suerte, logramos desamarrarnos de las imposiciones del Otro, de los ideales impuestos, a la vez que enfrentamos nuestro propio goce, que no se vive como una transgresión a la ley, sino que se deja llevar por la convicción de remover ese inconsciente parroquial, en nosotros y en el público, desde la construcción de un espectáculo que oficia como un semblante posible de la verdad, un esfuerzo de poesía para inventarle un sentido a lo Real. Ese balzaciano "esfuerzo de poesía", nos dice Miller, es "todo lo que nos queda cuando el dicho 'un esfuerzo más para ser revolucionarios' ya no está en cartel" (*Un esfuerzo...* 277). Eso ocurre en una sociedad en que ya no es posible salvar al padre y en un mundo regido por lo pulsional que ha barrido con la ley y la autoridad de la ley, y en donde ya no es posible que el amor (sobre todo al prójimo) prevalezca sobre la pulsión, tal como dudaba Freud. Andamos así perdidos y confundidos por este mundo en donde nadie tiene autoridad para prohibir, donde incluso la prohibición misma ha sucumbido en esta "época del permiso para gozar, de la época en que la prohibición ha perdido protagonismo—una época confrontada a un imposible que es la verdad de la prohibición, una época en la cual la grieta intrínseca del goce ya no se parapeta tras el padre" (*Un esfuerzo…* 290-291).

13.- *Del sentido y del 'yo no entendí nada' vs. el sinsentido y el enigma*

En una praxis teatral trabajada desde la perspectiva que venimos sosteniendo, obviamente entra todo lo relativo a la cuestión del sentido y del sinsentido del espectáculo y al paquete de cuestiones ligadas al famoso "yo no entendí nada", típica reacción de aquellos que van al teatro para entretenerse y no quieren que les conmuevan su confortable y sumisa aceptación de los significantes-amos; no quieren ponerse a trabajar el sentido, solo quieren consumirlo, devorarlo, identificarse; no quieren cuestionar(se) su implicación con lo que pasa en la escena, particularmente cuando el resultado de estas propuestas cae bajo la rúbrica de "lo experimental", concebido como lo marginal a lo que supuestamente es el "verdadero" teatro. A veces, por pudor, vergüenza o aparentar algún tipo de saber, el público recurre a la hipocresía y, como nos dice Jesús de León en su entrevista, "nadie entendió nada, pero todos aplaudieron" (I, 83). Lo mismo pasa con algunos actores durante los ensayos: "dígame lo que quiere que haga", le dicen al director y se desentienden de arriesgarse o, por el contrario, dicen saber perfectamente lo que deben hacer con su personaje, porque ya lo vieron en la calle; se someten a ese conocimiento empírico de la observación, siempre inconscientemente determinado por el Otro. Pasa lo mismo con los dramaturgos que dicen que desprecian algunos espectáculos crípticos, que ellos escriben para ser entendidos y, en lo posible, en forma directa e inmediata. Muchos de estos significantes-amos están cristalizados en leyendas, mitos, historias. Montarlas tal cual las conocemos carece de sentido. Por eso, como hizo Óscar Liera, es interesante tomarlas, re-escribirlas y trabajar aquello que fija el goce, el sufrimiento de una comunidad como adherido a dichos significantes; se trata, en estos casos, de un trabajo dramatúrgico orientado a realizar una genealogía, en sentido foucaultiano, esto es, desbrozar la historia de sangre que hay debajo de una leyenda y develarla críticamente sobre el escenario, pero reservándose el derecho de no promocionar doctrinalmente nuevos significantes-amos y menos aún de ofrecerlos como una verdad a la manera de la ciencia.

Una vez más, lo que importa es el enigma. Es importante subrayar que, para la praxis teatral, no se trata de realizar un trabajo sobre un sentido *oculto*, tal como lo entienden algunos hermenéuticos, que parten de la metáfora arqueológica del primer Freud. En realidad, lo oculto hay que entenderlo en el psicoanálisis como lo enigmático, esto es, ese *no saber* sobre el sentido de la leyenda, porque solo a partir del no-saber puede haber invención.

14.- *Construcción de hegemonía y la cuestión de la verdad*

Hay, como vemos, distintos modos políticos de concebir el trabajo teatral: algunos están orientados, desafortunadamente, a conservar la hegemonía de los grupos o élites dominantes que oprimen y obstaculizan la construcción de una nueva hegemonía de signo emancipatorio. Estos temas aparecen constantemente en las entrevistas de Rocío e incluso toman otras modalidades: así, por ejemplo, Bárbara Colio rechaza esos significantes-amos con los cuales la academia quiere capturarla y etiquetarla: "políticamente se *debe* pertenecer a un casillero, para *ser*. Yo no estoy dispuesta a someter mi creación a los criterios que otros inventan como necesario para *pertenecer*. [...] No me interesa destacar dentro del casillero de las mujeres dramaturgas, o del casillero de los dramaturgos norteños" (II, 84).

La verdad, como nos muestra el psicoanálisis, siempre es *un semblante de la verdad*, que apunta a desbaratar *la realidad como encubrimiento del goce del sujeto, que es el goce del Otro*. Tendremos que volver sobre esto, teorizar más puntualmente, la relación del sujeto y el Otro, a partir de los conceptos de alienación y separación. Baste dejar aquí en claro que el 'yo', el que constituye nuestra conciencia, se desconoce a sí mismo (gran descubrimiento de Freud), y no se confunde con el *sujeto*, inconsciente, capturado por el Ideal del yo desde lo simbólico de la cultura y el lenguaje, o controlado y vigilado por el superyó, como instancia moral que sostiene la ley y como instancia obscena que incita al sujeto a ir más allá de la ley por los avatares y peligros del goce. Roberto Carella describe estas imposiciones superyoicas muy detalladamente:

> Las circunstancias mandan, los medios mandan, la economía manda, el policía del mundo manda, la violencia manda, y nosotros obedecemos, seguimos instrucciones sin saber por qué o para qué. (II, 109)

Virginia Hernández se refiere a ese superyó implacable:

> La responsabilidad es para mí un gran valor y si se me recomienda una tarea, tengo que hacerla bien. Eso es seguramente consecuencia de la gran tacha que me pusieron el primer día de escuela. (II, 156).

Como bien lo dice la psicoanalista argentina Silvia Bleichmar:

> la falla moral está relacionada con lo siguiente: nosotros debemos preguntarnos qué pasa con un superyó estricto que se convierte en un superyó salvaje, en el cual las órdenes se cumplen sin reflexión sobre los efectos de la ley o de la orden que se está realizando. (109)

15.- *Transgresión y emancipación*

> La libertad no es, y nunca será, la libertad de hacer daño.
> Judith Butler

Lo real no se aborda por medio de la transgresión, sino por medio de la *invención* y ese esfuerzo de poesía, como el que Jacques-Alain Miller rescata para uno de sus cursos, evocando a Balzac. Se trata no de apuntar a la transgresión de lo permitido por la ley, sino de atravesar ese fantasma con el que merodeamos el objeto de nuestro deseo, objeto *a*, para desamarrarnos de los mandatos del Otro, de la captura por el goce del Otro, levantar los síntomas que nos duelen sin saber por qué, a fin de instalar nuestro sinthome, esto es, nuestro propio modo de goce. Esta cuestión ha traído mucho debate en el psicoanálisis. La trabajaremos con más detalle en la segunda parte de este libro.

En cierto modo, como vimos, la parresia podría leérsela desde el psicoanálisis como un mandato superyoico: el teatrista *debe* decir la verdad completamente, lo cual es imposible, y los entrevistados por Rocío manifiestan esta coerción respecto del teatro. Cuenta Jesús de León cómo el maestro Chabaud le ordenaba: "Escribe, no despegues el lápiz" (I, 89) y él se regocijaba en comprobar que podía lograr una disciplina. Como vemos, si me importan Foucault y Lacan es porque ambos, a su manera y con las diferencias o coincidencias que conllevan, están pensando la relación del sujeto y del dominio, del poder, sobre sí mismo y sobre los demás, y esto es decisivo para la praxis teatral.

El psicoanálisis intenta desamarrar al sujeto de esos significantes-amos que lo han ido modelando desde antes de su nacimiento y en su infancia, donde se inscriben el lenguaje y los aparatos ideológicos del estado, como los llamaba Althusser. Como lo vio Lacan y luego subrayó hasta el cansancio Jacques-Alain Miller, el significante es siempre una manera de mortificar al sujeto, mata lo singular de él, mata su fuerza vital, su cuerpo, uniformiza, hace masa, amenaza o decididamente mata su singularidad. Es misión del artista remontar este proceso de mortificación y exponerlo en su obra, sea o no como un ejercicio catártico o de liberación. Así, Rascón Banda, recordando su infancia, en contacto directo con criminales, asesinos, suicidas potenciales, etc., nos dice que "un niño que escucha ese mundo del bien y del mal, de lo justo y de lo injusto, tiene que estar marcado y deformada su personalidad" (I, 157). Esto es algo incluso trabajado por otro maestro mexicano, me refiero a Rodolfo Valencia en su trabajo con los actores. Como nos cuenta Domingo Adame, en el proceso de formación de actores, la propuesta de Valencia

> plantea no deformar al individuo al someterlo a formas y exigencias dominantes, sino invitarlo a abrirse dentro de sus propios marcos culturales con la posibilidad de que, al remitirse a sí mismo, alcance la liberación interior necesaria para expresarse. (231)

Valencia dice a su manera lo que Lacan plantea respecto al trabajo del analista con su analizante: abordar esos significantes-amo que lo atan a su síntoma y liberarlo, en la medida de lo posible, de sus herencias y sus linajes a fin de que el analizante construya sus propios significantes-amo, los que rijan su vida y no aquellos a los que estaba alienado sin saberlo. Sin embargo, esta salida de la alienación, que también procuraba Brecht a su manera, no puede imaginársela tan rápidamente como liberación o emancipación. Al respecto, la lectura de Lacan que hicieron los psicoanalistas resulta en algunos casos, como veremos en la segunda parte de este libro, bastante problemática.

Sin duda, ese trabajo de desamarramiento implica, además, un trabajo con la memoria y la rememoración. Algunos entrevistados tienen una relación ambigua con el pasado: nostalgia o intentos de recuperar la tradición oral. Ya mencionamos el caso de Liera con las leyendas, como en *El Jinete de la divina Providencia* o su versión de *La verdad sospechosa* y de *Don Juan*. Jesús de León también retoma la tradición oral (I, 88). Joel López Arriaga, por su parte, nos cuenta que su madre le inculcó "el coraje y la terquedad para salir adelante y me enseñó a tener objetivos" (I, 96) o se queja, en cierto modo, de haber hecho la "carrera comercial porque era lo que se acostumbraba en la época" (I, 96). El teatrista, en lo personal o social, lidia con las insignias que lo han modelado. Sin embargo, ni todos los significantes-amo son nefastos, ni los teatristas quieren desprenderse de muchos de ellos, como es el caso, por ejemplo, de Ángel Aurelio Hernández que, en su afán de radicalizar su cinismo parresiástico, conserva su experiencia temprana frente a su padre, cuando se encontró con el teatro por primera vez:

> En el momento en que vi por primera vez la expresión de ira que arrojó mi padre –director de escena— cuando llegué a tomar sin su permiso la utilería del espectáculo que estrenaba. Entonces pensé que el teatro debía servir para provocar la inconformidad de las personas a través de una travesura que se llama rebelión y sucede en escena. (I, 352)

Los significantes-amo que requieren atención, de los que hay que desprenderse, son aquellos que encapsulan un goce que se ha convertido en síntoma, esto es, que inhiben la creatividad del sujeto, y éste no es el caso de Hernández quien se atreve a escribir una obra titulada *Padre fragmentado dentro de una bolsa*.

El sujeto se nos aparece como una estatua moldeada por el Otro y esto obviamente ocurre también en el ensayo teatral, sea cuando el actor es manipulado por el director o el actor manipula su personaje. Entonces, hay que desaprender, como diría Spivak, más que aprender: durante el ensayo hay que intentar conmover al actor para desamarrarlo de sus identificaciones y liberarlo para hacerlo creativo; igualmente, todo espectáculo debería tener la misma función: conmover al público para críticamente abrirle el camino a fin de que sea capaz de elaborar su propio desenganche de los significantes-amo impuestos por el poder y la cultura dominante. En términos de Manuel Talavera:

> No creo en el teatro que ofrece soluciones, para eso están los economistas, los especialistas o los filósofos. Para mí el teatro solamente plantea, cuestiona y deja que el espectador encuentre sus propias respuestas. (I, 206).

Tanto para el teatro como para el psicoanálisis, el desafío actual es ver cómo un sujeto desamarrado de los viejos significantes-amo y que ha producido nuevos, se incorpora a lo político, es decir, a una experiencia colectiva, comunitaria que, para funcionar, obviamente debe hacerlo a partir de significantes-amo y de la ley (Alemán, *Soledad: Común* 30). A estos significantes-amo se los ve aparecer de inmediato en cualquier improvisación teatral, es casi lo primero que aparece; se ve cómo el actor intenta de alguna manera completar al Otro, el personaje que le ha sido asignado, mantenerlo completo y sin falta, sin fallas, en vez de aceptar que el Otro-no-existe o que está agujereado por lo real imposible. El actor queda capturado por la lectura que propone el director, por los estereotipos culturales referidos a su personaje, por la tradición teatral o incluso por puntos de contacto entre su biografía y el personaje. Lo mismo ocurre en el capitalismo, en su afán de promover consumo, ciencia y tecnología (Alemán, *Soledad: Común* 26) que, en vez de ir promoviendo o dando lugar a significantes emancipatorios, va en cambio capturando al sujeto mediante objetos (muchos operan verdaderamente como fetiches) uniformados y uniformantes, inconsistentes, rápidamente desechables, que forman una serie infinita y que intentan justamente llenar el vacío de lo real y la falta en el Otro. Esta dinámica se intensifica cuando se produce, como en la época actual, la caída de los emblemas o significantes-amo del pasado, más basados en la ley, el Padre, la autoridad, las instituciones, en fin, el orden simbólico sin ofrecer nuevos o impidiendo otros para construir *otra* hegemonía. El teatrista se enfrenta, entonces, a un riesgo artístico cuando se niega a abordar lo sorpresivo, lo inesperado que surge durante el montaje y que lo obligaría a inventarle un saber a lo real todavía no significantizado. Sin embargo, considero que corre un riesgo todavía peor cuando opta por lo conocido, cuando se niega a trabajar aquello que lo impele y condiciona a repetir lo que sabe, dejándose arrastrar por el sentido aceptado, la tradición y la norma, los halagos del público o las seguridades financieras. Es éste el momento en que, capturado por la repetición y hasta por el superyó, el artista está terminado, muerto como creador.

  En algunos entrevistados por Galicia se nota todavía, más allá de sus ideales de una nueva dramaturgia, la impronta de lo patriarcal cuando, por ejemplo, dedican una larga parrafada a hablar del padre y apenas mencionan a la madre en una línea; sin duda, también están los otros casos en el que hay no solamente un ninguneo de la madre, sino incluso del padre mismo. Hay rebeldía, pero no elaboración sobre las faltas del padre o de la madre. Asistimos hoy al imperio de un nuevo Otro regido por la técnica y el capital que intenta colonizar los cuerpos y las subjetividades bajo la forma de la mercancía, es decir, solo para el uso temporario y el descarte. Los teatristas investigamos en el escenario la forma de desamarrar a la comunidad de esas insignias sociales, políticas y culturales, que impactan nuestra vida pública, privada e íntima. Los teatristas, como los analistas, trabajamos los síntomas de ese malestar, enfrentamos la Ley, hoy devaluada y con consecuencias nefastas para la comunidad, pero a su vez recurrimos a dicha ley: como decía Lacan, no hay padre, el Otro no existe, pero debemos servirnos todavía de él o, con palabras de Ileana Diéguez, el parricidio actual, diferente al modernista, asume "una estrategia *fronteriza*: al padre se le niega y se le usa, se le nombra y se le vela, se le provoca y se le ignora" (71).

16.- *La cuestión del cuerpo*

En muchas publicaciones de los últimos años, sean obras teatrales y particularmente aquellas que se enfocan en el activismo relacionado a la desaparición forzada y tráfico de personas u órganos, los derechos humanos y civiles de personas o minorías discordantes (a nivel de género sexual, por ejemplo) o marginadas (como las comunidades indígenas), se nota una pasión por la justicia que, en la mayor parte de los casos, tiene como foco la cuestión del cuerpo. El cuerpo, es además, el punto central de muchas técnicas de formación actoral y danzante. Las artes vivas como el teatro no pueden prescindir de él. Pero ¿qué es un cuerpo en el teatro?[30] A una simple observación se puede afirmar que hay cuerpos sobre el escenario y otros cuerpos contemplándolos. ¿Cómo se encarna un personaje, cómo se lo hace cuerpo? ¿Qué cuerpo es el que está en juego en una puesta en

---

[30] He trabajado la cuestión del cuerpo desde otra perspectiva y enfocándome en el actor; ver mi ensayo "Los cuerpos del actor" (nótese el uso del plural).

escena? ¿Qué entienden los activistas por cuerpo? ¿Cómo aparecen hoy representados los cuerpos que hacen de contexto a la praxis de los teatristas? Las preguntas sobre el cuerpo podrían multiplicarse y tal vez comprobemos que el cuerpo necesita ser teorizado. Aunque los cuerpos trozados, decapitados, con miembros diseminados, aparecen a cada paso en las obras del teatro norteño,[31] vamos a enfocarnos, en la segunda parte de este libro, precisamente en *Padre fragmentado dentro de una bolsa*, de Hernández, en la que, como vemos, se trata de un cuerpo, nada más ni nada menos que el del padre, cuya hija lo pasea por toda la ciudad también sembrada de cadáveres y de ciudadanos con cuerpos zombi, ni vivos ni muertos. En la sociedad contemporánea y en la dramaturgia de varias latitudes, se trata de cuerpos desaparecidos, masacrados, ausentes, evocados por siluetas y otros artefactos de lucha performativa; cuerpos sin sepultura que deambulan en el limbo de una memoria acechada por los poderes interesados en el olvido. También el performance, sobre todo el que plantea cuestiones de género sexual, apela al cuerpo: se trata de cuerpos discrepantes con el patriarcado heteronormativo, 'seres' que dicen estar atrapados en un cuerpo, cuerpo-prisión, como en el caso de los transexuales; o cuerpos que se decoran y travestizan para satisfacer un deseo de devenir otros. Hay otros cuerpos cuya marginación y anonimato (sea por cuestiones etarias o de clase) quieren hacerse presentes llamando la atención del Otro desinteresado de ellos a través de escrituras dérmicas como los tatuajes o bien la apelación a modas extravagantes. Los ejemplos podrían proseguir; todos ellos, en maneras diversas, están atravesados por el poder: cuerpos desaparecidos, controlados, disciplinados y hasta avasallados por el superyó, por el goce y la pulsión de muerte. Lo lamentable en muchos de estos casos es que se piensa el cuerpo en una dimensión empírica, bionaturalista, que limita toda reflexión política profunda.

---

[31] La fragmentación, estilística o corporal, que se aprecia en las obras, indicada por ejemplo por la palabra "rompecabeza" (Zúñiga, Hernández), pareciera estar causada por la cantidad de cuerpos decapitados que aparecen en diversas ciudades mexicanas casi a diario y que tienen una larga historia: se remontan, en la etapa independentista nacional, a Miguel Hidalgo (1753-1811), fusilado y decapitado.

Dramaturgia de frontera / Dramaturgias del crimen

Lacan se vio precisado de problematizar en el psicoanálisis este nivel tan elemental y, para ello, su primera intervención fue diferenciar el *cuerpo* del *organismo*. A lo largo de su enseñanza, que duró muchos años, Lacan fue planteando el cuerpo de diversas maneras, conservando dos aspectos que, no obstante los impases y las paradojas, permanecen constantes: por un lado, Lacan no abandona, aunque cambie su perspectiva, la relación de cuerpo y lenguaje y, por otro, avanza en su enseñanza sin abandonar su referencia a los tres registros: imaginario, simbólico y real.

La entrada de la cría humana en la cultura por medio del lenguaje va a producir esa división entre *ser* un cuerpo y *tener* un cuerpo. Miquel Bassols nos plantea que

> Las paradojas que Lacan señala empiezan con el problema que plantea "el derecho a nacer", derecho de un sujeto que todavía no existe con un cuerpo que todavía no le pertenece. El cuerpo no es el organismo y solo se llega a tener ese cuerpo, a identificarse también con él, sin llegar a serlo nunca, ya que el ser del sujeto está siempre en Otra parte. Pero además, señala Lacan, "la cuestión está en saber si, por el hecho de la ignorancia en la cual es mantenido ese cuerpo por el sujeto de la ciencia, habrá derecho luego a ese cuerpo, hacerlo pedazos para el intercambio". (*Cuerpos escritos...* 15)

La referencia a la ignorancia de la ciencia nos advierte –como lo hace Mauricio Tarrab en "Notas sobre el cuerpo"— de la necesidad de planear dos cuestiones preliminares, que comienzan a resonar a partir de los ejemplos que hemos enumerado antes y despejarnos el campo para poder conceptualizar. La primera es la diferencia entre el cuerpo de la ciencia y el cuerpo del psicoanálisis: en la ciencia, el cuerpo es modificado por la genética o la tecnología; ambas pretenderían descifrar el goce y prevenirlo (recordemos la ya famosa *boutade* de querer medicar al homosexual para "curarlo" de su goce 'anormal'); en el psicoanálisis, por el contrario, el cuerpo es modificado por la palabra, por el significante: ya veremos, en la segunda parte de este libro, cómo opera el Ideal del yo o el superyó en relación al cuerpo. La segunda diferencia es aquella perturbación que, por ejemplo, muchos artistas del *body art* (Orlan, Stelarc) o transexuales realizan sobre su propio cuerpo, empírico al principio, pero imaginario después; aquí la medicina, al operar sobre el cuerpo biológico convertido en objeto, ya sin velos ni fantasma, no puede dejar de promover transformaciones en otra instancia: la del goce del cuerpo que el sujeto experimenta y utiliza para acceder a un goce sin ley (Stelarc se implanta una oreja en el brazo izquierdo y hace de eso un espectáculo performático trasmitido por televisión). Si bien medicina y significante mortifican el cuerpo, lo encorsetan, hay diferencias que tendremos que atender.

Volvamos a la entrada del sujeto en la escena social: el lenguaje, por medio del significante, hace que el sujeto pierda una parte vital, a la que incluso debe renunciar para entrar en el lazo social. La educación, la cultura, la familia operan aquí como aparatos de mortificación que cercena el cuerpo a partir de normas, rituales, mandatos. El sujeto entonces vive su cuerpo en la dimensión de lo fragmentado; su ser, lo vital que lo singulariza, se pierde, para dar lugar a una necesidad de recuperar su cuerpo, la unidad o totalidad de su cuerpo, vía la imagen. Pensemos desde esta mínima conceptualización lacaniana cómo podríamos, en nuestra praxis teatral, sacar partido de ella durante el ensayo, en el trabajo del actor con su personaje. El estadio del espejo nos da la pauta inicial de esta aproximación al cuerpo en Lacan: el yo [*moi*] es una imagen ilusoria que anticipa la totalidad gestáltica del cuerpo a partir de la *alienación* a la imagen del otro (el propio niño inmaduro, sin contar todavía con capacidad motriz, o la de su madre). ¿Deberíamos pensar el proceso de encarnar un personaje como una alienación? El significante fálico es lo que, como nos lo expone Tarrab con un ejemplo clínico, "metaforiza el cuerpo fragmentado y [hace cesar] el desmembramiento corporal". Vemos entonces que aquel cuerpo u organismo material, físico, empírico, natural se torna de pronto, por vía del lenguaje y del otro, en un cuerpo imaginario, insustancial, no natural, pero todavía esférico, sin agujeros. Lo vital queda ahora como resto, como perdido y ausente, y así ya se va anunciando en Lacan la conceptualización del objeto *a*. Al yo solo le queda decir que 'tiene' un cuerpo, pero ya no lo es. Y ese cuerpo que tiene, ese cuerpo que le queda, es un cuerpo producto de la mortificación del Otro, del lenguaje y la cultura, por eso en esta segunda instancia, vamos abordando la cuestión por el lado de lo simbólico. Regresemos por esta vía a interrogarnos sobre el travesti o el transexual. ¿Qué cuerpo realmente buscan? ¿Qué cuerpo busca el actor para encarnar su personaje y qué hace con su propio cuerpo en ese proceso?

Lacan denomina a ese cuerpo mortificado por el Otro del registro simbólico con el vocablo "monumento", el cual nos evoca la dimensión funeraria de la muerte y la ausencia del ser. Es que lo que se pierde en la alienación a la imagen, al significante, es justamente el ser. El sujeto en psicoanálisis está dividido precisamente porque ha sufrido la operación simbólica, en la que ha perdido el ser, eso vital que buscará recuperar por la vía del deseo. Es un sujeto casi muerto, casi vivo. El barroco, como sabemos, ya presentía esta cuestión cuando Quevedo nos alertaba en su magistral soneto:

>Ayer se fue; mañana no ha llegado;
>hoy se está yendo sin parar un punto:
>soy un fue, y un será, y un es cansado.
>
>En el hoy y mañana y ayer, junto
>pañales y mortaja, y he quedado
>*presentes sucesiones de difunto*. (Énfasis mío).

En efecto, cada instante inapresable del presente se torna inmediatamente mortaja del que ya no soy, del que acabo de ser: mi cuerpo es el monumento de los instantes ya pasados, una sucesión "presente" del difundo que soy. Sin embargo, el resto vital caído en la operación de esa alienación a una imagen y a un significante, es el disparador de la vitalidad del Deseo, es la falta activa que me impele a recuperar lo perdido, aunque la empresa sea siempre fallida. Psicoanálisis y praxis teatral entran a jugar aquí un papel determinante. No se trata de la psicología o la sociología, siempre dispuestas a seguir mortificando al sujeto por medio de forzar su deseo obligándolo a adaptarse a los corsés de la cultura o de la ciencia, soportes de una supuesta normalidad basada en convicciones naturalistas o religiosas, que impelen al sujeto a aplastar su singularidad corriendo ese supuesto 'desvío' de la norma. Lo mismo ocurre con la captura del sujeto por identificación a subjetividades prefabricadas, promovidas como "identidades" monolíticas por minorías progresistas, con ideales imancipatorios, que obturan la emergencia del sujeto. Tanto la praxis teatral como el psicoanálisis se van a orientar hacia el deseo, se van a jugar por el deseo, por su singularidad, por la separación o desamarre del sujeto de esos mandatos culturales y, al hacerlo, van a tener que interrogarse por eso vital perdido, ese goce, que todo sujeto se empeña en recuperar, sea para emanciparse del Otro y cuestionar sus consistencia vía la demanda, sea por la vía del goce sin ley, la pulsión de muerte y el superyó que lo lleven a los límites de su autoaniquilación, como veremos en la pieza de Hernández con el personaje de Marianne.

En una etapa más avanzada, Lacan se verá necesitado de revisitar estas cuestiones de su primera enseñanza. Una vez conceptualizado el cuerpo desde el registro imaginario y desde el registro simbólico, quedaban muchas cuestiones teóricas no muy ajustadas y, al hacerlo, Lacan va pasando a conceptualizar el cuerpo desde el registro de lo real, con lo cual va a revertir todo lo dicho hasta entonces. Aparecerá entonces un cuerpo real, agujereado, fragmentado, no esférico, que ya no responde a la premisa aristotélica de una correspondencia entre lo orgánico y lo psíquico que el mercado médico hoy desbarata al proponer un organismo fragmentable y comercializable, ya sin unidad, como ocurre, por ejemplo, con los trasplantes. ¿Será que el lenguaje, por medio del significante, mata completamente la libido, arrasa y mata completamente el goce? ¿Será que el sujeto está compelido a vivirse como un *corpse*, un cadáver de sí mismo? ¿Es que acaso el mismo Lacan va a descuidar el hecho de que el sujeto 'habla'? Ya teníamos esa operación de corte que separaba al cuerpo (imaginario y simbólico) de la carne. El objeto *a* aparece como ese cuerpo todavía vital, pulsionante, esto es, como un cuerpo no desvitalizado, pulsional, al que, nos dirá Lacan posteriormente, el lenguaje nunca puede alienar, al cual el Otro, el Amo, no puede hacer llegar su dominio. Podemos aquí sacar muchas consecuencias para la praxis teatral y para la cuestión del colonialismo. Se plantearían cuestiones técnicas más precisas desde esta perspectiva: ¿hasta qué punto puede un director alienar al actor? ¿Hasta dónde puede llegar el actor en alienarse al personaje o permitir que el personaje se aliene a su propio cuerpo? Hay una parte, pues, inalienable en el esclavo que el Amo no puede expropiar: es ese elemento completamente fuera de todo utilitarismo, ese goce que, como lo plantea Lacan en su *Seminario 20*, "no sirve para nada". Tal vez hoy el neoliberalismo capitalista está mercantilizando los goces, haciéndolos útiles en el sentido de producir a partir de ellos un rédito económico: ¿o no es un goce 'envasado' el de cambiar el auto o el celular cada tanto, sin necesidad alguna? ¿Acaso las producciones de Broadway, sobre todo los musicales, que se representan de la misma forma en todos los países y contextos culturales, no alienan completamente al actor, que a partir de allí deviene completamente sustituible, como cualquier elemento de ese "gran autómata" que Marx describía en *El Capital*, sin ningún poder sobre la producción?[32]

En la primera etapa de Lacan, la intromisión del significante hace emerger al sujeto a costa de la pérdida de lo vital, de su ser: sujeto dividido, tachado ($). Hay aquí una perspectiva del sujeto como víctima del lenguaje, del significante, que el psicoanálisis conceptualiza como trauma; hay la idea de un cuerpo-cadáver, *corpse*, como producto de una operación en la que lo simbólico se impone a lo real. ¿Cabría a partir de esto re-imaginar políticamente la tarea de los artistas y activistas involucrados en la lucha por sus familiares desaparecidos, en recuperar los cuerpos que yacen en las fosas comunes? ¿De qué lado hay más muerte, del de los ausentes o del de los que claman por justicia? ¿Cómo pensar la relación entre justicia y goce? Lo cierto es que, frente a estos impases, poco a poco, por diferentes caminos, Lacan va a invertir esta perspectiva inicial, en la medida en

---

[32] He trabajado sobre el capítulo "Maquinaria y gran industria" de *El Capital* desde la perspectiva de la teatralidad en mi *Teatralidad y experiencia política en América Latina (1957-1977)*.

que comprueba cómo a la falta que da lugar al deseo del sujeto, se le agrega una falta en el Otro: el deseo del sujeto es el deseo del Otro. Y donde hay deseo, hay falta. No es éste el lugar para detallar los itinerarios de Lacan y del psicoanálisis respecto al cuerpo, al significante y al goce. Una amplia bibliografía se ha desplegado al respecto. Para lo que nos concierne como teatristas, digamos que al final de su enseñanza Lacan va a dar un giro: ya no es lo simbólico lo que domina lo real, sino al revés: lo real domina lo simbólico. Tarrab nos recuerda el concepto de "corporización", tal como Jacques-Alain Miller lo plantea para señalar ese giro de Lacan: por corporización Miller entiende ya no al significante como mortificando el cuerpo desprendiéndolo de lo sustancial vital, sino un significante que entra en el cuerpo y lo afecta de goce: "Aquí —escribe Tarrab—no es el cuerpo que se vuelve significante sino el significante que se vuelve cuerpo!!" Lacan comenzará a hablar del 'goce del Otro'. Tendremos entonces la posibilidad, crucial para los teatristas, de comprender ese pasaje del sujeto tachado, mortificado por el Otro, al *parlétre*, un sujeto para quien el lenguaje ahora le sirve para gozar, gozar de hablar, para producir su significante-amo S_1, separado del sentido, como letra que lo diferencia, que no había sido antes nombrado por el significante provisto por el Otro en la alienación. Y es este significante Uno del sujeto, singular, inalienable, sin entidad significante, el que lleva a Lacan a postular *lalengua* que remite al cuerpo, que insiste en lo que repite el síntoma. ¿Tendremos que entender la parresia, tal como Foucault nos la presenta, desde esta dimensión del goce de hablar? ¿Podemos realmente sostener que una cirugía o cualquier intervención médica es capaz de separar al sujeto del Ideal del yo al que se encuentra alienado?[33] El concepto de parlétre incluye el cuerpo, porque se necesita un cuerpo para gozar. Si en la primera etapa lacaniana el lenguaje era un aparato para cercenar el goce, ahora al final de su trayectoria, Lacan se juega a un lenguaje como aparato de goce. Nos dice Tarrab:

---

[33] La transexualidad ha sido un tema espinoso para el psicoanálisis. He intentado explorarlo, tal vez con éxito relativo, en mi ensayo "Género, soberanía y dominación: *La viuda de Rafael* en la televisión".

> Estamos en el reverso de lo que hemos trabajado hasta aquí, estamos ubicando lo que produce huellas, el acontecimiento de discurso que produce eso que afecta al cuerpo como exceso de goce, que es lo que tempranamente Freud ubicó como traumático. No como memoria significante sino como lo que conmemora como repetición de goce en el cuerpo.

A la idea de trauma se opone ahora la de "acontecimiento de cuerpo", en la que el sujeto se da un cuerpo, se identifica al sinthome (su propio modo de goce) y asume una agencia respecto de dicho síntoma, del que debe responsabilizarse. Si el psicoanálisis partió de explorar la memoria y sus laberintos, si su praxis consiste en hablar, asociar libremente para ir remontando la novela familiar —dialéctica del recuerdo y el olvido de por medio— hasta llegar a lo traumático reprimido, ahora la memoria, ya no significante, sino como repetición de goce en el cuerpo, compromete al sujeto a enfrentarse a esa singularidad que ancla en su modo de goce y que ni es interpretable ni es curable. Por eso Lacan introduce su concepto de *lalengua* ligado al de un goce singular del sujeto con el lenguaje y el cuerpo. La praxis teatral, como el análisis, no pueden obviar este giro lacaniano, de profundas consecuencias políticas y artísticas, como lo demuestra el hecho de que, al final de su enseñanza, Lacan se enfocara en James Joyce. El teatrista como el analista tienen que vérselas con el síntoma en la transferencia; ambos se enfrentan a las pulsiones enraizadas, como lo plantea Rosa Ma. Calvet en *Cuerpos escritos, cuerpos hablados*, "en el cuerpo embrollado por un decir" (3) (tal como lo veremos en la obra de Ángel Aurelio Hernández), mientras nos recuerda que

> Lacan no cejó de insistir en que la cuestión que concierne a cada uno de quienes han agotado su experiencia del inconsciente, es la de dar cuenta de cuál es su saber y su hacer con este incurable, con estos detritus de letras desarrimadas de cualquier significación universal, que llamamos acontecimiento de cuerpo. (4)

En las páginas que siguen, después de haber introducido al lector en forma abreviada al resultado de extensas investigaciones previas, de haberlo familiarizado apresuradamente con ciertos conceptos que requerirá para continuar la lectura de este libro, me propongo abordar la cuestión de la verdad, desde Foucault y desde Lacan; de lo real y de los ideales en el psicoanálisis, en función de lo que puedan aportar a la praxis teatral y al trabajo del teatrista en las circunstancias contemporáneas. Será un camino bastante difícil de recorrer. Nos enfocaremos también en una pieza de Ángel Aurelio Hernández, *Padre fragmentado dentro de una bolsa*, para abrir el debate sobre cuestiones que afectan al teatro norteño de México en particular y, en general, al teatro de frontera. La pieza de Hernández no aborda la frontera tal como la registran muchos de los entrevistados por Galicia; nuestro interés en dicha pieza radica precisamente en que nos invita a *reconceptualizar la frontera como tal*, llevándonos a ese juego de nuestro título: dramaturgia de frontera/dramaturgias del crimen.

CAPITULO 2

Frontera, agresividad y dramaturgia

La frontera es insoslayable; no podría no haberla; siempre hay un borde que supone la presencia del otro. Es como el borde del yo que, de disolverse, lo dejaría caer en la completa desubjetivación. Yo soy otro, decía Rimbaud, y nos dejó el enigma. Ocurre igual para la llamada 'identidad nacional o regional'. No hay forma de imaginarizar la consistencia yoica sin ese otro foráneo, a partir del cual diferenciarse, un otro dado como una imagen desde donde el yo saca su consistencia; otro exterior producido precisamente por esa línea de demarcación que denominamos la frontera; ese otro es la condición necesaria del yo y de su imagen, lo cual no quita que pueda ser su mismo reflejo en el espejo.

La ambivalencia amor/odio se juega frente al semejante; identificación y agresividad tensionan aquí, lo que puede avanzar hasta una violencia como decidida agresión, no exclusivamente orientada al extranjero, sino también hacia el mismo yo (como en la *expiación* e inmolación de los terroristas en estos tiempos de mercado neoliberal globalizado, donde se arrasa con las fronteras)[34] y, en muchos casos al vecino, al prójimo connacional, para el que también disponemos de frontera a fin de diferenciarnos y hasta de guarecernos. Conviene aquí también anotar al otro como diferente sexual, racial o de clase. Así, mientras la agresividad es una posición del yo que demanda interpretación, la agresión es una conducta que podría ser severamente sancionada; no siempre la agresividad se traduce en agresión, es decir, se resuelve en violencia contra el otro, el semejante, y viceversa, esto es, no siempre una conducta agresiva supone una agresividad yoica, subjetiva. La frontera define entonces una territorialidad narcisística que puede ir desde un amor a sí mismo o un enamoramiento frente a esa

---

[34] Jorge Alemán ha comentado esta cuestión en su artículo "Terrorismo y hermanos".

imagen que parece completar al yo, a una xenofobia, un racismo, una violencia sexual y hasta a un chauvinismo nacionalista capaces de llegar a una agresión suicida narcisística o a la guerra civil, cuando la imagen del otro no completa al yo.

Y es justamente esa furiosa pasión narcisista, según Lacan, la que provee una imagen que el hombre intenta imprimir en la realidad para moldearla a su manera, irrespetando las diferencias (*Escritos*, I, 122). Como vemos, frontera y espejo son aquí cruciales y se configuran en lo que Lacan, en su escrito "La agresividad en psicoanálisis" [1948] (*Escritos*, I, 107-127), cuando aborda "la cuestión de la naturaleza metapsicológica de las tendencias mortíferas" (107), sitúa a nivel del registro imaginario.

Entre frontera y espejo, tenemos que ubicar el cuerpo. Para Lacan, la agresividad es una experiencia subjetiva que el psicoanálisis aborda mediante el lenguaje (verbal y no verbal):

> Podemos casi medirla en la modulación reivindicadora que sostiene a veces todo el discurso, en sus suspensiones, sus vacilaciones, sus inflexiones y sus lapsus, en las inexactitudes del relato, las irregularidades en la aplicación de la regla, los retrasos en las sesiones, las ausencias calculadas, a menudo en las recriminaciones, los reproches, los temores fantasmáticos, las reacciones emocionales de ira, las demostraciones con finalidad intimidante (*Escritos* 109).

Demás está decir cómo podríamos captar este mismo repertorio discursivo, estos desfallecimientos tal como los observamos en la praxis teatral, durante los ensayos, en las improvisaciones y hasta en la dramaturgia. En este sentido, la advertencia lacaniana sobre el manejo de la transferencia es decisiva: un analista, como un director teatral, debe ofrecerse al analizante/actor como "el espejo puro de una superficie sin accidentes" para dar lugar a que esas imagos se revelen (*Escritos*, I, 114) porque, si el analizante "viese en el analista una réplica exacta de sí mismo (…) el exceso de tensión agresiva constituiría tal obstáculo a la manifestacion de la transferencia que su efecto útil podría producirse con la mayor lentitud [y] si la imaginamos, en caso extremo, vivida según el modo de extrañeza propio de las aprehensiones del *doble*, esa situación desencadenaría una angustia incontrolable" (*Escritos*, I, 114).

Lacan inmediatamente separa agresividad, mediada por lo simbólico, de agresión como conducta violenta. Sin embargo, este temprano Lacan pasa inmediatamente a referirse a las *imagos* que "representan los vectores electivos de las intenciones agresivas [tales como] las imágenes de castración, de eviración, de mutilación, de desmembramiento, de dislocación, de destripamiento, de devoración, de reventamiento del cuerpo" a las que ha designado como *imagos del cuerpo fragmentado* (*Escritos*, I, 110). Nos recuerda además cómo estas imagos intervienen en la "relación específica del hombre con su propio cuerpo", mediante prácticas sociales que van desde los ritos del tatuaje a la circuncisión, o cómo se manifiestan en los juegos infantiles con escenas de decapitación o despanzurrado de muñecos y hasta en las figuraciones pictóricas de Jerónimo Bosco (110) o las "fantasmagorías en los sueños" (111).

Hay también un otro éxtimo, es decir, alojado en la intimidad del sujeto pero que le es ajeno y lo compulsa al goce: es el superyó, esa voz que impele al sujeto a gozar hasta el punto de la autopunición e, incluso, de su aniquilación. Más que de identidades, como vemos, el psicoanálisis prefiere hablar de identificaciones: así, sobre "la identificación primaria [narcisista, especular, yo=otro → yo=yo] que estructura al sujeto como rivalizando consigo mismo" (*Escritos*, I, 121), se monta una identificación secundaria (simbólica, que trianguliza madre-hijo-padre y que confronta la falta pero articula el deseo y la ley) por vía del complejo de Edipo, en la que el sujeto, según Freud, introyecta la *imago* del progenitor del mismo sexo. La cuestión del Ideal del yo no se hace esperar:

> lo que nos interesa aquí es la función que llamaremos pacificante del ideal del yo, la conexión de su normatividad libidinal con una normatividad cultural, ligada desde los albores de la historia a la *imago* del padre. Aquí yace evidentemente el alcance que sigue teniendo la obra de Freud

> *Tótem y tabú*, a pesar del círculo mítico que la vicia, en cuanto que hace derivar del acontecimiento mitológico, a saber, del asesinato del padre, la dimensión subjetiva que le da su sentido, la culpabilidad. (*Escritos*, I, 121)

Se nos comienza a conformar una red de conceptos interrelacionados: agresividad, identificación, imago del padre, Ideal del yo, asesinato del padre, culpabilidad, que van a determinar para nosotros el marco teórico en el que pretenderemos leer *Padre fragmentado dentro de una bolsa*, de Ángel Aurelio Hernández, como un ejercicio que nos permita profundizar la cuestión de la frontera, que designaremos como estructural para el sujeto, marcada por la pulsión (*Trieb*), entre naturaleza y cultura en primer lugar, pero también, en segundo lugar, por sus consecuencias para una reflexión cultural sobre el mundo actual, ése al que se enfrentan los teatristas en su praxis teatral.

Asesinado el padre de la horda por la conspiración de los hermanos, esto es de sus hijos—tal como lo describe Freud en *Tótem y tabú*, ese padre que se arrogaba el goce de todas las mujeres del clan y los compulsaba a la homosexualidad— se instaura la culpa vía el amor y el arrepentimiento, y el banquete totémico en el que devoran al padre, cada uno un *fragmento* de aquel, para identificarse con él, reteniendo un poco de la fuerza del progenitor, aunque no todo su poder y su goce. Se le sacrifica entonces ritual y periódicamente al padre el animal totémico. Todos los hijos comen (comemos) un fragmento del padre. Todos llevamos un fragmento del padre en nuestra bolsa. La culpa por el crimen les impide a los hijos acceder a las mujeres y así se instaura la prohibición del incesto y del parricidio, y la ley de exogamia. La rivalidad entre ellos se pacifica por medio de la identificación al tótem paterno. Como nos lo explica la psicoanalista argentina Marta Gerez Ambertín en su libro *Las voces del superyó*:

> Al *Urvater* se *lo mata* y se *lo llora*. Hay, por tanto, después del odio y el asesinato, un retorno del amor. De allí la ambivalencia que, pese a las vicisitudes de los sentimientos, está ligada al complejo paterno: *aniquilar o sostener al padre*.

> De ahí también la incorporación canibalística cual identificación-por-incorporación de un fragmento (no todo) de su hiperpoder debilitado por el asesinato. (36)

Podemos retener esta cita para cuando abordemos *Padre fragmentado en una bolsa* de Ángel Aurelio Hernández, porque la protagonista, Marianne, va a responder a pie juntillas a la ambivalencia que se instaura a partir del asesinato del padre. Gerez Ambertín se refiere a esa culpa que Antonio Zúñiga denomina 'eterna', porque es, si podemos decirlo así, estructural. Una de las mujeres de su obra *El Tiradito. Crónica de un santo pecador,* nos dice:

> Tal como se vive ahora
> desde que se nace
> a un lado de la culpa
> culpa eterna, constante… (75)

El lazo social se sostiene en la culpa por la conspiración fraterna y el parricidio (del que, por otra parte, no parecieron formar parte las mujeres, al menos en la versión freudiana, lo cual subraya la innovación a la que nos expone la obra de Hernández en la que el parricio está a cargo de la hija y sin conspiración); por eso Marta Gerez continúa:

> El retorno al amor al padre muerto instaura el arrepentimiento y la culpa común de los hermanos, a la manera de un lazo social entre ellos. De este modo, el sistema totémico, es un pacto con el padre muerto, y merced al cumplimiento de sus preceptos, se espera de él, amparo, providencia e indulgencia. A cambio, será honrado y respetado. (36)

Sin embargo, el padre no ha muerto del todo; un resto espectral regresará, como en *Hamlet*, para exigir venganza, para incitar a la transgresión de la ley, a la violencia y al crimen, al incesto, al parricidio.[35] Así, el lado bueno del superyó promoverá una conciencia moral, con normas que garanticen el imperio de la ley que mantiene el lazo social (a costa del renunciamiento que cada individuo hace de sus pulsiones incestuosas y parricidas), y el lado malo regresará como superyó, incitándole al sujeto a la transgresión, a gozar, martirizando al yo. Sobre todo en la masa, el líder, como "amo de la palabra, único con voz y voto, expresa demandas desde el lugar del Ideal que funcionan como imperativos o mandatos a obedecer, por lo que deviene superyó" (Merlin 58), conduciendo de ese modo al

---

[35] En una entrevista realizada por Silvina Friera, el teatrista argentino Emilio García Wehbi, al comentar sus puestas de *Hamlet*, reflexiona de esta manera: "Lo que domina en *Hamlet* es la voluntad de las generaciones mayores de matar a los hijos. El fantasma del padre lanza un mandato de venganza que Hamlet no comprende y que es forzado a ejecutar. En esa ejecución, sin poder decidir, muere. También muere Ofelia y Laertes es un hijo que termina muriendo. Todos los hijos en *Hamlet* mueren de algún modo. Mueren entrecomillas asesinados, inducidos a la muerte por sus padres simbólicos o biológicos. En el núcleo de *Hamlet* se articula esa violencia filicida: hay que suprimir a las nuevas generaciones porque las nuevas generaciones pueden derrocarlos y proponer lo nuevo". Como vemos, García Wehbi se inclina por una lectura de la obra de Shakespeare que enfatiza el aspecto del superyó obsceno; esta interpretación es, sin duda, compatible con aquellas que se apoyan en el complejo de Edipo. En este libro, como se verá, también enfatizamos la dimensión superyoica. En su *Trilogía de la Columna Durruti*, García Wehbi escribe: "El padre siempre hace sombra. Mejor dicho: el padre es siempre la sombra muerta del hijo. Es un Doppelgänger viejo, oscuro, e incorpóreo que camina a su lado, que no lo abandona nunca y que lo guía siempre hacia el pasado. Puede ser biológico o putativo (…), pero siempre es representante exclusivo de Tánatos que duerme con el uniforme puesto y caga con la puerta abierta, listo para acudir al entierro de su hijo con lágrimas de cocodrilo y un puñado de tierra en su mano cuando sea necesario" (citado en la entrevista). Aquí García Wehbi parece interpretar la cuestión desde lo real lacaniano: como lo que vuelve al mismo lugar. La aparación tanática del padre, de su espectro, lleva al famoso "the time is out of joint" (el tiempo está fuera de quicio; ¿podríamos leerlo como "el tiempo está fuera de goce [*joy*-nt])?, que Derrida toma en su famoso libro *Espectros de Marx*, para plantear precisamente que es Marx el que vuelve otra vez a 'ese' lugar. En tal caso, en esta etapa de neoliberalismo, donde el mundo social está arrasado por lo pulsional, por el goce, pareciera difícil resituar a Marx como Padre obsceno, salvo como padre de una discursividad, junto a la de Freud, como hace Foucault. Como vimos, Jorge Alemán espera que la izquierda asuma esa tarea. ¿Lo hará, al menos en el 2018, que se cumplen los 200 años del nacimiento de Marx?

malestar en la cultura y la autopunición. Frente a esta exigencia superyoica en el sujeto, poco puede hacer el *yo* (yo y sujeto no pueden confundirse), y es tal que, cuanto más se aplica el sujeto para cumplir la ley, más es incitado a transgredirla, iniciándose de ese modo un proceso que, en sus formas extremas de pasaje al acto, puede llegar no solo hasta el homicidio, sino hasta lo autopunitivo, al autocastigo y al aniquilamiento.

Si la frontera es estructural, si hay un corte/borde, es precisamente el que divide al sujeto a partir del deseo del Otro, el que instala el significante –que crea al sujeto pero también lo mortifica— y que marca una línea divisoria entre la naturaleza y la cultura. Toda cría humana debe pasar por el lenguaje, por la ley, para socializarse, para humanizarse, a costa de sacrificar, de renunciar una parte de sí vital que permanece como un goce siempre tentando, capaz de invitar a la transgresión, capaz de desestabilizar la ley y, por ende, el lazo social. El Otro también provee ideales a los que el sujeto se identifica, ideales que lo capturan y a los que se aliena. Si la rememoración realizada *après coup* –que puede proveer el psicoanálisis con la "novela familiar del neurótico, o el teatro con sus fábulas—es capaz, por medio de la interpretación y la transferencia, de recorrer el itinerario de los sufrimientos/goces causados por la *alienación* a los significantes-amo (aunque no logre conmover la insistencia de la repetición), puede sin embargo *separar*, desamarrar, emancipar al sujeto de los ideales, de las insignias y de los significantes impuestos por el Otro, para permitirle la posibilidad de instaurar los significantes propios del sujeto, por los que se espera que se responsabilice.

De igual forma el colonialismo se instaura como proveedor de significantes-amo cuya función sería 'civilizar al otro', mortificando la propia vitalidad del colonizado. Lacan ve en la perspectiva darwiniana concebida como "la conquista del espacio por el animal" (*Escritos*, I, 124) la apología de la imposición y depredación colonial de la sociedad victoriana y su euforia económica a escala planetaria, como una justificación "mediante la imagen de un *laissez-faire* de los devorantes más fuertes en su competencia por su presa natural" (*Escritos*, I, 124), es decir, ese otro bárbaro, salvaje, que para colmo debería agradecer que se lo integre a la civilización, que –en términos de Edward Said— se lo orientalice. Frente a esto, Lacan recuerda la función de la agresividad en la dialéctica del Amo y del Esclavo en Hegel –anterior a Darwin— en la que habría "un progreso subjetivo y objetivo de nuestra historia" (*Escritos*, I, 124). Donde se plantea la cuestión del reconocimiento del hombre por el hombre, se instala a la vez la idea de cómo "[l]a satisfacción del deseo humano sólo es posible mediatizada por el deseo y el trabajo del otro" (*Escritos*, I, 124). Como cría que va a devenir humana, el individuo natural es una nada cuya conversión en sujeto humano pasará por la instancia de "una negación radical de los valores naturales" a partir de la imposición simbólica, de la función del lenguaje, pero también por una confrontación con el Amo absoluto, esto es, la muerte. Todo este panorama de la modernidad lleva, tal como lo plantea Lacan al final de su ensayo, a un aislamiento del yo (justificado en el individualismo y el utilitarismo) y a un arrasamiento de las sociedades tradicionales, de sus ritos y fiestas comunitarias, como "saturaciones del *superyó* y del *ideal del yo*", cada vez más degradados. Jorge Alemán también ve en esta lógica del capitalismo el arrasamiento de los discursos emancipatorios basados en la lucha de clases o luchas anticoloniales del siglo XX con su consecuente resultado de impedir todo tipo de hegemonía en el campo subalterno y marginalizado:

> la globalización de los mercados ha destruido la categoría moderna de "universalidad" y, en su lugar, ha generado un mundo *acéfalo* de operaciones financieras que se expanden a gran velocidad por el mundo virtual. Esto, paradójicamente, supone un obstáculo para *la izquierda* y su clásica posición internacionalista. Por su parte, cada Cultura llora a sus muertos y no hay lugar ni para el dolor ni para el *duelo de carácter universal*. De hecho, el surgimiento del terrorismo actual es un índice claro del impase en que se encuentra un proyecto de emancipación *popular* a escala internacional

protagonizado por los distintos *fragmentos* sin articular (excluidos, desempleados, trabajadores precarios, refugiados, "sin papeles", etc.). Ahora mismo, dichos sectores no dan forma a una nueva lucha de clases, al menos de modo *espontáneo*, puesto que esto exigiría articular lo que se denomina una lógica hegemónica. ("Terrorismo y hermanos", el subrayado es mío)

Detengámonos, al menos un momento, en los términos subrayados a fin de ir conformando un marco en el cual imaginar cómo la praxis teatral podría intervenir. Primera reflexión: mundo acéfalo, es decir, más que sin centro, sin Padre, sin ley. La ley del mercado no respondería a la concepción de la ley como resultado del complejo de Edipo; se trata, quizás, de la ley del superyó que impele al consumo y al goce imparables, y frente a la cual, como se carece de prohibición, tampoco da lugar a la transgresión. Se abren así todas las compuertas a la violencia y al crimen sin culpa. Como veremos más adelante, según algunos psicoanalistas que abordan temas políticos (Laclau, Zizek, Merlin, Copjep, Miller, Braunstein, Laurent, Alemán), estaríamos aquí frente a un destino comunitario signado por la *masa*; la otra vertiente sería que el colectivo tomara la vía del deseo, por medio de la demanda y entonces construya hegemonía como *pueblo*. A partir de los trabajos de Ernesto Laclau, ubicados en la frontera interdisciplinaria entre política y psicoanálisis, se nos plantea que "la demanda es una categoría central también en la construcción democrática" (Merlin 15). Merlin enfatiza el "inter", como prefijo latino que tenemos tanto en *inter*disciplina como *inter*locución: "*inter*: entre, separación, frontera y tránsito, acepciones que resultan variables posibles de las vinculaciones entre ambas teorías" (13). Importa a nuestros fines la cuestión de "construcción hegemónica", no tanto por las relaciones entre populismo y democracia que preocupan a Laclau, Alemán y Merlin, sino en la medida —como veremos más adelante— en que el teatro puede ser un disparador de la misma o, al menos, un productor de una "pluralidad discursiva" (Laclau) capaz de sostener una falta en la democracia para "reinventar permanentemente la política" (Merlin 17). Construcción hegemónica es aquella "que, sin anular los canales institucionales de representación, implica y condensa a la vez representación y participación" (Merlin 16).

Segunda reflexión: tal vez haya que imaginar otras designaciones que permitan elucubrar un articulador de hegemonía que ya no pase por la vieja izquierda, en la medida en que al desmantelarse todas las fronteras, incluso conceptuales, no hay manera de continuar con la oposición derecha/izquierda, ya un tanto anticuada y poco eficaz para el análisis del presente. Si lo que tiende a promocionarse es un yo en total aislamiento, sin posibilidades de conspiración comunitaria, como los hermanos de *Tótem y tabú*, la consecuencia es la producción creciente de insensibilidades y falta de solidaridad que, frente al también progresivo aumento de víctimas, impiden no sólo los duelos colectivos y universalizantes, sino el duelo en sí mismo. Recordemos que, en "Duelo y melancolía", Freud apunta a la pérdida del objeto, por muerte o alejamiento, y, al hacerlo, incluye la patria. En un mundo como el que vivimos, con diásporas compulsivas causadas por las condiciones económicas y violencias localizadas (feminicidios, narcotráfico, trata de seres humanos, etc.), pero generalizadas (los exilios ya no son efectos exclusivos de las dictaduras), donde la nación queda desdibujada bajo los afanes de sobrevivencia, se nos somete a un proceso de melancolización que, como lo ve Freud, apunta contra el sujeto que gradualmente va perdiendo referentes de identificación, incluida su lengua.

Tercera reflexión: lo popular merecería una nueva reconceptualización, en la medida en que los efectos letales del mercado neoliberal no se detienen frente a ninguna frontera de clase. El proceso de victimización y de imposiciones de subjetividad que van impidiendo la constitución de sujetos es generalizado. Solo se ofrecen paquetes de identidades pre-fabricadas, estereotipadas, stock de subjetividades sin sujeto que surgen de las luchas pero son inmediatamente capturadas y vaciadas de su genealogía de sangre. Los miedos por la sobrevivencia, como vimos antes, no son exclusivos de los sectores subalternos. Y cuarta reflexión a partir de la cita de Alemán: la paulatina fragmentación que produce la lógica del mercado neoliberal (paradojalmente sostenida en la uniformización, resistida o no, provocada por la globalización) pareciera dificultar, si no impedir, la posibilidad de una "lógica hegemónica" capaz no sólo de enfrentar a las élites dominantes sino, incluso, de afrontar un mundo concebido en los ya avejentados términos de nación y sucedáneos, de raigambre moderna.

Alienación, emancipación y hegemonía

He aquí el desafío de todos, incluido el del teatro y la praxis teatral, porque si no hay articulación hegemónica posible de las diferencias sectoriales, solo quedan discursos rebeldes o transgresivos, de diversa consistencia crítica, pero ineficaces, si es que se apunta a la vieja concepción del mundo. Sumemos a este panorama crepuscular, una reflexión más, ya elucubrada por muchos pensadores desde el siglo XIX: un deslizamiento continuo hacia la 'animalización' en la medida en que con la declinación de la función de la ley, del padre, de la autoridad, desaparece lentamente, como hemos visto, la diferencia entre lo permitido y lo prohibido, marca edípica que permite instalar la pulsión (*Trieb*) como frontera entre la naturaleza y la cultura.

Este nivel de animalización, como venimos viendo, no le ha escapado a Lacan,[36] incluso en este temprano escrito sobre la agresividad que venimos comentando: el animal, con su conquista del espacio, nos interesa por cuanto parece ser la pervivencia de una imago muy pertinente para el debate sobre la frontera: por una parte, se trataría de consolidar por medio de la frontera un territorio de pertenencia y de autenticidad, palabra usada por Manuel Talavera (I, 203) (con sus discursos nacionalistas ligados a la raíces de nacimiento, a la identidad promovida por el terruño, etc.), a la vez que, por otra parte, incita a transgredirla como devoración del otro (imperialismo, colonialismo, neoliberalismo, migración como invasión del subalterno). No es casual que Enrique Mijares, en su obra precisamente

---

[36] Tampoco a Derrida. Ver el ensayo de Olga Tiberi "J. Derrida: La deconstrucción de 'lo humano'".

titulada *Jauría*, atribuya a los personajes nombres de animales depredadores: Chacal, Rata, Hiena, Gavilán, Coyote, Zorro, Buitre y Sabueso, para indicar esta pérdida de humanidad y el ejercicio del sadismo masculino sobre las mujeres, cuyos cuerpos terminan fragmentados e incinerados, capturados en valijas o en videos y hasta en la basura, como veremos en la obra de Ángel Aurelio Hernández. Nuevamente, estos crímenes terminan capturados por la psicosis o la perversión que hacen estructura con el discurso religioso y su dimensión sacrificial y ritualista; se trata de hombres animalizados que asumen su papel de intermediarios para el goce del Otro: uno de los personajes, el Rata, dice: "Estamos aquí para purificarnos. Yo soy tu salvador, voy a llevarte al paraíso, a exorcisarte. Llegas a mí para que tu alma sea curada (Mijares, *Jauría* 57). Igualmente, la animalización aparece del lado de las víctimas: sirenas en *Sirenas del río*, de Demetrio Ávila y moscas en *Ciudad de las moscas*, de Virginia Hernández.

¿Puede tener esto implicaciones para la praxis teatral? El concepto de teatralidad del teatro, cómplice del capitalismo, ¿también respondería a la 'pervivencia de una imago'? ¿Será la frontera entre escenario y platea una territorialidad basada en la agresividad? Ambas alternativas erguidas sobre un dominio del espacio se fundan en la estructura narcisista en la que el yo queda "subordinado al temor narcisista de la lesión del cuerpo propio" (*Escritos*, I, 126); escribe Lacan:

> La noción del papel de la simetría espacial en la estructura narcisista del hombre es esencial para echar los cimientos de un análisis psicológico del espacio (...) Digamos que la psicología animal nos ha revelado que la relación del individuo con cierto campo espacial es en ciertas especies detectada socialmente, de una manera que la eleva a la categoría de pertenencia subjetiva. Diremos que es la posibilidad subjetiva de la proyección en espejo de tal campo en el campo del otro lo que da al espacio humano su estructura originalmente "geométrica", estructura que llamaríamos de buena gana *caleidoscópica*. (*Escritos*, I, 125)

Dramaturgia de frontera / Dramaturgias del crimen

El vocablo "caleidoscópico" elegido por Lacan nos invita a volver sobre la teatralidad concebida como política de la mirada –establecida a partir de la geometría, tal como lo intenté en *Teatralidad y experiencia política en América Latina*— haciendo una distinción inicial entre *lugar* y *espacio*. Claramente, se instaura un espacio agonal –en cada estructura de teatralidad, comenzando por la seducción— en el que el yo intenta ejercer el dominio sobre el semejante (aunque, en principio, no sobre el Otro, ni sobre sí mismo ni sobre el superyó). Hay, pues, una frontera, un borde que, en el teatro, une y divide la escena del público, pero también al actor del personaje y al público de la máscara espectatorial fabricada por el teatrista; es una frontera que separa y a la vez une territorialidades diferenciadas, manteniéndolas en tensión por medio de imagos. Es entonces una frontera cuya referencia más original estaría en la "estructura narcisista del hombre". El vocablo es preciso: remite al espejo, a la imagen y a lo diverso y cambiante: el Diccionario de la RAE nos da la clave, agregándole el matiz estético que yace en la etimología:

> *caleidoscopio*
> Del gr. καλός *kalós* 'bello', εἶδος *eídos* 'imagen' y -*scopio*.
> 1. m. Tubo ennegrecido interiormente, que encierra dos o tres espejos inclinados y en un extremo dos láminas de vidrio, entre las cuales hay varios objetos de forma irregular, cuyas imágenes se ven multiplicadas simétricamente al ir volteando el tubo, a la vez que se mira por el extremo opuesto.
> 2. m. Conjunto diverso y cambiante. *Un caleidoscopio de estilos.*

Registro imaginario, sin duda, en el que juegan estas cuestiones, sin olvidar la impronta simbólica del lenguaje y el resto que escapa como objeto *a*, causa del deseo, pero también goce y real no significantizado al que se ha renunciado y que el sujeto aspira a recuperar por medio de la transgresión, la violencia y hasta el crimen. De modo que podemos entonces dar una primera validación a la frontera 'estructural' como estructura narcisista ineludible en el que se debate la agresividad. Recordemos que se trata de un yo cuyo narcisismo está protegido por la represión, sin la cual éste se expondría a la castración; represión que, como vamos viendo, se va debilitando poco a poco en este mundo con declinación de la autoridad de la ley. La segunda validación es la constituida por la frontera como frontera pulsional en la que se discierne la cuestión de la animalización y la hominización y en la que la pulsión *bordea* al objeto sin alcanzarlo. En este sentido, es posible decir que la frontera es ese real que insiste más allá de la arbitrariedad de las fronteras de la realidad.

Cruzar la frontera empieza entonces a promover algunas cuestiones que van más allá de cruzar una línea divisoria de estados o naciones. Se trata, en cambio, de cruzar la línea impuesta por el narcisismo, darle a esta estructura ineliminable un destino que intersecte con el deseo, evitando el encausamiento del sujeto por el lado del goce, tal como lo sugiere una "política lacaniana". En todo caso, si el sujeto resulta capaz de abordar sus modos de goce (fuera de incesto y parricidio, hay goces prohibidos que pertenecen a etapas 'victorianas' de la cultura y cuya lista hay que revisar, sobre todo en el campo de la sexualidad),[37] el discurso emancipatorio (psicoanalítico o teatral) debe orientarse hacia la responsabilización del sujeto (tanto social, jurídica, cultural como política, si es que estas etiquetas todavía persisten). Se trata también de atravesar la línea entre lo permitido y lo prohibido, ir más allá de la ley, más allá del Otro, más allá del padre, o bien ser capturado por ese lado oscuro del superyó que impele a gozar cada vez más, hasta la misma destrucción del sujeto, esto es, transgredir la ley con las consecuencias de desubjetivación, *acting out* y pasaje al acto que ello podría acarrear.

---

[37] Un síntoma interesante de esta cuestión aparece en una película reciente, *Call me by your name* [2017, dirigida por Luca Guadagnino], con un diseño más flexible de la ley, con un padre a medio camino del rígido de la modernidad y su falta completa.

Dramaturgia de frontera / Dramaturgias del crimen

Llamaremos, entonces, dramaturgia de frontera a la estructura que subyace y sostiene las dramaturgias del crimen, esto es, a las variables teatrales que la agresividad y la agresión, junto al despliegue pulsional, toman en el mundo actual, convertido –como lo plantea Honokam en la obra de Zúñiga—en "zona de guerra" (90) — en el cual constatamos un nivel tal de violencia personal y comunitaria, al que la praxis teatral no puede quedar ajena. Los teatristas, como hemos visto, se hacen cargo de esta dramaturgia a partir de diversas dramaturgias del crimen, cada uno a su manera, pero casi todos –salvo los voceros del superyó— desde una postura parresiástica que, como veremos, sobre todo en relación a los ideales y la verdad, requiere de un trabajo conceptual impostergable.

SEGUNDA PARTE

CAPITULO 3
LA PRAXIS TEATRAL Y LA VERDAD

Una propuesta norteña: la dramaturgia imaginada por Ángel Aurelio Hernández

> Después del discurso [psico]analítico, la izquierda no puede ser utópica, pues nunca existirá una sociedad reconciliada consigo misma y sin fractura. No puede ser revolucionaria, pues no hay un corte que permita que empiece todo de nuevo, y si hay un acontecimiento semejante, es el signo más logrado de la pulsión de muerte, y no puede ser progresista, su tiempo será el del 'futuro anterior': "lo que habré sido, para lo que estoy llegando a ser". Tratar al retorno del pasado sin nostalgia con la energía de lo venidero: ¿no es esta la guerra aplicada del deseo?
>
> Jorge Alemán, *Soledad:Común* 69-70

Como ya habíamos dicho en la primera parte, dedicaremos la segunda a ampliar y, en lo posible profundizar, los aspectos teóricos relativos a la praxis teatral que fuimos enumerando brevemente desde el comienzo de este libro; para cumplir este objetivo, nos proponemos realizar la lectura de un fragmento de la entrevista de Rocío Galicia a Ángel Aurelio Hernández, porque nos parece paradigmático del presente y futuro de la praxis teatral en América Latina, no solamente en México; a la vez vamos también a abordar su obra *Padre fragmentado dentro de una bolsa* a fin de captar cómo este teatrista contornea la dramaturgia de frontera tal como la hemos planteado y cómo dicha obra se nos torna emblemática de las dramaturgias del crimen.

Rocío Galicia entrevista, en su *Dramaturgia en contexto I*, a Ángel Aurelio Hernández, nacido en Tampico en 1980, en el mes de agosto de 2006; recordemos que, al final de la misma, el teatrista diseña una perspectiva que, en cierto modo, puede leérsela como un programa estético y político. Volvamos a citar las palabras de Hernández, quien aspira a una dramaturgia que

> se exente del tiempo y sus necesidades históricas, que se deje pervertir por el morbo y el cinismo de adentro, que trabaje con la ausencia, que pierda el respeto, el miedo, la confianza, que ya no sea la vanguardia el efecto único que la seduzca, que ya no se llame innovación y que nos siga doliendo (360).

Como me parece el párrafo más impresionante de todo el volumen, quiero centrarme en explorar y extenderme (incluso si en momentos mi lectura pueda alcanzar dimensiones delirantes; después de todo, Freud aceptaba que hubiera verdad en el delirio y Lacan sostenía que todos estamos locos). Mi intención es elucubrar esas consecuencias estéticas, políticas y teóricas que parecieran sostener y dar consistencia a la cita, esto es, como planteaba Leyack, interpretar para reescribir.

La praxis teatral establece su horizonte emancipatorio intentando, por medio de la lectura de la escritura del inconsciente —esto es, reescribiendo la relación del sujeto con su modo de goce y con la esperanza de que gradualmente se vaya promoviendo a nivel de la comunidad— una desalienación, o sea, la separación de los ideales impuestos por el Otro, al que además convendrá mostrar en su inconsistencia. La praxis teatral apuesta a los agujeros de la ley y por esa vía, como en el análisis, apunta a transformar dicha ley y la relación del sujeto con ella. Como viene siendo parte del debate contemporáneo, en el que no se vislumbra ni tampoco se sostiene una salida "revolucionaria" ni reformista al neoliberalismo, pensamos que el teatro puede ser ese articulador capaz de desamarrar a la comunidad de los modos de goce consumistas y aniquilantes impuestos por ese sistema socio-económico que venimos sufriendo en forma cada vez más evidente; baste, como ejemplo, el cambio climático como efecto provocado por el afán de lucro neoliberal en su progresiva devastación del planeta y que nos está poniendo al borde de la extinción como especie.

Dramaturgia de frontera / Dramaturgias del crimen

Tal vez el teatro, como arte viva, pueda darnos una esperanza, en la medida en que, trabajando lo real fuera de la ley, nos abra la posibilidad de inventar un nuevo lazo social, no a partir —como veremos— del Ideal del yo, sino del amor y del no-todo de La Mujer, contrarrestando los impactos del "para-todos" de la posición masculina que nos viene rigiendo desde hace siglos. Y, si eso ocurre, es probable que no se trate de un lazo social inventado para la universalidad, sino para la singularidad de cada comunidad (Alemán, *Soledad:Común* 73).[38] Ciertamente, si lo dicho es capaz de resonar en el encuadre analítico entre analizante y analista, podemos también extenderlo a la relación entre el teatrista y su comunidad, en la medida en que el inconsciente *no es colectivo* sino, como quería Lacan, transindividual, esto es, que solo toma sentido y función cuando opera a nivel de un grupo o una comunidad.

Es un inconsciente situado, no es ni universal ni general, ni tampoco un reservorio de símbolos como prefieren los hermenéuticos de lo colectivo. Es, además, un inconsciente puntual y localizado que hace que la cita de Hernández se engarce a mis preocupaciones por el teatro. Y si puedo leerla y entonces proceder a escribirla, a re-escribirla, es pues porque cada término de la cita pareciera instalar una dimensión programática, teórica, que, a las claras, requiere de mi intervención desde la praxis teatral aliada al psicoanálisis, sobre todo lacaniano, y también desde el pensamiento foucaultiano, siendo ambos discursos los que frecuento desde hace mucho tiempo.

Este ensayo, esta intervención, si se quiere, constituye una manera de puntualizar algunos aspectos que, me parece, podrían intervenir en el debate sobre el teatro en general, o al menos en el de América Latina y, de rebote, ya que me atengo a las entrevistas realizadas por Galicia, en el teatro norteño de México. En todo caso, el teatro norteño se nos presenta como un campo provocador para pensar algunas cuestiones que afectan al teatro latinoamericano en general, con las diferencias, a veces circuns-

---

[38] Ver nota 26 sobre el Municipio de Cherán.

tanciales, que podría admitir en otros contextos socio-políticos y culturales. Quiero decir: el teatro norteño lo tomo como síntoma (para usar ya de entrada términos psicoanalíticos) de una situación que podríamos encontrar en otras latitudes de la región que etiquetamos, un poco acríticamente y sobrevolando muchas diferencias, como América Latina.

Foucault y Lacan: teatralidad y representación

No se me escapa que las dos discursividades a las que apelo (psicoanálisis y 'filosofía' o 'genealogía' foucaltiana) tienen algunos puntos que las hacen irreconciliables, pero tampoco hay que exagerar tanto ya que, si uno lee cuidadosamente, se pueden construir ciertos puentes o vías de pasaje entre ellas puesto que, sin duda, si algo las hermana es, en términos de Foucault, su pertenencia a un mismo campo de preocupaciones, a una misma *episteme*, esto es:[39]

> el conjunto de las relaciones que pueden unir, en una época determinada, las prácticas discursivas que dan lugar a unas figuras epitemológicas, a unas ciencias, eventualmente a unos sistemas formalizados. (Foucaul, *La arqueología del saber* 322)

Precisamente, Luciano Lutereau y Agustín Kripper han compilado un volumen de ensayos bajo el título *Deseo, poder y diferencia. Foucault y el psicoanálisis*, en el que, como el título manifiesta, los autores que contribuyen han acercado Foucault a Lacan. En efecto, la obra de ambos autores "fue atravesada por la experiencia del Mayo Francés del 68" (64); cada uno de ellos se refiere a la obra del otro, incluso debaten sobre el famoso

---

[39] No deja de sorprenderme la ilustración de la portada del libro de Foucault *Discurso y verdad, conferencias sobre el coraje de decirlo todo*, en la medida en que tiene similitudes con los gráficos lacanianos del "ramillete invertido". Como veremos, hay aquí una pista para cotejar —como intentaremos en este ensayo más adelante: la cuestión de la *parresía* con la de los ideales, a partir de los conceptos de Ideal del yo y yo ideal.

cuadro *Las Meninas* de Velázquez, discusión imprescindible para abordar el tema de la teatralidad en la Modernidad, punto crucial de la praxis teatral:

> Quizá haya, en este cuadro de Velázquez, una representación de la representación clásica y la definición del espacio que ella abre. En efecto, intenta representar todos sus elementos, con sus imágenes, las miradas a las que se ofrece, los rostros que hace visibles, los gestos que la hacen nacer. Pero allí, en esta dispersión que aquélla recoge y despliega en conjunto, se señala imperiosamente, por doquier, un vacío esencial: la desaparición necesaria de lo que la fundamenta" (Foucault, *Las palabras y las cosas* 25)

De allí partí hace años para plantear la cuestión de la teatralidad del teatro,[40] esa invención de la Modernidad, en la que hay una política de la mirada bien calibrada para velar ese "vacío esencial" que comenta Foucault. La escena, así, es el fantasma que vela lo real, el objeto *a*, causa del deseo, la falta en el Otro, "pero al mismo tiempo lo indica" (Lutereau 111). No es éste el lugar para precisar estas cuestiones;[41] baste decir, para lo que nos inquieta en este ensayo, que tanto en Lacan como en Foucault, lo que resulta como un punto de articulación entre ambos, es el hecho de pensar *la cuestión del sujeto y del dominio*, en sus múltiples posibilidades, sea de lo simbólico sobre lo imaginario o de la repetición e insistencia de lo Real como distinto de la realidad en tanto ilusión yoica. Asimismo, Foucault y Lacan, a su manera y teniendo en consideración las diversas etapas de sus enseñanzas, apuntan a la cuestión del lenguaje, del discurso y del

---

[40] Ver mi libro *Teatralidad y experiencia política en América Latina (1957-1977)* y un ensayo posterior, más acotado y pautado, titulado "Aproximación lacaniana a la teatralidad del teatro: desde la fase del espejo al modelo óptico. Notas para interrogar nuestras ideas cotidianas sobre el teatro y el realismo."

[41] Todos los ensayos compilados por Lutereau y Kripper abordan las diversas facetas y etapas de este diálogo entre Foucault y Lacan, particularmente el ensayo de Pablo Peusner (153-170).

cuerpo; particularmente aquello que Lacan designó, primero como el sujeto dividido, que es hablado por el Otro –inconsciente transferencial— y que no sabe todo lo que dice, y segundo, ya más avanzada su enseñanza, como el *parlêtre*, esto es, un hablanteser ligado a la función de la *lalengua* en tanto próxima al cuerpo, lo real y el goce del sujeto, constitutiva del inconsciente real. Se desprenden de aquí innumerables consecuencias teóricas, ligadas hacia la cuestión de la verdad, de los semblantes (etimológicamente: apariencias) de la verdad, de la (im)posibilidad de decirla toda, con las exigencias (subjetivas, filosóficas, políticas) que se imponen al sujeto, tal como Foucault lo plantea en su aproximación a la *parresia* y, nuevamente convergiendo, aunque con diferencias considerables, a la cuestión del Otro y del otro, y a los ideales impuestos por la cultura, como lo hace el psicoanálisis.

Praxis teatral y parresia

La cita de Hernández nos envía de golpe a la cuestión de la parresia, tal como "el último Foucault" la abordará en algunas conferencias y en sus cursos en el Collège de France. Foucault está interesado en desbrozar, a partir de la lectura de textos greco-romanos "desde el siglo V a.C. hasta el siglo V d.C (85)[42], las dimensiones ética, filosófica y política del coraje de decir la verdad, del decir veraz o del hablar franco. Tomar la palabra, como puede hacer un dramaturgo o un director teatral, se realiza en un marco complejo de intensas responsabilidades de toda índole y de innumerables compromisos y peligros, que atraviesan al sujeto que habla, al que lo escucha y al contexto en el que conversan.

Foucault, apuntando a fijar las bases donde se encuentran "la genealogía de la subjetividad y la genealogía de la actitud crítica" (107), propone la definición de parresia en su conferencia del 24 de octubre de 1983

---

[42] Todas las citas y paginación corresponden a *Discurso y verdad*. Nos hemos atenido a estas conferencias, sin abultar con citas de *El coraje de la verdad*.

en la Universidad de California, Berkeley. Allí desbroza y luego reúne las características de la parresia del siguiente modo:

> la *parresia* es cierta actividad verbal en la cual el que habla mantiene una relación peculiar con la verdad a partir de la franqueza, cierta relación consigo mismo a partir del peligro, cierta relación con la ley a partir de la libertad y el deber y cierta relación con los otros a partir de la crítica, crítica de sí o crítica de los otros. (85)

La parresia, aunque despojada de retórica o reduciendo al mínimo el uso de sus figuras para promover "las emociones del auditorio" (98), ya que se trata de un modo de "persuadir a los otros" (104), es fundamentalmente una actividad centrada en el lenguaje, sobre todo verbal, pero sin descuidar algunas referencias al cuerpo y la gestualidad ("en las maneras de hacer y en las maneras de ser" [nota 33, 110]), tal como podrían haber sido establecidas por la *actio*, ese nivel retórico tan descuidado en los manuales, incluso hasta en *La antigua retórica* de Roland Barthes, pero no olvidado por Stanislavski, quien prestó mayor atención a la pronunciación, los gestos, el tono y el ritmo de presentación de los argumentos por parte del actor.

Hay aquí un aspecto conflictivo, en la medida en que el parresiasta no deja de recurrir a ciertos procedimientos que también son parte del repertorio del sofista quien, obviamente, apunta no a *la* verdad, sino al semblante de la verdad, al que quiere hacer jugar en el campo del poder. No debemos olvidar que Foucault entiende la parresia como una "dramática del discurso" (nota 34, 70). En este sentido, el teatrista está siempre en ese campo de ambigüedades marcado por la intensión parresiasta y los intereses sofísticos. No olvidemos, además, que, como lo dice Fraçoise Gorog, incluso Lacan "tomó mucho de la sofística, aunque sólo sea por su enfatización del significante y de la homonimia" (62-63).

Foucault señala que no todo hablar es parresiástico. Nos habla de una mala y una buena parresia. Señala que la mala parresia "consiste en decir todo lo que uno tiene en mente, sin distinción alguna, sin cuidarse de lo que dice" (81) y la liga al parlotear; en el parloteo ni se pretende la verdad, ni se asume como un deber de hablar para decirla y menos aún supone una situación de peligro. Por lo tanto, no todo teatrista es un parresiasta; los que escriben para ganar un sueldo, adular a los poderosos y/o los que se instalan en el teatro comercial, caen fuera de esta categoría. Aquí es donde la parresia no coincide con el psicoanálisis, cuya regla de oro es la asociación libre: "diga todo lo que le pasa por la cabeza", empresa no tan fácil y menos aún tan libre. El psicoanálisis se interesa justamente en este parloteo, actualizado en el encuadre analítico, que disimula o aminora, si se puede decir así, la conciencia de peligro, también controlada y obstaculizada por el yo, la represión o el superyó y, sin duda, la presencia del analista.

El sentido positivo de la parresia consiste en una praxis, una actividad, que se realiza en situación de peligro, a veces de vida o muerte, en cuanto a decir la verdad, particularmente cuando se consuma frente a alguien más poderoso. No es necesario recordar a manera de ejemplo paradigmático cómo funcionó la parresia durante la dictadura argentina en todos aquellos que participaron de Teatro Abierto; tampoco cómo la ejercen hoy no solo los teatristas entrevistados por Galicia, sino también muchos periodistas en México, con el riesgo de su propia vida, tal como lo demuestra el número de víctimas en ese país, uno de los más peligrosos para esa profesión. Ahora bien, Foucault enfatiza que solo se trata de parresia cuando se asume el deber de decir la verdad y no cuando, por ejemplo, se dice la verdad bajo situación de tortura (84). Ese deber es, si se quiere, un mandato, que no se puede evitar: no hay parresia si el individuo opta por guardar silencio. Se percibe aquí un sentido compulsivo, casi superyoico, de la parresia, como mandato moral: el parresiasta tiene el deber de hablar, aunque nadie lo fuerce. Ejerce, así, su libertad, a riesgo de todo tipo de castigo, de las múltiples consecuencias a partir del hecho de hablar, de decir una verdad que no tenemos que pensar en términos cartesianos sino, como aclara Foucault, en el marco más filosófico de la antigüedad: en efecto, el parresiasta dice lo verdadero porque cree en ello, no porque tenga que presentar evidencias; no tiene dudas y por eso no tiene nada que demostrar, como sería el caso del discurso científico o jurídico.

Verdad y semblante de la verdad: del mediodecir y del no-toda

Aquí podemos señalar otro acercamiento al psicoanálisis: el analizante habla a otro y, aunque no tenga la obligación de hacerlo y a veces se llame a silencio en alguna sesión, incluso si paga para decir aquello en lo que cree, 'debe' hablar o, para decirlo de otro modo, incluso si calla, su silencio es elocuente. Obviamente, tampoco necesita llevarle al analista evidencias o pruebas (94) que validen su "novela familiar". En sesión, se habla o se escucha, como en la parresia, a otro que se supone un sujeto supuesto saber, al que se considera más poderoso (83) pero que recusa el poder y no responde a la demanda. El teatrista, muchas veces vigilado y controlado por múltiples instancias institucionales, también se dirige a otro, el público, sin el cual su tarea carecería de sentido; establece con él, entonces, un pacto parresiástico porque, a diferencia del analista, ese público, como el monarca, no declina el poder; con su aplauso o sus rechiflas, sanciona, es decir, castiga o premia la tarea del teatrista, ejerce también la parresia. Toda parresia es siempre una modalidad de la crítica.

Obviamente, hablar en sesión y hablar parresiásticamente "siempre es un juego entre quien habla y su interlocutor" (83), supone de cierta forma la transferencia en el sentido de que hay un peligro que surge de la intención de "herir o encolerizar al interlocutor" (83), un 'peligro' de que retorne del Otro el mensaje invertido, por eso, aunque la interpretación analítica no sea una crítica en sentido foucaultiano, ocurre no obstante que el peligro de la subjetividad propia y ajena está en juego, porque siempre pasa por "la relación consigo mismo", con el otro y con la Ley. Como nos advierte Gabriela Abad en su libro *Escena y escenarios en la transferencia*, el analizante, cuanto llega al tope de la verbalización, monta escenas en la transferencia como "el único camino de velar e inscribir el trauma, y para permitir que el deseo inconsciente se manifieste" (6). Esta escena, obviamente, involucra el cuerpo y el analizante actúa "lo que no puede ser significado de otro modo" (Abad 45) frente al analista, que presta su presencia para que se arme la escena transferencial, soportando la máscara de ese Otro al que, sin saberlo, dirige el analizante su actuación, repite su trauma. En esta escena transferencial, "como recuerdo en acto" (Abad 50) y que "vela el saber del sujeto sobre su deseo" (Abad 83), es sumamente delicada la posición que asuma el analista, ya que en tanto sujeto supuesto saber, deberá trabajar las formaciones del inconsciente hasta poder desamarrar al sujeto de los significantes-amo (S_1) y los ideales inconscientes que condicionaban su padecimiento.[43] Como lo plantea José Antonio Naranjo Mariscal, "Sólo la transferencia, soportada en el Sujeto supuesto Saber, nos llevará a la repetición, al corazón de la repetición, como nos dice Lacan, una transferencia que anuda alienación—en su vertiente epistémica—y separación—en su vertiente libidinal". Si la repetición es siempre un encuentro fallido con el objeto *a*, con el objeto real, la pulsión en cambio se satisface siempre, es siempre un encuentro logrado.

Poco se ha dicho y menos aún escrito sobre la transferencia en la praxis teatral.[44] No vamos a detenernos en esto, pero vale la pena meditar sobre la relación del director con sus actores o con sus creativos o técnicos audiovisuales. ¿Cómo se posiciona el director frente a aquello que, de pronto, un actor no puede verbalizar respecto de su trabajo? ¿En qué medida el actor actúa un recuerdo de su pasado en su trabajo sobre el personaje y hasta entra en conflicto con la obra, con el proyecto directorial y con la figura misma del director como un Otro al que se dirige sin saber lo que realmente está actuando? Me animo a pensar que gran parte de los

---

[43] No es objetivo de este ensayo desarrollar las enormes consecuencias que el concepto psicoanalítico de transferencia tiene en la praxis teatral. Abad, que también ha sido actriz, ha trabajado muchas de estas cuestiones desde la perspectiva inversa, complementaria o suplementaria, esto es, las relativas a la teatralidad involucrada en el encuadre analítico.

[44] Abordé este tema en dos ensayos de hace unos años y que valdría la pena revisar. Uno de ellos, del 2007, "Notas sobre el ensayo teatral: El concepto de transferencia y el deseo del director". Y el otro del 2009: "Aproximación psicoanalítica al ensayo teatral: algunas notas preliminares al concepto de 'transferencia'.

Dramaturgia de frontera / Dramaturgias del crimen

conflictos que surgen durante un ensayo teatral podrían ser repensados a partir del concepto de transferencia, uno de los conceptos fundamentales del psicoanálisis. Tal vez la cuestión que tanto preocupó a Stanislavski, la de la inhibición y hasta la de la memoria emotiva en su primera enseñanza, sea una puerta posible para retomar esta cuestión.

En el psicoanálisis se trata de un *semblante de la verdad*: la diferencia fundamental con Foucault, al respecto, es que para Lacan no hay modo de decirlo todo; sujeto y Otro están divididos por la barra, están en falta, castrados, y la verdad solo se la alcanza en su mediodecir ("Televisión", en *Otros escritos* 535); la comunicación siempre fracasa y además, desplegándose en la dimensión de la ficción, la verdad no se distingue de la mentira, no importa cuánta sinceridad ponga el individuo en esta empresa. Lacan, quien asume haber inventado lo real (*Seminario 23* 130), lo expresa en su estilo y entonces vemos que la "verdad" de Foucault está en una dimensión muy diferente: "Lo verdadero es un decir conforme a la realidad. La realidad es en este caso lo que funciona, funciona verdaderamente. Pero lo que funciona verdaderamente no tiene nada que ver con lo que designo como real" (*Seminario 23* 129), puesto que lo real es "sin ley. El verdadero real implica la ausencia de ley. Lo real no tiene orden" (*Seminario 23* 135) y la realidad, podemos expresarlo así, está de alguna manera ordenada por el discurso o los famosos cuatro discursos (del Amo, de la Unversidad, de la Histérica y del Analista) más el discurso capitalista, agregado por Lacan posteriormente. Y, para lo real, solo hay semblante de la verdad.

En un momento Foucault se topa con los cínicos y, en cierto modo, se aproxima al psicoanálisis: los cínicos, aun cuando usan palabras, hablan con enigmas (88), tal como se espera que el psicoanalista lo haga en forma oracular, salvo que éste, a diferencia de los cínicos, renuncia a sostener "una actitud escandalosa" (89) o una posición de Amo del saber o de la verdad del sujeto. Como lo dice Jacques-Alain Miller, lo que constituye lo oracular es que no se lo puede explicar, porque toda explicación "está condenada a la chatura" (*Un esfuerzo...* 23). Y al teatro le pasa igual: un teatro explicable es chato, desplegable en explicaciones muertas; como lo dijimos antes, cuando el teatro *ilustra* una idea, es un teatro que nace muerto. Un teatro oracular es aquel en el que se produce "un surgimiento nuevo que produce un efecto de verdad inédito, un efecto de sentido inédito" (Miller, *Un esfuerzo...* 23). Y un teatro muerto carece de potencia política tranformadora: de nada vale un teatro que solo admita lo político en la fábula, en los contenidos, en las ideas; hay que ir más lejos. Hay que conmover las formas, la teatralidad del teatro como tal, su óptica, su política de la mirada. Una praxis teatral efectivamente política fue la de Meyerhold cuando revolucionó tanto las formas como los contenidos o la de Sérguei Eisenstein cuando, apelando al psicoanálisis y a la asociación libre, se propone filmar *El Capital* de Marx teniendo como modelo el *Ulyses* de Joyce. Estos ejemplos deberían inspirarnos hoy, son los padres cuyos espectros deberíamos evocar hoy: Meyerhold debería ser –como lo vio Eduardo Pavlovsky en su pieza *Variaciones Meyerhold*, ese real que regresa; Eisenstein y Marx, los que regresan en el film de Alexander Klüge.

    La verdad entonces está siempre a mediodecir, no solo porque no se la puede decir toda, sino porque siempre es como un velo que cubre al objeto *a*, como objeto de goce, como lo real del goce. Cuando hablamos del sujeto, pensamos en el sujeto dividido, que remite al inconsciente, y no en el sujeto pleno de la conciencia, el sujeto cognoscente, unificado, que supuestamente habla por y desde sí mismo y pretende saber todo lo que dice. El sujeto dividido del inconsciente es hablado por el Otro, dice más de lo que cree decir (Lacan, *Seminario 1* 99) y no se posiciona en el conocimiento sino en el saber; ese sujeto dividido emerge por medio de la palabra, el habla (que no tenemos que entender solo como verbal), en sus equívocos, en sus lapsus, etc. Con sus palabras, Rascón Banda nos lo dice sin más: "No sé cómo las armé [las obras], ni cómo construí, fue automático, fue el inconsciente" (I, 164). Medardo Treviño, por su parte, cree "mucho en los sueños como detonantes para escribir" (I, 400). Ramón Perea afirma que escribe teatro: "Porque me siento vivo y con una voluntad de aprender cosas nuevas, por indagar en mi inconsciente, por rasgar viejas heridas del corazón, por el mero disfrute de la dramaturgia" (II, 267). Una vez más, el dramaturgo o el teatrista, como vemos, poco tiene que ver con el sujeto de la filosofía del teatro o de la ciencia que se quiere para sí un sujeto pleno, racional, que vive en la ilusión de una identidad compacta, que se conoce, que sabe lo que dice; el sujeto del psicoanálisis, que es con el que nos tenemos que ver los teatristas, es el sujeto *hablado por el Otro*, por el del deseo del Otro, hablado por el inconsciente, un sujeto que no siempre sabe lo que dice y a veces dice más de lo que quisiera.

Un teatrista, pues, debe conocerse y cuidarse a sí mismo, tal como Foucault lo planteó, pero debe además trabajar su inconsciente ("dejarse pervertir por el morbo", dice Hernández, y yo lo leo como dejarse llevar por la cuestión pulsional, por el sentido gozado que afecta al cuerpo), y conocer a su comunidad, porque si quiere hablarle con franqueza, decir su verdad, esa verdad (que se medio-dice en la ficción) es hacer crítica y en ello le va la vida y la libertad. Enrique Mijares afirma que tiene un compromiso con su comunidad, y quiere "brindarle la posibilidad única de comunicarse y empezar a conocerse por medio del teatro" (I, 264). Sergio Galindo admite también que, en medio de la dinámica de la vida contemporánea, el teatro es "un remanso para ser él mismo [el público] y repensarse" (II, 141).

Conviene, pues, pensar la actividad del teatrista en este marco de coordenadas: aunque no lo haga en su totalidad o exhaustivamente, su propósito al tomar la pluma o realizar un montaje está signado por una actitud parresiasta: lo vemos en las entrevistas realizadas por Rocío Galicia, que no son un discurso, por ejemplo, a la manera del político, sino que constituyen un diálogo en tanto "herramienta, instrumento del juego parresiástico" (97), tal como el mismo teatro lo asume. Casi todos los entrevistados manifiestan el deber de escribir teatro y de montarlo; su actividad creativa, verbal o no, está dirigida a otros, y es asumida con o sin actitud escandalosa, pero obviamente tratando de realizar una crítica a partir de decir una verdad al otro (particularmente a las nuevas generaciones [91]), una verdad en la que cree (no ofrece evidencias, no es un sociólogo, ni un fiscal), una verdad que desafía las creencias de la tradición y la comunidad (con sus significantes-amo), que desestabiliza la ley o merodea por las faltas y agujeros de esa ley,[45] y hace esto porque de esa verdad espera, como dice Foucault, que transforme "nuestros hábitos, nuestro *ethos*, nuestra sociedad, transformándonos a nosotros mismos al decir la verdad" (107). Jorge Alemán se refiere a esta cuestión cuando nos dice que "nunca es suficiente el carácter disruptivo del 'Acontecimiento'" (*Soledad:Común* 57), en el sentido de que poco vale, para pasarlo a nuestra praxis teatral, que un teatrista se haga cargo de un acontecimiento que irrumpe en la vida social, como por ejemplo, las muertas de Juárez. No se trata de 'representar' ese horror ni menos aún de esperar que realmente se pueda poner en escena su 'causa'; tampoco de creer que, por el solo hecho de montarlo sobre un escenario, se vayan a producir cambios en la conciencia social. Por eso Alemán agrega:

> el hecho de que el "Acontecimiento" perfore la situación y al saber dominante que la regía no sirve para nada si a su vez no se constituye en un llamado a la construcción-interpretación que transforme ese "Acontecimiento" en una transmisión nueva. El prestigio, el aura de lo irrepresentable propia del acontecimiento, de su estado de "gracia", o de su carácter "siniestro", más allá de fascinarnos, debe ser la ocasión para la reestructuración simbólica que haga posible el advenimiento de un nuevo sujeto. (*Soledad:Común* 57)

El teatrista debe apuntar a ese cambio en lo simbólico, en la ley, en la cultura y el lenguaje, y procurar el advenimiento de un nuevo sujeto, más allá de contar historias y gozarse en el detallismo de su crónica. Leer, así, en la tradición y en sus leyendas, como hizo Liera, y develar la dinámica opresiva –genealógica, en el sentido de historia de sangre, diría Fou-

---

[45] Como lo dice Jorge Alemán, "el orden significante es 'no-Todo', está agujereado por el Real imposible" (*Soledad: Común* 23).

cault—que subyace a las mismas. En este sentido, Rocío Galicia ha publicado *Ánimas y santones*, un libro con tres obras relacionadas a tres personajes venerados por milagreros: uno es, como en Liera, Malverde, en una pieza escrita por Alejandro Román y titulada *Malverde. Día de la Santa Cruz*; el otro es Fidencio, en una obra de Enrique Mijares titulada *Fidencio. El niño con la piedra de la virtud*, y finalmente está el Tiradito, con una pieza en intertextualidad con Ulises y la *Odisea*, a cargo de Antonio Zúñiga, llamada *El Tiradito. Crónica de un santo pecador*. Podríamos agregar la Santa Virgen Partulenta de la Asención de los Álamos y el Santo Peregrino en *Border Santo* de Virginia Hernández. Se percibe en ellas el esfuerzo de los teatristas por revisitar estas figuras de veneración popular y de un origen social marginal a fin de contextualizarlas de modo tal que permitan un replanteo de la problemática fronteriza y de una cierta desestabilización de los Ideales del yo que cada una representa en la mentalidad popular, particularmente en la de los migrantes. Carlos Monsiváis ya había observado la teatralidad de este misticismo marginal en las que no solo el cuerpo tiene un rol central sino la forma en que el campo popular y sus santones desafía la autoridad y las prácticas religiosas más ortodoxas, conviviendo con ellas. No olvidemos las designaciones de algunos de estos santuarios tales como "Patio de la pasión", "Pabellón de la Dicha" para Fidencio, o "La Capilla de los Deseos" para el Tiradito. Las tres obras despliegan las contradicciones de esos parias devenidos santones y excavan en la genealogía que las anuda a la desesperación de sus devotos. ¿Acaso no es perversamente sádica la escena de *Border Santo* de Hernández cuando, enfrentadas al cura, las beatas—en un juego con el significante 'Asunción' [nombre del marido de Soledad, la parturienta]/'Ascensión' [insignia de la Virgen] — torturan a la moribunda en el momento de dar a luz porque esperan que el Santo Peregrino nazca de ella? Se juega aquí nuevamente algo del padre; en efecto, como lo plantea Lacan:

> La imaginación de ser el redentor, por lo menos en nuestra tradición, es el prototipo de la *père-version*. Esta idea chiflada del redentor surgió en la medida en que hay relación

de hijo a padre, y esto desde hace mucho tiempo. El sadismo es para el padre; el masoquismo es para el hijo. (*Seminario 23* 82)

Sadismo y masoquismo son términos que "no tienen estrictamente ninguna relación entre sí [...] Hay que creer verdaderamente en lo activo y lo pasivo para imaginar que el sadomasoquismo puede explicarse por una polaridad" (Lacan *Seminario 23* 82). El masoquismo es, digámoslo dentro de la única mitología que nos provee el lenguaje, tan activo como el sadismo. Y lo veremos en el personaje de Marianne, en la obra de Hernández.

Parresia: epicureísmo, estoicismo y cinismo

Foucault aborda la cuestión de la parresia en tres ámbitos filosóficos: el del *epicureísmo*, donde se habla desde la dimensión del maestro, es una parresia de tipo magisterial, cercana a lo que Lacan designó como el discurso del Amo y que, luego, se desarrolla hacia un campo de complicidades, de comunidad o grupo en el cual los discípulos se confían mutuamente sus logros o fracasos en el dominio de sí mismos; el *estoicismo* en la que se trata de una conversación, oral o escrita, orientada a la dirección del alma (cuestiones, como diríamos hoy ligadas a la autoayuda para el vulgo y, en el psicoanálisis, mucho más preciso, a la dirección de la cura); y finalmente el *cinismo* (y aquí nos enfocamos en la frase de Ángel Aurelio Hernández, cuyas palabras involucran de pleno a la actividad teatral) cuando la parresia toma un nivel de agresividad hacia el otro: para decirlo en términos de Frédéric Gros, "hecha de interpretaciones ásperas y provocaciones verbales en los lugares públicos, dirigidas al vulgo masivo, al que se intenta hacer vacilar en sus certezas y quebrantar su confianza ingenua en la legitimidad de las convenciones sociales" (Foucault 21). Estas tres aproximaciones a la parresia pueden apreciarse en el enhebrado discursivo que surge de las entrevistas compiladas por Galicia o por mí en los seis volúmenes de *Arte y oficio del director teatral en América Latina* y, también, en el volumen más reciente de *¡Todo a pulmón! Entrevistas a diez teatristas argentinos*.

Apreciamos cierto epicureísmo en estas entrevistas: por un lado, la relación a un maestro, una figura que le permite al dramaturgo encontrar su propia voz, su verdadera voz;[46] muchos de los dramaturgos norteños han formado parte de talleres con otros más experimentados, entre los que sin duda resplandece la figura de Enrique Mijares, dramaturgo en el que se reconocen tres instancias de saber: la dramatúrgica, la teórica y la pedagógica. También vemos la complicidad de ciertos dramaturgos entre sí como discípulos de un maestro, que reconocen un programa, si no formal, al menos con una temática común para la región, para afrontar la verdad de la realidad de su contexto, norteño en el caso de los teatristas entrevistados por Galicia. Debaten, como puede leerse, sus aciertos y desaciertos en cada producción teatral y remiten a diversas instancias simbólicas de consagración, ajenas al grupo, la confianza en su carrera y sus propuestas. Por un lado, acuden al éxito de público como certeza subjetiva de estar en el "buen" camino; apelan además a recursos institucionales: becas, ayudas financieras de perfeccionamiento o para montajes específicos, a premios, a publicaciones y traducciones, como signo positivo de una intervención productiva en la dramaturgia local, nacional e internacional.

Asimismo, a la manera estoica, muchos de los dramaturgos norteños asisten de vez en cuando a encuentros y festivales. Son lugares en los que se intercambian experiencias y se confrontan proyectos, a la vez que se destraba la escritura y se abre a nuevos horizontes de experimentación o consolidación estilística. Sin embargo, como vimos en las entrevistas, esto no es suficiente para superar la soledad que experimentan.

---

[46] En la visita de Philip Glass a Whittier College, realizada el 26 de octubre de 2017, el compositor planteó que la verdadera dificultad de todo artista reside justamente en combatir su propia voz; cada vez que la encuentra, debe plantearse, según nos dijo, perderla, para poder abordar lo nuevo, esto es, lo Real.

Me importa detenerme en la perspectiva cínica, ya que la propuesta de este ensayo es, como dijimos antes, la lectura y, consecuentemente, la reescritura de la cita de Ángel Aurelio Hernández. Se nos impone aquí recordar la diferencia que ya establecimos en la primera parte de este libro entre público y espectador; el público, como se recordará, supone la relación simbólica a un Otro incalculable, y el espectador, por el contrario, es una instancia interna, si se quiere, al proceso escriturario y de montaje, determinable por el teatrista y que admite al menos tres posibilidades, que he establecido a partir de las estructuras freudianas (también llamadas clínicas o epistemológicas) por Lacan: neurosis, perversión y psicosis. Los entrevistados, tanto por Galicia como por mí, confunden todo el tiempo estos dos términos, por eso se me hizo preciso distinguirlos conceptualmente.[47] Resumiendo, la idea, expresada en trazos gruesos, es que la figura del espectador –lo sepa o no el teatrista a nivel consciente— es única en la factura de un texto dramático o un texto espectacular; es una máscara invisibile que hace juego por contrapartida con la máscara actoral, esto es, la del personaje, obviamente visualizable. Todo está enmascarado, a ambos lados del proscenio. El público puede o no involucrarse en la máscara propuesta por el dramaturgo o el director, pero a diferencia de la consistencia del espectador, el público es cambiante, variado, diverso, sorpresivo y sorprendente. El teatrista, como parresiasta cínico, quiere decir su verdad frente a un público pero, lo sepa o no, también la dice en la máscara espectatorial que diseña para su texto dramático o espectacular. Usualmente, esta máscara está invisibilizada para el teatrista, no la toma en cuenta, no la cuestiona, no la complica. En la praxis teatral, disciplina a la que me aboco desde hace años, esta máscara ya no puede quedar sin conceptualización. Hay, pues, como en el discurso del analizante, una verdad que se le escapa al sujeto cuando, en transferencia, "actúa" frente al analista, en función de Otro/otro; el analista, en posición

---

[47] Ver en bibliografía mis ensayos sobre la puesta en escena y las máscaras espectatoriales.

de sujeto supuesto saber, soporta la transferencia para ir develando justamente cuál es la máscara espectatorial invisibilizada en la transferencia. No siempre el público puede devolver esa puntuación como lo haría un analista, de modo que, con alguna esperanza, algunos teatristas esperan dicha puntuación de la crítica académica, la cual, a veces apropiada para la dramaturgia y lectura de textos dramáticos y espectaculares, está generalmente incapacitada, cuando no ciega, de abordar precisas instancias de la *praxis teatral*, entendida ésta como el saber-hacer del teatrista durante el proceso de producción de un espectáculo. El grado de gesticulación artística que alcance la parresia de un teatrista (aunque no siempre en el sentido que le daba el gran maestro mexicano Rodolfo Usigli) dependerá de diversos factores culturales, sociales y personales.

Pervertir la dramaturgia

Volvamos a Hernández: invita, entre otras propuestas, a *pervertir* la dramaturgia norteña por medio del *morbo* y el *cinismo* de adentro, a la vez que incita a perder el respeto, el miedo, la confianza. Y Hernández no está aislado respecto a esta concepción antigua del cinismo, que podría alcanzar la forma chocante y agresiva de Diógenes. Jesús de León, por ejemplo, se queja en su entrevista –un poco acríticamente— de que el desprecio por lo literario entre los dramaturgos se compensó más tarde por un desprecio por el público y da como evidencia el hecho de que se ha llegado "en algunos casos a extremos de franca agresión, como el *performance* de cierta actriz que agarraba al público a latigazos" (I, 84). El tipo de crítica cínica, en general, en ningún caso toma esos rasgos sádicos, aunque Carlos Almonta expresa que su obra *Hardcore*, por ejemplo, tiene una sugerencia pornográfica "donde cada espectador indaga su propia perversión" (I, 73). Por su parte, Edeberto Pilo Galindo nos dice que cuando está escribiendo piensa "en estrujar al público" (I, 138); Jorge Celaya quiere "conmover y cimbrar al espectador" (II, 71]). Sin embargo, el mismo Almonta nos cuenta el espanto que parecen haberle causado sus textos a Carballido, que le dijo, no sin dejar de asumir cierto rol de maestro con ganada autoridad, casi a la manera de una figura paterna o divina: "Hijito, eres muy agresivo y eso a la gente no le gusta" (I, 89). Y aunque a León le gusta "jugar con los prejuicios de la gente" (I, 91), admite que "[p]rovocar por gusto no serviría de nada. [...] Tampoco hay la intención deliberada de irritar o escandalizar al público"; su misión es "provocar conciencia. No en sentido moralizador o pseudo didáctico" (I, 91).

Se esboza aquí un campo de peligrosa destabilización sujetiva, a partir de una parresia específica que atenta no solo contra el *statu quo* (teatral, pero también político y cultural) de la región o la nación, sino que a la vez desafía una práctica del famoso mandato griego de *gnothi seauton*, esto es, el 'conócete a ti mismo'. Hernández sugiere trabajar con una violencia parresiasta, del cinismo clásico, a partir de la transgresión y rebeldía (incluso tal vez grosería, a la manera de Diógenes) frente a la tradición y lo conocido, frente al deseo y goce del Otro. No resulta casual que Ángel Aurelio Hernández haya ganado el prestigioso Premio Nacional de Dramaturgia Víctor Hugo Rascón Banda, con la pieza que va a convocarnos más adelante y cuyo título me parece de por sí elocuente: *Padre fragmentado dentro de una bolsa*. Se evoca aquí aquello que Jacques-Alain Miller plantea como la voladura en pedazos del gran Otro, del semblante del padre, del Nombre-del-Padre, al decir: "Al padre hay que juntarlo con cucharita" ("El psicoanálisis" 32). Se deja también escuchar aquí una propuesta de trabajo con la agresividad yoica, es decir, consigo mismo y con el otro, sin importar la etiqueta estética que identifique el resultado teatral, sea vanguardista o innovador. Hernández parece indicar que el camino de una dramaturgia no pasa por esas veleidades o insignias consagratorias, sino por una profunda asunción de la parresia y una exploración de la *souffrance*, del goce y lo Real, tal como Lacan lo ha teorizado: una dramaturgia "que nos siga doliendo". Foucault nos dice, precisamente, que ésta es "la manera como el que dirige la conciencia de otro debe aprovechar el momento adecuado para hablarle como se debe, manteniéndose, por consiguiente, libre de las necesidades de la argumentación filosófica y de las formas obligadas de la retórica y las pomposidades de la diatriba" (50). Esta actitud se yergue contra los dos peligros de la parresia: la adulación y la ira, ambas formas de sujetación, de sometimiento y subalternización al Otro que se quiere impugnar, y que se perciben, a veces muy sutilmente, en algunas entrevistas realizadas por Galicia: por ejemplo, la admiración exagerada por algún maestro en procura de cierto permiso de circulación o consagración en el ámbito teatral, o los enojos diversos con el teatro defeño, el público y algunas instituciones.

  Hernández invita a construir una dramaturgia a partir de esta inmersión en el sí mismo y en el goce de su región, poniéndole significantes a lo Real, eso que resiste toda significantización, y no quedarse en el plano de "representar", con mayor o menor grado de justeza, la realidad. En la parresia, como hemos visto, se trata justamente de decir o proponerse decir la verdad de sí mismo asumiendo los riesgos frente al Otro: "La *parresia* —sostiene Foucault— siempre es una operación de dos términos, algo que se juega entre dos participantes" (50). Por ello, se trata de enmarcarla ética y políticamente, de asumirla en todo su rigor. En ese sentido, no creo —como vimos en la primera parte de este libro— que el repertorio temático impuesto por la realidad de la frontera y de los estados del norte de México, que es numerable, sea lo que caracteriza a la región; tal vez, muchos de los conflictos que se padecen tengan su análogo en otros territorios de América Latina y otros continentes. Hay muchas clases de fronteras que atraviesan la subjetividad y la hacen padecer, comenzando con la barra que divide al sujeto. Pero al afrontar el dramaturgo su modo de goce y trabajarlo desde ese inconsciente transindividual de su comunidad, tiene la posibilidad de singularizarlo y, a la vez, hacerlo comunitario: al pintar la aldea, pintas el mundo. En *Soledad:Común*, al cerrar su libro y enfatizar la relación entre política y psicoanálisis, Alemán plantea lo que acabamos de afirmar en sus propios términos:

> Tal vez muchos estarán pensando que este [intervenir políticamente desde el no-todo ilimitado y del Común de la Lalengua] es un desvío irrelevante para nuestro intento de

> pensar la relación entre el psicoanálisis y la política, especialmente la Política siempre apremiada y asedida por sus condiciones urgentes. Pero es en la propia experiencia como analizante donde se puede volver sobre las marcas de determinadas herencias y legados, encontrando que ese es el modo más pertinente de resolver la respuesta urgente: encontrar un modo de ir más allá, de buscar un nuevo límite, en un proceso de Emancipación y poder hacerse responsable del deseo implícito en el mismo. (74)

La dimensión ética ("hacerse responsable") del teatrista en este afán parresiástico orientado a decir la verdad del deseo, involucra, obviamente también al goce.

Esa dramaturgia, tal como lo dejan ver las entrevistas, tiene una voluntad de existir, aunque sus teatristas no se pongan de acuerdo en la consistencia de la misma. Se apuesta y se quiere partir del sinsentido (pasando por la desafección dramatúrgica respecto de la 'realidad' del otro) para dar ex -sistencia[48] a una dramaturgia que instala ese exterior no pensado en el marco simbólico nacional de la dramaturgia mexicana llevándola así a verificar su propia dimensión no pensada. Una estrategia teatral válida, sin duda, para abordar la inexistencia del Otro, la del Otro que no existe, pero del que, no obstante, hay que servirse. O, en términos de Alemán, "No hay forma de presentar el no-Todo sin su referencia inevitable al Todo y la excepción" (72) si es que se quiere desalienar, separar al público de las insignias que lo amarran al goce del Otro, si es que hacemos

---

[48] Lacan plantea que "[n]uestra investigación nos ha llevado al punto de reconocer que el automatismo de repetición (*Wiederholungszwang*) toma su principio en lo que hemos llamado la insistencia de la cadena significante. Esta noción, a su vez, la hemos puesto de manifiesto como correlativa de la *ex-sistencia* (o sea: el lugar excéntrico) donde debemos situar al sujeto del inconsciente, si hemos de tomar en serio el descubrimiento de Freud. Como es sabido, es en la experiencia inaugurada por el psicoanálisis donde puede captarse por qué sesgo de lo imaginario viene a ejercerse, hasta lo más íntimo del organismo humano ese asimiento de lo *simbólico*". ("El Seminario sobre *La carta robada*", *Escritos*, I, 23).

Dramaturgia de frontera / Dramaturgias del crimen

un teatro orientado a emanciparnos, liberarnos de esa fuerza obscena, superyoica, de los intereses dominantes impuestos por unos pocos, por esa plutocracia neoliberal, que nos oprime y sume en la desigualdad y la injusticia.

Leo entonces en la propuesta de Hernández la búsqueda de una dramaturgia que, en primer lugar, "se exente del tiempo y de las necesidades históricas", esto es, aborde la dimensión sin tiempo del inconsciente y no se deje atrapar por los espejismos y las imposiciones inmediatas de la realidad. En segundo lugar, una dramaturgia que trabaja con la ausencia, y que leo como una invitación a trabajar con la falta y a partir de la falta, sobre todo la falta de sentido, para lo cual es necesario faltarle cínicamente el respeto a la ley, a las costumbres, a las tradiciones impuestas por el Otro —como veremos que hace Hugo Salcedo con la Virgen María—, desengancharse de los significantes-amo a los que el sujeto está adherido. En tercer lugar, perder el miedo y la confianza, esto es, desarrollar una dramaturgia que afronte parresiásticamente el peligro de ir contra sí mismo y contra los demás, despreocupándose de las etiquetas (vanguardia, innovación o cualquier otra) que el Otro intente imponerle como Ideal del yo.

CAPITULO 4
DE LOS IDEALES Y LA PRAXIS TEATRAL

Del Ideal y de los ideales

Aproximarse a la cuestión del Ideal y de los ideales es delicado; el psicoanálisis se lo ha planteado y no ha dicho la última palabra. Como sabemos, Freud incorpora estos términos cuando aborda el narcisismo, la psicología de las masas, el superyó, entre otros ensayos y conceptos. Como bien lo plantea Marta Gerez, el Ideal del yo, por ejemplo, "pese a la cautela de su formación [por parte de Freud], circulará por años generando (nombre tan confuso) innumerables complicaciones y errores en la teoría y la clínica psicoanalítica pues, en su formulación inicial con un solo nombre se alude a dos instancias" (*Las voces del superyó* 41). Lacan los retoma para relocalizarlos en la 'arquitectura' teórica del psicoanálisis (¿acaso su famoso grafo no es como el diseño de un edificio, en el que se marcan entradas y salidas, itinerarios posibles, puntos de llegada y pasadizos cerrados?). Freud, a lo largo de su escritura, introduce el Ideal del yo y el yo ideal, pero muchas veces análoga el Ideal del yo al superyó. No siempre mantiene coherencia sobre estos términos. Lacan, a pesar de su esfuerzo, tampoco responde todas las preguntas que hoy se hacen los analistas y que involucran múltiples cuestiones ligadas a la teoría y práctica del psicoanálisis, como se puede leer en el libro *Conversaciones sobre el Ideal del Yo y los ideales*, dedicado especialmente a este tema. Demás está decir que no pretendemos aquí dar cuenta de todos estos debates; vamos a enfocarnos, como un primer gesto introductorio para abrir la discusión entre los teatristas, en aquellos conceptos cuya incidencia parece más evidente y cuya analogía resulta productiva en el campo de la praxis teatral. Una vez más, mi lectura se plantea como una re-escritura orientada por mis preocupaciones relativas al hacer del teatrista y, por tal motivo, *lo ideal* sería poder en algún momento trabajar estas cuestiones con los hacedores del teatro, en un largo seminario prolongado, *face to face*, para ir ajustando los conceptos analíticos a nuestra praxis y, a la vez, empezar a despejar cuestiones propias a las que podríamos luego designar con términos específicos, propios para nuestra disciplina. En un ensayo teatral, durante todo el proceso de producción de un espectáculo, durante la escritura del guion y la escritura escénica, los ideales (los generales a nivel cultural, pero también los que el psicoanálisis ha ido deslindando como Ideal del yo, yo ideal, etc.) están al acecho y, en muchos casos, en contra del teatrista, sea del director, del actor o los creativos. El Ideal del yo forma parte de esa dimensión simbólica que Foucault nos enseñó a percibir como aparato de control y disciplinamiento.

Freud estuvo siempre preocupado por cuestiones relativas a los ideales, en cuanto involucran al yo y, políticamente, a los fenómenos colectivos, con las problemáticas identificaciones a un líder, encarnado en una persona a la cual la masa o el colectivo desean fundirse. Así, como lo puntualiza Patricia Factorovich, el Ideal del yo "es el resultado de la convergencia del narcisismo y de las identificaciones con los padres o con sus sustitutos, más los ideales colectivos que serían modelos a los que el sujeto intenta ajustarse" (*Conversaciones* 11). En esa identificación, el yo pierde cierta cuota de su narcisismo, al tener que responder al Ideal, que le impone una manera de ser, con exclusión de otras ("tú serás esto"), y también a las exigencias del superyó que lo obliga a actuar de determinada manera, prohibiéndole otras ("tú debes ser/hacer esto").

Como dijimos antes, Freud no siempre distingue el Ideal del yo del superyó.[49] Ambos diferenciados del yo, no cumplen, sin embargo, la misma función: el Ideal del yo sostiene "la fascinación amorosa, la dependencia frente al hipnotizador y la sumisión al líder" (*Conversaciones* 12), mientras que, a partir de 1932, el superyó asume tres funciones: "la auto observación, la conciencia moral con su consecuente sentimiento de culpabilidad y la función específica del ideal que produce el sentimiento de inferioridad" (*Conversaciones* 12). Como lo expresa Lacan, "[e]l superyó es

---

[49] Para ir viendo paso a paso todo el proceso teórico, con sus paulatinas transformaciones, relativo al superyó en la obra de Freud y Lacan, el lector puede recurrir al libro *Las voces del superyó* de la psicoanalista argentina Marta Gerez Ambertín. Nos referiremos en este libro, y muy parcialmente, a sus aportes.

coercitivo y el ideal del yo exaltante" (*Seminario 1* 160). En cuanto al yo ideal, "es la fuente de la proyección imaginaria" (*Conversaciones* 13) y el que da la ilusión de identidad (*Conversaciones* 109). De modo que, como irá luego acomodando conceptualmente Lacan, el Ideal del yo "*es el significante* que opera como un ideal, es un plan internalizado de la ley, la guía que gobierna la posición del sujeto en el orden simbólico" (*Conversaciones* 14, el subrayado es mío), como identificación primaria al padre, mientras que el yo ideal se mantiene en el registro imaginario. Por su parte, y en relación al registro de lo real, como lo plantea Jacques-Alain Miller, tenemos "del lado del S_1, [la posibilidad de construir, por medio de un S_2] el lazo social y, del lado del *a*, el goce en tanto desocializado" (*Los signos del goce* 24). La función del Ideal del yo es, consecuentemente, capturar al sujeto –castración— a las insignias del Otro simbólico, al goce del Otro, a fin de sostener el lazo social, evacuando un resto (objeto *a*) que marcará al sujeto en su deseo y en su modo de goce.

  Factorovich nos explica que para que un ideal se forme es preciso que algo de su narcisismo (en el que el sujeto se toma como objeto de su amor) se altere por imposición de las prohibiciones realizadas por las figuras parentales, particularmente durante la declinación de la estructura edípica. Cuando el niño "renuncia a la omnipotencia infantil y al delirio de grandeza características del narcisismo infantil [se] hace posible la aparición del ideal" (*Conversaciones* 12); consecuentemente, toda formación de un ideal supone la castración promovida por el Otro. Se promueven, a partir de aquí, muchas cuestiones: la relación del ideal con la represión, con el deseo y con eso que se ha separado, que ha caído y que Lacan denominará objeto *a*, como goce. El ideal, en todo caso, pareciera eludir la castración, como si fuera una especie de completamiento o compensación por lo que se ha perdido. No es casual la forma en que se idolatra a algunos actores y directores, o a los santones como Malverde, Teresita Urrea (1873-1906), conocida como la "Santa de Cabora", Fidencio o el Tiradito, incluso las manifestaciones de fanatismos diversos que atraviesan la praxis teatral a nivel de estéticas o estilos, y otras múltiples prácticas culturales, entre las cuales el deporte, tal vez, las muestre en su mayor plenitud y violencia. Y aunque idealización y sublimación se confunden muchas veces en Freud, lo cierto, nos dice Factorovich, es que ambas no son idénticas por cuanto la sublimación "es un proceso que tiene que ver con un cambio de meta que saltea la represión y en cambio el ideal supone la represión, es producto de la represión" (*Conversaciones* 13).

A nivel de la estructura ambos términos tienen una localización diferente: "el ideal tiene que ver con un agrandamiento del objeto de amor del yo, (no con el objeto *a*). Y la sublimación tiene que ver con la meta, es decir con lograr la *satisfacción pulsional sin pasar por la represión*. Esto sí está en relación con el petit '*a*'" (*Conversaciones* 13). Vinculados a la demanda de amor, los ideales, según Freud, están siempre relacionados con el amor, la imagen y el narcisismo, pero no con el deseo. Como lo planea Nora Merlin:

> Al igual que Freud, Lacan diferencia necesidad de demanda, ya que ellas no se reducen ni superponen, lo que indica que la satisfacción de las demandas no es de ninguna necesidad sino de la pulsión, cuestión que remite al erotismo del propio cuerpo. (53)

Será Lacan quien asumirá la tarea de conceptualizar más claramente el Ideal del yo, el yo ideal y el superyó, como instancias que remiten a niveles diferentes: simbólico, imaginario y real, respectivamente. Al comienzo de su enseñanza, Lacan nos dará la fórmula del I(A), para el Ideal del yo. Se trata de un significante que no hace cadena metonímica con los otros; es una *insignia* o emblema por medio de la cual el Otro fija al sujeto, convierte o mortifica lo vivo para convertirlo en una estatua (al contrario del mito de Pigmalión y el amor que allí se manifiesta):

> Ese lugar vacío [el sujeto] está destinado a ser colmado por aquellos significantes que lo representan, lo identifican, o lo fijan a determinados ideales o mandatos, según las distintas operaciones. A su vez, ese sujeto sin sustancia, vacío en su esencia, es también convocado a imaginar una

> posible "completud" (sic) a través de distintas estrategias fantasmáticas que tiene como propósito más determinante *velar ese vacío estructural*. (Alemán, *Soledad:Común* 13, el subrayado es nuestro)

Regresamos al tema de hablar y ser hablado: el ideal es, si se quiere, no solo lo dicho al sujeto sino lo primero que éste escucha y lo marca, lo aliena por medio de la identificación. El sujeto adquiere así una *identidad alienante y alienada* con esta "identificación primaria al trazo unario simbólico que viene del Otro" (*Conversaciones* 16) y la identidad (=imagen) es el yo ideal. Ya no estamos ante la omnipotencia infantil de Freud, sino ante la omnipotencia del Otro lacaniano; en todo caso, en ambos autores dicha omnipotencia es siempre la de los padres o los que oficien de tales. Por eso Miller precisamente insiste en esta relación del Ideal del yo con la alienación del sujeto y la conecta con la *insignia*:

> Y es que en todo *soy* hay alienación, en esos términos Lacan evoca el I. Lo menciona por la alienación del sujeto en la identificación—primera forma del ideal del yo. Ahora bien, la I mayúscula de Ideal puede ser considerada, además, como la I mayúscula de la palabra *Insignia*, Insignia del Otro, Insignia de la omnipotencia del Otro para fijar al sujeto. (*Los signos del goce* 36)

Hay que apreciar que no habría manera de que la cría humana se humanizara y formara parte del lazo social sin esta alienación estructural. Antes que advenga el sujeto, ya está el Otro:

> el sujeto lacaniano, es inconcebible sin su relación al Otro que lo precede lógicamente. En efecto, en la enseñanza de Lacan, el Otro, el orden Simbólico correspondiente a la estructura del Lenguaje, siempre precede lógicamente al sujeto. El sujeto nace sincrónicamente en el lugar del otro,

tachado por el Otro. Sus historias, sus legados, sus herencias, sus destinos anatómicos quedarán siempre modulados por el juego combinatorio del significante. Incluso sus elecciones más "intimas" y cruciales. (Alemán, *Soledad:Común* 13-14)

Pareciera innecesario insistir aquí en la relevancia de estos temas a nivel de la praxis teatral; actores, directores, creativos deberían estar en todo proceso de montaje y producción muy alertas a estas insignias o 'estrategias fantasmáticas' ya que podrían amenazar su aporte creativo y oficiar como velos de la falta o vacío del sujeto. Ya desde el momento en que alguien decide escribir o montar cierto texto, la ilusión de hablar y decir algo propio podría estar estructuralmente aplastada por el ser hablado por el Otro, sea la cultura, la tradición, el Estado. Y no es que haya que eliminar estas herencias, sino —como lo mencionamos ya para el caso emblemático de Liera— en vez de reproducirlas, atravesarlas críticamente en su genealogía.

Aunque no podemos extendernos aquí, Lacan va a trabajar estas cuestiones, primero, en el estadio del espejo y más tarde en el esquema óptico del ramillete invertido, al que ya hicimos referencia. En el primer caso hay un espejo, donde se refleja un niño en su prematuridad, sostenido por su madre; este niño incorpora la imagen especular que viene del espejo, se aliena a ella (yo ideal), dejando caer un resto de su propio ser, como objeto *a*. Al incorporar jubilosamente esa imagen, el niño busca la reafirmación de dicho júbilo en el Otro, su mamá quien, al hacerlo, lo confirma y lo fija entonces al Ideal del yo. Como lo explica Factorovich, el niño "no se ve total hasta que la voz de alguien, lo invocante, y la imagen del otro, lo dice y lo señala" (*Conversaciones* 17). De modo que, por medio de la mirada y de la voz, el yo ideal, que Lacan escribe i(a) muta a un Ideal del yo que lo fija. El i(a) es una imagen, imagen del otro (un semejante como otro, pero también el 'yo soy otro', registro imaginario) que viene del espejo y le da unidad a un cuerpo que, ahora en forma retroactiva, se piensa como disperso y fragmentado. A la vez, es una imagen confirmada por el Otro simbólico —lugar de las exigencias de la ley— que lo petrifica como Ideal del yo, marcándole un rumbo preciso a la subjetividad. Ese Ideal del yo "es el lugar desde donde nos miramos [...] el lugar desde donde el yo se compara" (*Conversaciones* 18). Lacan llega a decir que el yo ideal es una proyección imaginaria y el Ideal del yo una introyección simbólica. Aquí conviene aclarar que este yo ideal y este Ideal del yo —que siempre están en tensión— operan a nivel inconsciente, sin confundirse con los *ideales de la persona*, con lo que ésta quisiera ser o tener, que pueden ser conscientes.

No debe escaparnos aquí, además, que ese otro especular con el que el yo se identifica, también será luego fuente de la agresividad: demanda de amor al semejante en el espejo y también odio a ese doble que lo amenaza en su deseo. Tal vez haya que ver aquí lo que obstaculiza el agrupamiento de los teatristas, cuyas quejas, como vimos, apuntan a la soledad, a trabajar aisladamente. Es que el semejante amenaza, porque no se lo puede alcanzar y respetar en su diferencia: siempre entre el yo y el otro media i(a), la imagen del otro en el yo. Nadie supo decirlo tan bien, en su esfuerzo de poesía, como Sor Juana Inés de la Cruz:

> Detente, *sombra* de mi bien esquivo
> *Imagen* del hechizo que más quiero,
> Bella *ilusión* por quien alegre muero,
> Dulce *ficción* por quien penosa vivo.

No es el bien, el otro como individuo, el objeto amado al que podemos alcanzar, sino solo su imagen, su sombra, la ilusión y ficción que lo mantienen en la prisión de la fantasía, del fantasma. Y esa imagen está hecha, obviamente, a la medida del yo, que divide el mundo entre lo que le es afín y ama, y lo que no le resulta idéntico, lo que no calza en su propia imagen y a la que dirige su agresividad. Esta tensión se da en el yo mismo.

Se entiende entones que el psicoanálisis, en su versión lacaniana, propugne que el sujeto elabore esta dimensión del i(a) y, más tarde, ya en relación al Ideal del yo, I(A), quiera que dicho sujeto se desamarre de esas insignias impuestas por el goce del Otro. Uno de los posibles finales de análisis estaría dado por la distancia entre I(A) y el objeto *a*, causa del deseo. Las consecuencias en la praxis teatral a partir de estos conceptos aparecen en la lectura que se hace de un texto, en la relación del actor con el director, en la relación de los actores entre sí, del actor con el personaje, de los creativos con el proyecto, etc. Así, la formación del actor no puede restringirse a lo técnico, indudablemente, como en todo arte, indispensable pero no suficiente: más allá de su manejo corporal, de su voz, el actor tiene que confrontarse con el i(*a*) que interfiere en relación al personaje; además, debe contejar su lectura del personaje con el I(A) impuesto por la tradición dramática y/o por el director, y desalienarse de ellos a fin de tener la oportunidad de aportar un imagen creativa novedosa, que dialogue con el inconsciente de su comunidad.

Al apelar al esquema óptico, con un espejo cóncavo primero y luego, en forma más elaborada, con dos espejos, uno cóncavo y otro plano, Lacan hace el esfuerzo de distinguir estas cuestiones en función de los tres registros. El primer modelo, basado en unos experimentos ópticos del siglo XVIII, cuenta con un espejo:

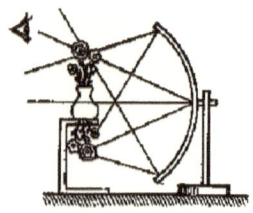

Nos muestra cómo el yo se capta en el espejo cóncavo en una imagen real, que le anticipa su unidad como yo (*moi*), esto es, una imagen real que resulta ser una *ilusión*: el ojo, en cierta posición, percibe una imagen completa, allí donde solo hay un florero sobre la mesa que se refleja; sin embargo, el espejo cóncavo le devuelve la imagen de un florero con un ramillete sobre él, que no está sobre la mesa.

Más tarde Lacan introduce otro espejo, esta vez plano, y entonces el ojo ya no capta la imagen real reflejada en el espejo cóncavo, sino la virtual designada como i'(*a*), es decir, casi como en el caleidoscopio, el reflejo de la imagen real sobre el espejo plano, que Lacan designa como imagen virtual. Y Lacan aquí ubica la falta como $-\phi$, esto es, "como la forma imaginaria de los objetos reales no especularizables" (*Conversaciones* 76).[50]

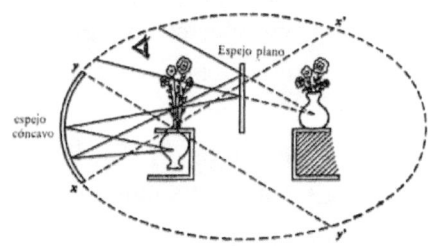

Resulta, pues, que hay algo que no se refleja en la imagen sobre la que el yo construye su imagen y unidad y desde la que ejerce su imperalismo sobre el mundo, sobre la realidad. Quizá se abra aquí una vertiente de la praxis teatral, cuya tarea, incómoda tanto para el teatrista como para el público, sería capturar lo incapturable —como lo plantea Rubén Zschumacher—, no solo lidiando con lo real no significantizado, sino también lo no especularizado de lo simbólico.

Como dice Elena Álvarez, "el humano sólo ve su forma realizada, el espejismo de sí mismo, fuera de sí mismo" (*Conversaciones* 43). El espejo plano, al que Lacan designa como A, se puede mover siguiendo la voz del Otro simbólico, y de ahí dependerá la mayor o menor nitidez de la imagen. El modelo óptico lacaniano, a fin de evitar la anulación del sujeto en la masa, intenta precisamente "mantener la máxima distancia entre el Ideal y el objeto, ya que la superposición y confusión de ambos lleva al estado de hipnosis" (Merlin 48). Por eso, es importante que la escena teatral no se proponga como un ideal, cuya completitud ilusoria, quisiera "taponar

---

[50] He desarrollado estas cuestiones en relación al concepto de teatralidad (tan vapuleado, disperso y multiplicado por los teatristas) en "Aproximación lacaniana a la teatralidad del teatro: desde la fase del espejo al modelo óptico. Notas para interrogar nuestras ideas cotidianas sobre el teatro y el realismo."

con el Ideal el lugar de la causa, objeto *a*, produciendo la ilusión de unificación sin resto" (Merlin 58).

Y esto, obviamente, tiene mucho que ver con los ideales y el saber-hacer del teatrista. Hay un teatro hipnóptico, que hace del público una masa, asume hacer un teatro para-todos: el teatrista o el teatro produce una identificación hipnóptica puesto que aquí es el teatrista o el teatro el que demanda e impone estilos, gustos y modos de comportamiento obediente; en estos casos, el público no es tratado como un sujeto sino como un objeto más tal como ocurre en lo que Lacan denominó el discurso capitalista, donde la producción de objetos incluye a los sujetos, también procesados como objetos en el mercado de consumo masivo y masificante. Es un teatro y una praxis teatral orientada a la pacificación de la escena social por medio de promover identificación al Ideal; es aquí donde tenemos la percepción (ilusoria y fallida) de un teatro como convivio. No se puede sostener que haya lazo social en la masa porque para que se instale un lazo es necesario que haya sujetos, significantes encadenados, tal como lo plantea la famosa fórmula lacaniana de $S_1 \rightarrow S_2$, el significante amo y el significante del saber, el par mínimo requerido en virtud de que un significante representa al sujeto para otro significante. Si no hay S_2 no hay sujeto, solo queda el significante amo, el S_1 como pura insignia. Es un significante desprendido del registro simbólico, del lenguaje, que no hace sentido porque no está articulado al S_2. Consecuentemente, cada miembro del público es apenas como un grano de arena, cada uno disjunto del otro, no encadenado a los demás.

Hay, sin embargo, otro teatro que calibra la distancia entre el Ideal y el objeto a fin de que el público pueda desamarrarse de dicho ideal, afrontar su falta y la falta en el Otro, un teatro del no-todo que abre la posibilidad de articularle a ese Otro demandas tal como hace un sujeto del deseo, las cuales en su pluralidad discursiva depejan el campo político para la construcción de hegemonía y transformación de la ley. A diferencia del convivio, aquí lo que se promociona es la producción de singularidad de cada miembro del público, con la cual tendrá que lidiar con los demás a

Dramaturgia de frontera / Dramaturgias del crimen

fin de construir hegemonía: la práctica política como toda práctica discursiva se ejerce en un campo de lucha, una dimensión agonística. Como lo dice la cita de Colette Soler que transcribe Merlin y que bien le cabe al teatro como convivio: hay que "captar la diferencia entre un lazo social y un montón de gente. No hace falta creer que lo múltiple hace lazo social" (49). Si, como nos lo plantea Merlin, "demandar es hacer ejercicio de la libertad, poner en escena [teatral, social] la libertad de reclamar" (56), se trata de un acto que, sin estar garantizado por la ley o legislado por el Estado, supone un riesgo, tal como el que vimos para la parresia.

Sin duda falta todavía mucho trabajo por hacer en la praxis teatral para desbrozar la técnica que, tanto en la formación del actor como en el campo de la dirección y el ensayo teatral, podría guiarnos en ese laberinto, cuando no atolladero, que pasa por el cuerpo y la imagen, tal como la imagina el sujeto, sea de sí mismo como del otro, sea el personaje o el director. Por ejemplo, Szuchmacher nos cuenta, aludiendo al espejo:

> Hay obras en las que el cuerpo del director está todo el tiempo presente. ¿Cómo está presente? Cuando los actores lo imitan. Entonces ves el cuerpo del director en los cuerpos de los actores. Ese es un director que no logra ceder su cuerpo. Es un ejercicio desesperante por momentos, ya que son los demás los que tienen cuerpo y el director se la tiene que bancar. (167)

Lo mismo podría plantearse en otros niveles del trabajo teatral: el cuerpo del actor respecto al imaginario que tiene de sí y del cuerpo del personaje que tiene que afrontar; el cuerpo que el sonidista, el vestuarista, el maquillador, el iluminador cotejan con imágenes propias e insignias que provienen de la tradición teatral, etc.

La pregunta que se nos impone a partir de estos dispositivos especulares y frente a las entrevistas con los dramaturgos realizadas por Galicia, es sobre los ideales, es decir, cuáles significantes-amo están operando en la visión de su propia dramaturgia y de la dramaturgia norteña, cuál es el rasgo unario que toma preponderancia en estos casos y fija, coagula o congela a dichos teatristas; hay que investigar cómo se deja leer el yo ideal respecto a la omnipotencia del Otro que es, primero, el Otro maternal, y que podemos concebir a partir de sus relatos biográficos, no tanto en relación a las figuras paternas, sino a su "tierra natal" o su región norteña, e incluso, por esta misma vía, abordar la cuestión del incesto como un Ideal fijado a la madre antes de la intervención de la metáfora paterna y su consecuente apertura a la sustitución de los significantes. En segundo lugar, el Otro en relación al Ideal del yo como autoridad, ley, hasta como ilusión de garantía, tal vez desde lo que dicen de su formación, de sus maestros, de las formas en que, incluso a regañadientes, ceden a los requerimientos institucionales –porque hay también un goce de las instituciones,[51] incluso con mandatos superyoicos severos— para financiarse y hasta para consagrarse con los premios, y también, por qué no, la relación que establecen con las estéticas dominantes o su relación con el centralismo capitalino. En tercer lugar, intentar percibir en dichas entrevistas cómo aparecen las ataduras al superyó, tal vez en el imperativo de ser cada vez más esencialmente norteños o mexicanos, o de producir sin parar, incluso hasta posiblemente arriesgar la vida a todo trance por el teatro. Si es necesario, como se lo plantean los analistas, "podríamos diferenciar aquí entre el Ideal del yo y los ideales, el Ideal del yo como instancia en la constitución subjetiva, y después están los ideales para cada uno, que varían según con las culturas, con las épocas y el modo en que se subjetivarán" (*Conversaciones* 71). En efecto, aclara Fischman, "[l]os ideales cambian con la moda, son asunto de mercado; lo que no cambia es que responden siempre a una función llamada I(A)" (*Conversaciones* 81). La distancia con el Ideal del yo (la Mujer ideal, la Patria ideal, el Amor ideal, el Presidente ideal, la Justicia ideal, el Teatro ideal) nunca se colman, aunque varíen las formas históricas, temporales de su presentación.

---

[51] Ver la segunda parte de mi ensayo "Una posible genealogía de lo político teatral: El régimen de verdad de la escena teatral."

Dramaturgia de frontera / Dramaturgias del crimen

Superyó, ley, culpa

> El superyó es, simultáneamente, la ley y su destrucción.
>
> Lacan, *Seminario 1* 161

En cuanto al superyó, baste decir aquí que, localizado en el orden simbólico, obviamente inconsciente, tiene una relación paradójica con la ley, "paradójica –nos dice Olga Maldonado— ya que por una parte regula y ordena al sujeto, cuando aparece como instancia moral, y por otra parte aplica su carácter 'insensato, ciego, imperativo y tiránico', es a la vez la voz de la ley y su destrucción" (*Conversaciones* 54). Como nos lo dice Marta Gerez Ambertín, el sujeto queda "suspendido entre la ley regulante de los Nombres-del-Padre y la ley insensata del superyó fluctuando, así, entre el deseo –cuando puedo apelar al Otro—y el goce –cuando renuncia a toda apelación" (II, 84). Ya encontramos aquí la diferencia entre *masa* y *pueblo* que, como conceptos, han comenzado a debatirse en las relaciones entre psicoanálisis y política. El superyó hace masa, uniformiza, exige obediencia, se orienta por el para-todos, porque universaliza; el pueblo, en cambio, orientado hacia el no-todo, realiza demandas singulares que, por la lógica de la equivalencia, van construyendo hegemonía y, paulatinamente, transformando la ley; mantiene lo heterogéneo y opera en el campo democrático.

El superyó tiene una doble faz, la de instancia moral y la más obscena (auto)destructiva del sujeto. Lacan lo distingue del Ideal del yo, puesto que éste, como vimos, es un significante-insignia "que opera como ideal, guía que gobierna la ubicación [del sujeto] en el mundo simbólico" (*Conversaciones* 54). En tanto formación post-edípica, como transformación de una primera identificación a un objeto amado, el Ideal del yo es "fruto de una renuncia pulsional" (*Conversaciones* 54). El superyó, por el contrario, sobre todo en su faz obscena y atroz, hunde sus raíces en el Ello, es decir, en lo más arcaico de la vida psíquica y por ende está en relación no con el significante, con lo simbólico, sino con lo pulsional, que en Lacan se localiza como registro Real. En este sentido, como lo plantea Ana Staw, mientras acceder al deseo "implica romper con esa imagen enajenante, coagulada, fija del narcisismo primario, el Superyó hace de dicha imagen narcisista una vía mortificante: fija como una estatua al sujeto, en nombre de un ideal de completud [sic] y totalidad que viene del Otro" (*Conversaciones* 65). Además, si en la primera etapa de la enseñanza lacaniana, ese yo ideal del narcisismo primario estaba sostenido por la omnipotencia del Otro materno, que lo alienaba al falo imaginario, más tarde, cuando Lacan plantee la metáfora paterna y la operación de la castración, ese yo ideal pasará a estar "sostenido por el Ideal del yo, heredero de la autoridad paterna que articula deseo y ley" (*Conversaciones* 64). Es por esta vía que el sujeto puede desear y construir –digamos, creativamente— su cadena de objetos, aunque un resto pulsional permanezca a cuenta del superyó.

Me parece que es a este lugar pulsional al que se refiere Hernández cuando nos invita a dejarnos pervertir por el morbo, ya que no tratándose de la realidad sino de lo Real, podemos evitar la reproducción o reflejo más o menos realista a la vez que hacemos el esfuerzo por ponerle significantes a lo que, de hecho, no tiene. Significantizar lo real, el goce, lo pulsional –captar lo incapturable, como plantea Szuchmacher y tolerarlo—pareciera ser, desde esta perspectiva, el lema de la nueva dramaturgia, no solo norteña mexicana sino también latinoamericana. Probablemente no se pueda decir (todavía) lo mismo del teatro Latino en Estados Unidos. Al explorar las tensiones entre el Ideal del yo y el yo ideal, al desamarrar al sujeto del goce y de las insignias del Otro, queda de alguna mera abierto el camino para trabajar con el deseo y el objeto *a*, con la forma singular del modo de goce del sujeto. He aquí por qué esta nueva dramaturgia ya no puede funcionar con los protocolos de la creación colectiva y exige una aproximación especial tanto del actor como del director.

La creación colectiva, tal como se la practicó y aún practica en América Latina, y también el teatro oficial, se establecen a partir de asumir el discurso del Amo o del de la Universidad; es decir, tienen una idea, tienen un conocimiento sobre lo que hay que decir y hacer políticamente y recurren al teatro como medio de propaganda, adoctrinamiento o divulgación. Su crítica (su puesta en escena como S_2) está sostenida en un S_1, esto es, un maestro, un texto, una doctrina o una filosofía, que opera de garante de lo que se dice y hace. El teatro de la intensidad o multiplicidad, aunque trabaje en grupos y con improvisación, apunta a generar esa brecha entre $S_2 // S_1$ y para ello parte de una posición de ignorancia, del no saber, del sinsentido que inaugura el equívoco o coágulo; el teatrista de esta praxis teatral asume el discurso de la Histérica o el del Analista, lo cual significa que sostiene siempre la duda sobre el Amo o bien recusa el poder de imponer un S_1 al sujeto, respectivamente. Es cada miembro del público, cada ciudadano, el que se hará responsable de sus significantes-amo, quedando a su merced articular demandas con los demás y construir hegemonía, la cual, obviamente, pasa a constituirse —por medio del trabajo político— como un nuevo discurso del Amo que tiende a la transformación de la ley. Por lo dicho, queda claro que el teatro de la intensidad no se autoriza en ningún maestro o doctrina, no se propone como legislador del bien de los otros, se hunde en su propia *souffrance*, para vaciarlo de ese sentido gozado amarrado acríticamente a los significantes-amo. Como expresamos antes, la tarea de la praxis teatral es fertilizar la producción de demandas por medio de un saber-hacer orientado a la invención de un saber emancipador sobre lo real, es su función política; quedará en manos del público ser masa o propulsar un común "sin que sea un para todos homogeneizante y moralizante de la masa" (Merlin 80).

El teatrista de esta praxis teatral de la intensidad o multiplicidad, al igual que el analista, *no* se propone como doble especular a ser imitado, *no* responde a la demanda de amor del público o de las instituciones, tampoco se posiciona como un nuevo Yo, sostén ideal, de quién sabe qué receta de solución sociopolítica. No obstante, al promover la crítica parresiástica, en el entre-dos de un diálogo, intenta conmover esa domesticación del público realizada por el Otro, por la cultura, patriarcal y dominante, y va dejando caer los semblantes (sobre todo los que el público o las instituciones le otorgan como sujeto supuesto saber) permitiendo así la caída del objeto *a*, causa del deseo, y abriendo el abanico de posibilidades no contempladas de transformación social. Casi lo mismo podríamos decir de lo que ocurre entre actores y director en un ensayo teatral: los actores (y hasta los productores) le suponen al director un supuesto saber que éste tiene que dejar caer, salvo si realmente cree ser el amo del saber; si el director, en cambio, quiere abordar un proceso de separación de las insignias, de la tradición, de las herencias culturales, no puede imaginarse en posición de amo.

El teatro que surge de este trabajo con los ideales y el superyó que impele a gozar, que corroe la ley y el lazo social, comienza a develar la genealogía que subyace a la dramaturgia tradicional, sea del modelo aristotélico, sea de otras versiones vanguardistas ya más o menos petrificadas. El resultado es una pieza que ya no responde a los códigos que el público conoce, los que le darían cierta comodidad y seguridad yoica. En estas obras del teatro de la intensidad o multiplicidad, el público asiste, más que a una construcción de escena, a un desmoronamiento de ésta, de ahí que la primera reacción sea "no entendí nada", porque no se le ha dado ningún ideal, ninguna narración (al modo aristotélico) capaz de completarlo, dándole un sentido digerible y más o menos coherente con la historia narrada. Justamente lo que ocurre en estas nuevas obras es lo contrario. Se lo ha puesto en ese lugar inconfortable en el que ya no hay manera de sostener los ideales; en todo caso, cada obra opera aquí como un sinthome, es decir, un intento de anudar de un modo singular el desajuste socio-político y cultural de los tres registros, sin proponerse como modelo de nada, y dejando que cada cual se las arregle con su modo de goce, que cada cual arme el sentido como pueda, a partir de los indicios que pueda ir encadenando en su imaginario. Si la demanda de sentido se hace grupal, podemos ya estar en un efecto político del teatro que transformaría al público-masa en un público-pueblo.

Desde el escenario, se le mueve al público el espejo plano del dispositivo lacaniano para generar la mayor distancia entre el I(A) y el objeto *a*, para evitar que todos se identifiquen con el mismo S_1 y, por esa vía, la oportunidad de acceder a la singularidad de su sinthome. En consecuencia, la obra —como un tratamiento psicoanalítico— no es un lugar de llegada sino de partida; hacia otra puesta, hacia la interpretación del público, hacia una posible emancipación. Eduardo Pavlovsky planteaba, desde su lectura de Gilles Deleuze, el teatro de la intensidad o de la multiplicidad que requería de un trabajo ético del teatrista con su deseo y con sus modos de goce; esta modalidad requiere de grupos que tengan la permanencia, la complicidad y hasta la intimidad suficiente como para sostener un pacto parresiástico respecto al teatro que quieren hacer. Y éste no parece ser siempre el caso en la dramaturgia norteña tal como la dejan entrever las entrevistas, en las que se nota, a cada paso, una voluntad de renovación, pero a la vez los residuos de dramaturgias y prácticas directoriales agotadas que permanecen como significantes-amo.

Por todo esto, nos parece que habría que investigar cuáles son las estrategias escriturarias de que disponen los teatristas para desanestesiarse y desanestesiarnos, para desamarrarse y desamarrar al público del S_1, de ese significante amo, primordial "en tanto letra [que] se va a reiterar disfrazado en los significantes relevantes de los síntomas, sueños o actos fallidos" (*Conversaciones* 92), de ese significante al que, carente de sentido, el sujeto se halla sometido. Nos interesa investigar las estrategias y tácticas dramatúrgicas usadas para "desmantelar las significaciones coaguladas, a fin de reestablecer el libre fluir significante" (*Conversaciones* 88), abrir las compuertas al fluir del deseo, develando la falta en el Otro, a la vez que proponiéndose y proponiéndole al público la dimensión crítica, parresiática, como un hablar franco sobre el goce y lo real, más que sobre la realidad o la identidad que, al ser supuestamente conocidas por todos, no siempre vale la pena trasponer fotográficamente a un escenario. Se evitarían así los estereotipos propios que siempre convoca un teatro de urgencia y desesperación. No se nos escapa que esta nueva dramaturgia, para el caso que adoptara las estrategias de la praxis teatral pavloskiana, dejará –como el final de un análisis, cuando se produce la caída del Ideal—un residuo que se vive como una "sensación de orfandad" (*Conversaciones* 94), de destitución subjetiva, justamente porque nos enfrenta a la falta en el Otro y, por esa vía, al Otro que no existe y porque, además, no impone ningún ideal e invita a que cada cual trabaje el suyo, su modo de goce.

Es loable, en este sentido, el trabajo sobre los santones en las obras sobre Malverde, Fidencio y el Tiradito que hemos mencionado, porque deconstruyen (y hasta pulverizan) la versión aurática de estos personajes, exhibiendo ante el público, creyente o no, una dimensión oscura de los goces que los animan. Como veremos, Mijares nos muestra el lado perverso de Fidencio como instrumento para el goce del Otro, sea Dios, el pueblo o las autoridades políticas. La pieza de Zúñiga ya estigmatiza al Tiradito desde el mero título, cuando llama al Tiradito un 'pecador"; uno de los personajes de esa pieza, Honokam, especie de espectro de un padre nativo, lo dice con todas sus palabras y autoridad: "Donde vive el Tiradito que todos dicen que es un santo, pero yo digo que no" (89). Y si perdió la vida, Honokam nos cuenta que fue "por robarse a una mujer que no era suya" (101), ante lo cual Irving, quien quiere llegar a la Capilla de los Deseos para pedir trabajo, trabajar y regresar a Ítaca (115), se sorprende, porque "muchos lo siguen. Hace días —nos dice— vi a una mujeres cantar una oración, prender velas, pedir favores, llorar de fe" (101). En ese contraste de perspectivas, asoma el malestar en la cultura.

Finalmente, en la pieza de Alejandro Román titulada *Malverde. Día de la Cruz*, constituida exclusivamente por monólogos (que demuestra ya al diálogo como imposible), se nos presenta un panorama de tres personajes que convergen en esa fecha devota, imaginando una tregua a la violencia, para celebrar a un santón supuestamente protector de los criminales (narcosanto), todos fuera de la ley y carcomidos por la sed de venganza, poder y dinero; un santón que, como un superyó obsceno, está fuera de la ley él mismo y, aunque parece brindarle favores temporarios, termina arrastrándolos a matanzas sangrientas en las cuales ellos mismos terminan aniquilándose entre sí, con la complicidad de todos los sectores sociales. Llegan como peregrinos a una fiesta de excesos, con veladoras y bebidas para cumplir su "manda con devoción" (141). Como lo dice el personaje de Leonel, el santuario se colma de "[m]ucha plebada que te visita en tu día patrón / muchas almas desencaminadas que buscan en ti el / sociego / mucho malandro / mucho mafioso / mucha raza pesada" (139). Entre

Dramaturgia de frontera / Dramaturgias del crimen

esa plebada tenemos a un padre, Don Julio, jefe del narco, capaz de mandar a torturar y desaparecer a su propio hijo, también llamado Julio, casi un clon del progenitor, quien a su vez atenta contra su propio padre para apropiarse del negocio. Don Julio, como en *Hamlet*, regresa como espectro y como superyó para reclamarle al hijo; dice éste frente a la aparición:

> El día del juicio final llegó
> los muertos se levantan de su sepultura
> mi apá Don Julio
> emerge de entre la tierra
> resurge frente al mezquite
> ríe

Otro personaje (Leonel) busca venganza por 'hermanos' asesinados y finalmente otro (Gavilán), perseguido por la DEA, agoniza y rememora su pasado de buchón. Más allá de estos tres personajes, tenemos víctimas, cómplices o supuestamente inocentes, quienes –en medio de esta "lucha por el poder [que] carga ríos de sangre" (157) — terminan como cadáveres cubriendo los alrededores de la capilla y la ciudad enteramente. En fin, todos allí, asisten para comerciar o para agradecer a Malverde su intervención en favor de sus fechorías; todos acuden a la capilla para hacer como Julio hijo: "Me hinco / me santiguo / me entrego a la oración" (160). Una vez más, el crimen asume dimensiones religiosas creando devociones sanguinarias. El narcosanto no invita a la paz o a la reconciliación; muy por el contrario, como figura emblemática del superyó obsceno, exige venganza y ejerce azarosamente su soberanía de matar o dejar vivir, sin alguna instancia de justicia y, menos, de justicia poética.

En otra dimensión, Hugo Salcedo "deconstruye" la figura de la Virgen María cuando, en "María", una de las viñetas de *Nosotros que los queremos tanto*, nos propone una muchacha llamada María quien aspira a disfrutar las delicias del sexo en su inminente matrimonio con José – "Como un hermano mayor, casi mi papá..." (70), incesto otra vez, imaginario pero no menos activo; María, sin embargo, descubre que ha quedado embarazada, aún virgen, según le anunciara un ángel, y se queja del abuso divino, casi como un personaje lorquiano:

> MARÍA: ¡Claro que no! Soy virgen, lo sabes. Y precisamente por eso estoy enfadada. Quiero casarme no solamente por la costumbre; quiero estar con un hombre no solamente para atenderlo, lavarlo y prepararle el almuerzo como se acostumbra, y no solo para esperarlo pacientemente por las tardes como hacen todas las casadas. También quiero tener uno al que le agraden mis pechos y se hunda en mi cintura y me busque y me haga cosas, y yo también hacerle..., y todo para procrear, para tener hijos que lleven su apellido, hijos producto del compromiso ante los hombres y ante Dios, sí, pero también producto de la intimidad, del sexo, de eso que –como me dices— te hace caer en medio de pétalos... [...] ¡No! No va a ser así porque me anunciaron que estoy embarazada. Así, como de rayo, sin más. Por obra y gracias divina. ¡Yo no quiero eso! ¡No me dieron elección! Yo quiero procrear con intimidad, y sin embargo voy a tener que resignarme a ser virgen para dar a luz al hijo de Dios. [...] Mi novio [José] ya lo sabe... [...] Se puso igual que tú. Feliz. Él sí cree en los ángeles y en las apariciones. [...] No quiero un hijo así, de esa manera. *(Llora)* Nadie me preguntó. Voy a casarme, quiero gozar del calor de un marido, y sin embargo... No es justo, Isabel... virgen y madre. ¿Y mis senos? ¿Y mi pubis? ¿Eh? ¿Qué con el clítoris? ¿Y el clímax? ¿Qué con todo eso? ¿Qué? (72)

Las visicitudes poéticas de la función teatral: de los nombres propios

Retornamos a la relación entre praxis teatral y psicoanálisis y a la de arte y política: porque si el sujeto del que nos habla el psicoanálisis está en una soledad estructural, que le da acceso a su singularidad, la pregunta artística y política es, como bien la plantea Jorge Alemán, "cómo se incorpora un sujeto que ha logrado separarse de las identificaciones a una instancia colectiva" (30). Sin duda, como hemos visto, no a través de un discurso revolucionario que lo invitara a sumarse a una utopía de transformación proponiéndole nuevas insignias que no han sido el resultado de una elaboración del sujeto sino de un Otro nuevamente en posición de amo. Pareciera ser más auspicioso propender a que emerjan del sujetomismo nuevas insignias, nuevos ideales capaces de abrir a otras identificaciones producto de la emancipación a partir de la cual se pueda promover una nueva hegemonía, construyéndose desde abajo y articulándose "a una cadena horizontal y abierta de equivalencias" (Alemán, *Soledad:Común* 31) con los otros miembros de la comunidad. Ineludiblemente, como quiere Alemán, hay que pasar por la Nominación, es decir, por los nuevos significantes-amo, en la medida en que un colectivo "sin ningún tipo de Nominación es una mera masa amorfa" (*Soledad:Común* 31). Pero la diferencia de esta propuesta con la del discurso del amo reside en asumir la precariedad de un Otro que ya no se instalaría como garantía de la verdad ni promovería exaltaciones identificatorias, como ocurre en el fascismo. Se trataría, en términos de Alemán, de "[m]antenerse en la Causa sin idealización [soportando] en la apuesta sin garantías que toda causa conlleva el retorno de lo reprimido o la repetición de lo mismo" (*Soledad:Común* 31). Se trataría de estar alerta permanentemente respecto a esos ideales, ya no universales y atemporales, sino concebidos en su precariedad, en su contingencia, localizados temporal y espacialmente, a los que siempre habría que impedirle (¿función del arte, del teatro?) "la aglutinación en masa que obtura la invención del acto político de la enunciación" (*Soledad:Común* 32), esto es, promover una transformación política emancipatoria que "ya no está dominada enteramente por la metafísica de una totalidad homogeneizante" (*Soledad:Común* 34).

Quizá el teatro –las artes en general, pero más el teatro por ser en vivo— permita, en su trabajo con las identificaciones personales y colectivas sostenidas en el inconsciente parroquial, proceder progresivamente a la desalienación cultural, no instaurando un discurso doctrinario promotor de exaltaciones ideales que, aun cuando generen una euforia capaz de conmover momentáneamente las inercias sociales, terminan siempre –como lo ha demostrado el siglo XX— en nuevos servilismos. El teatro precisamente va sumiendo al público en esa destitución subjetiva, caso por caso, montaje por montaje, respecto de las insignias, los estereotipos, las herencias, las tradiciones asumidas y sufridas. Se trataría de un teatro que no impusiera significantes-amo, sino invitara a que cada ciudadano elabore su modo de goce y se responsabilice por él.

Un modo de goce no es la felicidad; por el contrario, el goce siempre remite a un real que no admite significantización más que a medias y por vía de la invención. No es casual que Lacan, en la última etapa de su enseñanza, se enfocara en la figura de James Joyce. Dejando de lado cierto nivel de identificación con el escritor irlandés, Lacan seguramente encontró en Joyce y en *Finnegans Wake* un trabajo con la escritura y el lenguaje que no le era ajeno a su propia praxis y, además, que replanteaba algunas cuestiones en el psicoanálisis. Nos importa aquí esta confluencia de literatura y psicoanálisis, no sólo porque Lacan, como Freud, recurre constantemente a la literatura y particularmente la dramática (¿es necesario recordar *Edipo*?), sino porque nos acerca a la praxis teatral contemporánea y a la pieza de Hernández que estamos teniendo en el horizonte de nuestras elucubraciones. *Finnegans Wake* es, como lo plantea su título, un sueño, casi como el de Marianne en *Padre fragmentado*; un texto muy trabajado, en el que Joyce fuerza el lenguaje hasta el extremo de su desintegración, aunque mantiene la sintaxis inglesa. De alguna manera se trata de un atentado a lo simbólico, al padre y sus faltas (con resonancias teológicas que los críticos han señalado y que, en cierto sentido, no están ausentes en *Padre fragmentado*). Algunos críticos ya han trabajado, por ejemplo, el nombre Dedalus como una construcción en la que puede leerse 'da, dad, death'. Hay en el intento joyceano la búsqueda de un más allá del lenguaje, una búsqueda de *lalengua*, que torna a ese texto en algo *casi* ilegible, como algunos de los *Escritos* de Lacan. En todo caso, como quería Joyce, dará trabajo a los críticos por trescientos años, tal como Lacan decía que en unos cuantos años sus escritos se leerían sin mayor dificultad. *Finnegans Wake* está hecho de fragmentos de lenguas, con etimologías variadas, fragmentos de textos en intertextualidad; se juega con las palabras, los símbolos, las canciones, con coincidencias o azarosos encuentros multilingüísticos; neologismos, retruécanos tal como el juego de Lacan con muchos de sus conceptos y con el mismísimo nombre de Joyce (*joy/jouissance*=goce). Esto hace que el desciframiento se torne infinito, porque el sentido descifrado abre nuevamente a lecturas nuevas, multiplicándose el sentido. Así como el nombre Joyce/joy/jouissance funciona, según Lacan, como la cuarta cuerda que sostiene a su manera el desajuste de los tres registros RSI, podemos admitir que el nombre Marianne, como también Christine, y hasta incluso Morgan y Colegán, con sus resonancias británicas, célticas, bíblicas van de alguna manera no solo ajustando o reparando el nudo de tres cuerdas (Real, Simbólico, Imaginario) de la pieza de Hernández, siempre a punto de desatarse, sino también poniéndola en cierta intertextualidad con Joyce y con el *Seminario 23* de Lacan.

El nombre Marianne, en *Padre fragmentado*, remite primero al francés, como un constructo de Marie (niño deseado, rebelión, amargura) y Anne (favor o gracia). Tiene referencias bíblicas con Miriam, hermana de Moisés y Arón, conocida por su rebelión, inspiración y liderazgo de las mujeres en el cruce del Nilo. La canción de Moisés y de María en Éxodo 15:1-18 inaugura una tradición de voces femeninas, así como María se engarza a otras Marías de la tradición bíblica. Por su parte, Christine, también del francés, alude a las seguidoras de Cristo, caracterizadas por el buen humor, decididas, amables y comprensivas, capaces de dar buenos consejos, con brillante personalidad, confidentes, en fin, una serie de cualidades que en *Padre fragmentado* están parodiadas, invertidas, ironizadas o subvertidas. Finalmente, Morgan es genéricamente neutro, nombre de varón o hembra en la tradición celta y galesa, cuyo significado es 'mar brillante' o que 'habita cerca del mar', y en etimologías más antiguas, "jefe del mar' o 'defensor del mar', probablemente del mar de goce de la trama de la pieza hernandiana.

El goce no significa la felicidad, además, porque para el psicoanálisis el malestar en la cultura es inevitable. La propuesta de una nueva dramaturgia pasaría así por los linderos de ofrecer enigmas desde la escena para que cada integrante del público, uno por uno, pueda advenir a sus significantes propios que caracterizan su modo de goce singular, al que hay que orientar hacia el deseo, evitando así la formación de la masa donde el sujeto, indiferenciado de los demás, se identificaría con un líder. Antonio Zúñiga dice justamente apelar en sus obras a la fragmentación para que a partir de ella "los espectadores hagan sus propios enlaces, y ellos también creen en su imaginario su propia anécdota, la obra está escrita con esta intención, la de provocar en ellos un papel más activo después, que también ellos funcionen como una especie de escritores" (Moreno, nota 20, 155). La singularidad aquí es la que habría que negociar con los otros para generar una instancia de agencia comunitaria a fin de enfrentar el malestar en la cultura que nos aqueja. La otra vía sería la de promover sujetos desbandados por el goce hacia la aniquilación propia y social, tal como ya lo percibimos en nuestros propios cuerpos. ¿Acaso las muertas de Juárez no son parte de nuestra propia muerte social? ¿Acaso cada muerta de Juárez no habla de nuestra muerte social en esta etapa del capitalismo neoliberal? ¿Cuán lejanos o ajenos estamos a esos cadáveres mutilados, fragmentados, no identificados? ¿Qué espejo deberíamos instalar para que nuestro yo, con esa imagen ilusoria de unidad, logre verse en esos cadáveres fragmentados? Cada muerta de Juárez somos cada uno de nosotros, estamos involucrados allí de todas las maneras imaginables. Más que función de denuncia del malestar en la cultura actual (rol que bien o mal cumplen los medios de comunicación y otras instituciones ligadas a los derechos humanos), mi apuesta pasa por un teatro que, desde mi perspectiva y mi praxis teatral, debería afrontar otra vía, otro riesgo cultural.

Del morbo, de lo pulsional

Las entrevistas compiladas por Rocío Galicia desbordan de cuestiones que, directa o indirectamente, atraviesan el entramado de todo tipo de ideales, sean aquellos que competen al dramaturgo, sean los que competen a la 'identidad' del teatro mexicano norteño y hasta los que pertenecen al público. La cita de Ángel Aurelio Hernández que hemos tomado como disparadora y a la vez marco para este ensayo, no deja de presentarse en sí misma como un ideal que, a su vez, invita a hacer puente, además, con la cuestión de la genealogía de la subjetividad o la "estética de vivir" foucaultianas y con el psicoanálisis.

En primer lugar, hablar de perversión –como hace Hernández— nos invita a considerarla en relación a la sexualidad y la pulsión (*Trieb*) y no, obviamente, ligada al sexo, comandado por el instinto (*Instinkt*), tal como Freud lo planteó. Si, en general,[52] el sexo está maquinalmente disparado en el animal frente y solo *frente a la imagen* de un objeto muy preciso: la de un partenaire del sexo opuesto, de la misma especie y solo en un preciso momento y no todo el tiempo, con la finalidad de la reproducción; la sexualidad humana –con la división del sujeto promovida por el lenguaje—puede activarse *frente a la imagen* de 'cualquier' objeto (a veces un rasgo, ni siquiera un partenaire del género opuesto o de la misma especie), en cualquier momento y sin metas reproductivas. Y otra vez nos topamos aquí con la imagen del otro, i(*a*) del soneto de Sor Juana: imagen, ilusión, sombra, ficción del otro, hechizo querido, pero inalcanzable como otro.[53] La sexualidad humana es polimorfa, orientada hacia cualquier objeto en búsquedea de placer y de goce; Freud nos dice que los niños son perversos polimorfos, sobre todo mientras no han sido todavía procesados por la máquina trituradora de las instituciones culturales (familia, escuela, etc.). Y son perversos, porque para ellos es imprescindible, como dice Jacques-Alain Miller, "el goce a cualquier precio y de todas las maneras posibles" ("El psicoanálisis" 31), un goce, indudablemente, todavía capaz de desplegarse sin los obstáculos de las insignias impuestas por el Otro. En ese

---

[52] Obviamente, "en general", ya que la etología puede brindarnos ejemplos con excepciones a esta regla; hay en el reino animal criaturas que se autorreproducen o que se orientan hacia un compañero sexual del mismo sexo.

[53] Recordemos que para el psicoanálisis la relación es siempre Sujeto/objeto, de modo que no hay posibilidad de intersubjetividad. Al otro es siempre objeto y solo se lo alcanza en tanto imagen, la que está del lado del yo.

sentido, se ha leído (y no siempre correctamente) el término "perversión", como lo que va más allá de la norma y la ley en tanto determinantes biológicos o mandatos sociales. Pero esta lectura, tal vez válida para la psicología en tanto ciencia cuatificadora, no es válida para el psicoanálisis que no parte de ningún criterio de normalidad.

  Importa aquí señalar, como hace Gabriel Sedler, que siendo el niño, desde la perspectiva freudiana, un perverso polimorfo, el sujeto como un *hablanteser* (*parlêtre*), ya no tiene su mirada comandada por el instinto, no se fija en un objeto específico, ni siquiera de su especie; de todos modos, no debemos pensar tampoco que se fija sobre 'cualquier' objeto, sino en aquel marcado por el Ideal del yo, esto es, un objeto privilegiado por la intervención, en el estadio del espejo, del deseo del Otro (*Conversaciones* 26). Y, para ser más precisos, más que de un objeto, se trata a veces de un rasgo, y un rasgo que no es cualquiera, sino el rasgo que se borra, llamado rasgo unario (*Conversaciones* 27), pero que no por borrado deja de imponerse. Nadie mejor que el fetichista para ilustrar la perversión como disparada por un rasgo, como el famoso brillo en la nariz de uno de los analizantes de Freud.

  Por 'perversión' también podemos pensar en la estructura clínica, esto es, no en una serie de comportamientos, de actos con rasgos perversos, que podríamos hallar en un sujeto neurótico, sino una estructura precisa; al hablar de estructura, como hace Lacan, se pretende distinguir lógicamente neurosis de perversión y psicosis. En su famoso "Kant con Sade", Lacan caracteriza al perverso como ese sujeto animado por una voluntad de goce y, además, por sentir que tiene "derecho al goce", aunque no el propio, sino el goce del Otro: a diferencia del neurótico animado por la pasión de buscar para no encontrar, el perverso siempre encuentra, no cuestiona ni intenta desestabilizar al Otro, sino que, como lo dice Miller, "sabe a dónde dirigirse, dónde encontrar en el cuerpo, en la ciudad y también en el campo" (*Los signos del goce* 84). Entramos aquí en una cuestión que va a involucrar el sadomasoquismo, siempre y cuando estemos alerta de no ver sadismo como inverso del masoquismo o viceversa. No hay que olvidar que, para Lacan, el masoquismo "es lo máximo de goce que da lo real" (*Seminario 23* 76).

El perverso es el gran obediente, que está al servicio del Otro. "Soy –dice Fidencio en la pieza de Enrique Mijares— un humilde siervo de mi Padre Dios. Él es el que cura, yo nada más le sirvo de intrumento" (Galicia, *Ánimas y santones* 40). La escena que el perverso construye, mayormente contractual, consensuada, como ocurre en *La Venus de las pieles* de Sacher Masoch, no está al servicio de sí, sino que procura dar goce al Otro. Fidencio construye toda la escena de sus curaciones; le dice a una de las mujeres que trabajan para él: "A ver si pones más cuidado en la 'representación'" (Galicia, *Ánimas y santones* 52). Más adelante, después de emular las palabras de Cristo: "Yo soy la verdad y la luz eterna" (Galicia, *Ánimas y santones* 51), finge morir; inmediatamente resucita y como un actor que a su vez dirige el espectáculo, puntualiza: "Los relámpagos están bien, pero la lluvia entró tarde" (Galicia, *Ánimas y santones* 52).

El perverso no se posiciona como sujeto; por el contrario, él es el objeto *a* que completa o intenta suturar la falta en el Otro, que le resulta insoportable. Se trata de una falta entrevista en el Otro (en la Madre), pero renegada: "Curo lo que mi Padre Dios me permite; lo que no quiere mi Padre Dios, pos no" (Galicia, *Ánimas y santones* 41). El fetichista obtura con un objeto simbólico la falta de falo en la madre, en la mujer; ese objeto funciona como un velo de la castración, con la que no quiere confrontarse.

El perverso, a diferencia del neurótico, ha aceptado la prohibición paterna de no gozar él mismo, sino construir una escena para satisfacer al Otro. Por eso Lacan invierte la fórmula del fantasma neurótico ($\$ \lozenge a$) para la perversión: $a \lozenge \$$. El perverso, como el teatrista del teatro comercial, deviene así instrumento del goce del Otro (productores, Estado, público, mercado); trabaja para el Otro y no para su propio goce: su goce, digamos, reside justamente en ser esa instrumentalización, ese objeto, y la lleva hasta los extremos, por eso visualizamos en la perversión, mejor que en las otras dos estructuras clínicas, la pulsión. Fidencio se las arregla para negociar con don Elías [President Plutarco Elías Calles], no su propio goce de trascendencia personal, sino la continuidad mercantil de su propio negocio.

A fin de impedir que las autoridades sanitarias impidan su tarea con las sanaciones teatralizadas que le dan fuertes ganancias, Fidencio manipula a don Elías, quien termina tranzando:

> ELIAS: Mientras yo tenga vida y salud nada ha de faltarles en Espinazo. Un tren repleto de comida y agua vendrá con regularidad. Y tú, en cambio, me mantendrás provisto de tus medicinas milagrosas. ¡Eh! ¿Qué dices? ¿Te parece un buen trato?
> FIDENCIO: Ya ve que sus autoridades sanitarias quieren impedir que yo cumpla la encomienda que me dio mi Padre Dios.
> ELIAS: No te apures más por los intrigosos. Tú puedes seguir curando porque no cobras ni haces propaganda, porque reconfortas mi corazón y proporcionas alegría a tu pueblo. (Galicia, *Ánimas y santones* 44-45)

Fidencio, tal como suele hacer todo sujeto a partir de la estructura perversa, no solo controla y manipula la teatralidad de las sanaciones, cuidando los detalles de la visibilidad de la escena, sino también intercambia identidades de género, con ropas y maquillaje apropiados. En el exhibicionismo y el voyeurismo el perverso se hace objeto de la pulsión escópica; en el sadismo y el masoquismo responde a la pulsión invocante, a la voz del Otro. A diferencia del neurótico que duda del Otro, que lo cuestiona, el perverso carece de preguntas y obedece con sus actos, sin cuestionar la voluntad de goce del Otro, en este caso las leyes del mercado a las que se somete, con las que debe jugar.

Teniendo en cuenta la perversión como estructura clínica, la propuesta de Hernández de "dejarse pervertir por el morbo y el cinismo de adentro" pareciera insinuarse como un dejarse llevar por las pulsiones que habitan la interioridad del cuerpo, obedecer al cuerpo propio como un Otro, desentendiéndose de los mandatos simbólicos exteriores, de las normas impuestas por el Otro cultural. Sería entonces someterse, pero a las exigencias del cuerpo propio, sin ceder a una renuncia pulsional comandada por el Otro simbólico, por la Ley, sea la cultura, la comunidad, el partenaire. Se trataría, entonces, de alcanzar la verdad del sujeto, conquistar sus propios significantes-amo, desde un morbo (enfermedad, atracción malsana por personas o cosas, por lo desagradable, según el diccionario de la RAE) que él une al cinismo, también de adentro, en sentido de ser honesto consigo mismo, ligándolo a lo pulsional, para lograr alcanzar la verdad del goce del sujeto, sin obedecer maquinalmente al Otro simbólico. Al aproximarnos a *Padre fragmentado dentro de una bolsa*, nos veremos en la necesidad de realizar reflexiones precisas para no imaginar nuestro futuro como un mundo apocalíptico e irredimible, tal como la obra lo presenta, en el que, con las pulsiones liberadas de cada quien, no habría posibilidad de sostener un lazo social.

Ciertamente, si Ángel Aurelio Hernández anhela una dramaturgia que se deje pervertir por el cinismo, también espera que dicha perversión admita el morbo, palabra que leo en relación a lo que los analistas designan como lo pulsional. Las obras de Hernández, como veremos con *Padre fragmentado* pero también en otras de su autoría, tales como *Aproximaciones al interior de una ballena, Hanoi Hilton, Suite Afganistán* o *Anthropology*, se sitúan justamente en una dimensión pulsional, fronteriza (naturaleza/animalización vs. cultura/hominización) en la que, al fallar la ley, el superyó y la pulsión de muerte despliegan su potencia mortífera, con personajes que ya no son sujetos, sino restos de sujeto atravesados por la culpa muda que los conduce a un apocalipsis autoaniquilante y desubjetivante. Freud justamente pensaba que el contrato social solo se sostiene por la cuota de renuncia pulsional que cada individuo hace de satisfacer sus pulsiones. Y es a estas pulsiones a las que los personajes de Hernández no pueden renunciar y menos aún controlar, porque están compelidos por el superyó y la pulsión de muerte generada por un mundo y un sistema económico que ha arrasado con la ley, que no abre puertas a la emancipación ni permite la elaboración de los modos de goce para instaurar una responsabilidad socio-política.

De modo que uno debería preguntarse, en cada momento de la historia, cuáles son las prohibiciones que uno debería realmente acatar, las pulsiones a las que uno debería renunciar. Hay dos, incesto y parricidio, tan estructurales, al menos desde la perspectiva psicoanalítica, que impiden imaginar un lazo social que pudiera sostenerse sin ellas. Ambas parecen ser justamente las que están en juego, con diversos niveles de ficción, en la dramaturgia del norte de México actual, según lo dejan ver algunas entrevistas realizadas por Galicia. Incesto y parricidio atraviesan la dramaturgia de Hernández y no solo en *Padre fragmentado*.

El parricidio (como 'el padre fragmentado dentro de una bolsa', pero cuyo espectro se instaura como ese superyó devorante del sujeto) se deja leer entrelíneas en otras obras norteñas, aunque no hagan de él el foco de su fábula: en algunas obras –las de Hugo Salcedo, las de Josefina Hernández, Enrique Mijares, Antonio Zúñiga, Alejandro Román— se asiste a las consecuencias sociales devastadoras producidas por la declinación de la autoridad, de la ley y del Padre (crimen, tráfico de personas, fanatismo, narcotráfico, individualismo, ausencia de solidaridad, etc.). Jorge Alemán atribuye esta erosión o volatilización del discurso del amo, este crujido que ha hecho tambalear los semblantes del Padre, a "la corrosión incesante del circuito ilimitado de la mercancía y el discurso de la ciencia cada vez más modulado por el 'emplazamiento de la Técnica" (*Soledad:Común* 26 y 27). En otras obras se asiste a la instauración de figuras paternas sustitutas (santones, jefes del narco, héroes criminales) que encarnan la pulsión de muerte e impelen al goce letal. Todas esas figuras sustitutas, con sus insignias y rasgos singulares, dan cuenta de una especie de retorno al padre de la horda freudiana de *Tótem y tabú* (que se arroga todos los goces y establece todas las prohibiciones); 'ruina del padre' (como la designa Miller ["Psicoanálisis" 29]) que arrastra tras sí todos los ideales generando "la masificación a la que [...] empuja el desenfreno pulsional" (*Conversaciones* 98). Y, finalmente, en otras piezas se aprecia el incremento del goce autoerótico (masturbación, encierro, incapacidad de comunicarse con otra persona, captura del sujeto por un celular o cualquier otro tipo de gadget) y la caída de la confianza en las instituciones, atravesadas por el virus incurable de la corrupción, la burocracia y los clientelismos. La satisfacción autoerótica, como su nombre lo indica, "no hace lazo social, no se civiliza ni entra en el intercambio" (Merlin 70). A la par que se desubjetiva al sujeto e impele al goce desencadenado en los cuerpos, el capitalismo produce subjetividades (identidades petrificadas, casillero o etiquetas de raza, género sexual, clase) que, como nuevas imagos, circulan a la manera de mercancías. Recordemos cómo Bárbara Colio se quejaba diciendo: "No me interesa destacar dentro del casillero de las mujeres dramaturgas, o del casillero de los dramaturgos norteños" (II, 84) promovidos desde la academia o las instituciones o centros de poder.

El sistema ofrece un repertorio de 'identidades' que a su vez sirven para controlar, disciplinar, perseguir o estigmatizar al ciudadano: gay, lesbiana, transexual, narco, Latino, indocumentado, etc. Y estas 'subjetividades' sin sujeto, ofrecidas como en catálogo, generan políticas que no ahondan en la cuestión y la causa de esa captura realizada por las nuevas insignias. Ya Sartre lo había planteado hace tiempo en *El ser y la nada* cuando escribía, respecto de un homosexual, que el Otro "[l]e exige, pues ser lo que es para no ser más lo que es" (111).

Las dramaturgias del crimen y lo real

Tal vez no haya otra dramaturgia más que la de frontera, con múltiples dramaturgias del crimen, particularmente para el teatro norteño mexicano, tan preocupado por la frontera norte y la innumerable cantidad de temas (de fronteras) que ésta pone en juego. Si podemos decir que toda dramaturgia es del crimen, no es tanto por los horrores que ocurren en la frontera norte de México, sino porque estamos pensando en una frontera más estructural, como es la que divide lo natural de lo humano, es decir, ese borde (y a la vez corte) que constituye la pulsión (Lacan, *Seminario 11* 214). Podríamos igualmente interrogar cómo se registra la frontera en las dramaturgias del sur de México (Chiapas, Tabasco, Campeche, Quintana Roo), qué tipo de turbulencias y horrores agitan a esas comunidades, en las que, sospechamos, la perspectiva de victimización se invierte: allí se trata probablemente de mexicanos que victimizan a los centroamericanos. Los horrores están aquí del lado del otro, y ya sabemos que a México no le tiembla la mano para hacerse pagar por lo que a sus ciudadanos les pasa en el norte.

Ciertamente, toda dramaturgia es de frontera y admite formar parte de algún tipo de dramaturgia del crimen (tragedia, comedia, drama, melodrama, etc.), porque una dramaturgia de personajes completamente atenidos a la norma y que no intentaran transgredir la ley, esto es, personajes capturados a tal extremo por el Otro simbólico, sería completamente aburrida y no convocaría a nadie. Todo texto dramático explora las transgresiones posibles a la ley que los personajes pueden realizar, apelando a diversos horizontes y recursos imaginarios. El teatro occidental, como praxis artística, siempre ha afrontado la tarea de explorar lo Real, de ponerle significantes a aquello que escapa al significante. Parafraseando al Lacan de su enseñanza temprana, podríamos decir que el teatro (y obviamente la praxis teatral), como el psicoanálisis, es una praxis en tanto "acción concertada por el hombre, sea cual fuere, que le da la posibilidad de tratar lo real mediante lo simbólico. Que se tope con algo más o menos de imaginario no tiene aquí más que un valor secundario" (*Seminario 11* 14). El último Lacan, tan enfocado en la cuestión del goce y lo real, quizás no sostendría a pie juntillas su propia aseveración, en la medida en que regresa a valorizar lo imaginario como enraizado en el cuerpo y con capacidad de atrapar el pensamiento; nos habla de "inventar" un saber a lo real, lo cual pone al psicoanálisis definitivamente del lado del arte y no, como Freud, como aspirante a ciencia. Lacan afirma que mientras el arte tiene que inventar un saber a lo real, la ciencia ilusoriamente presupone un saber *en* lo real. En el *Seminario 23* Lacan va más allá de lo que ha enseñado hasta ese momento cuando, en forma sorpresiva, desliza aquello de que "la función misma de lo real, [es la] que distingo de lo que creo poder considerar con certeza como el inconsciente" (133)

El inconsciente, ya lo había planteado a lo largo de sus seminarios, es un saber no sabido para el sujeto dividido, está estructurado como un lenguaje, el sentido está allí cifrado y puede interpretárselo, hace síntomas. Sin embargo, en el *Seminario 23* se nos dice que el lenguaje come lo real

(32), que lo real no tiene sentido (114), que hay una dimensión no interpretable, puesto que ya no es como el síntoma, que puede ser levantado, sino una instancia "no curable", a la que se llegaría al final del análisis pero sin esperanza de cambiarla: se trata del modo de goce singular del sujeto, esa cuarta cuerda que Lacan denomina *sinthome* y que, frente a un nudo borromeo desajustado, anudaría como puede los tres registros RSI. Nos dice: "el sinthome [...] es lo que hay de singular en cada sujeto" (*Seminario 23* 165) y esto será crucial para la praxis teatral y para debatir el rol del teatro en esos dos términos que hoy discute la "política lacaniana", es decir, masa y pueblo. Lacan plantea el sinthome de Joyce como un hacerse de un nombre para compensar el abandono paterno, lo cual impidió que se desencadenara la psicosis; es un hijo que intenta ser su propio padre y de ahí su preocupación por los nombres propios. De alguna manera, nos recuerda aquello que Alejandra Pizarnik, poeta cuya escritura y subjetividad no parece alejada de Joyce, en un ensayo titulado "La música y el silencio" expresa:

> Para quien sabe *buscar* todo se vuelve búsqueda. Michaux no quiere componer como un compositor, quiere una música para *pedir auxilio en el horror*, en el *no saber*, una música para que diga de su *desposesión*, una música no parecida a ninguna otra sino solamente *parecida a él*, música para reconocerse, *para decir su nombre*, una música que *señale su lugar*, que exprese su carencia de un lugar. (El subrayado es mío)

El sinthome no hace lazo social y si bien su referencia es al inconsciente, no es al mismo estructurado como un lenguaje; Lacan al final de su enseñanza introdujo un "inconsciente real" que apunta esa dimensión propia y singular del sujeto que es su modo de goce. Lacan avanza la hipótesis de un inconsciente que ya no es el transferencial, que no es el de la realidad psíquica, ligado al significante, al sentido, sino al goce de la letra del síntoma, más allá del significante, de la dimensión imaginaria y del sentido. Ya no es el inconsciente de la verdad, sino el de la pulsión de muerte, en el que puede apreciarse las maneras en que un sujeto es impelido por lo pulsional a gozar y a desplazarse, a veces letalmente, hacia el más allá del principio del placer. Justamente, más que el semblante de la verdad que podría descifrar sus síntomas, el sujeto es alcanzado por lo real.

Como ese real carece de sentido (aunque los científicos ilusoriamente, según Lacan, suponen un saber en lo real del que intentarían dar cuenta), a fin de nombrarlo hay que *inventar* —como lo plantea Jacques-Alain Miller en los Anexos al *Seminario 23*— un nombre para ese "real 'desnudo', distinto de lo verdadero, ex–sistente al 'orden simbólico', sin ley, desconectado y azaroso" (232). Ese sinthome, como ya dijimos, no puede hacer lazo social

Así, una dramaturgia que se precie de artística, más que ocuparse de representar/reflejar/denunciar/testimoniar/conocer o dar a conocer la realidad, asume como tarea la de inventar un saber sobre lo real, poner fábulas, personajes, imágenes al servicio de ese real que golpea (es traumático), insiste en repetirse, un real que no cesa de no escribirse, que regresa siempre al mismo lugar, y que no tiene significantes, pero que de pronto coagula, se escribe de cierto modo en el síntoma y su sufrimiento, en eso cifrado, que habla pero no dice todo, lo suficientemente molesto como para que el sujeto pueda darse cuenta de que "algo anda mal", de que allí hay un real que le concierne, y demande a un analista descifrar su mal, en el que, sin embargo, encuentra cierta satisfacción. Pues hay un imaginario del sufrimiento como virtud, como si el dolor enalteciera; a pesar de eso, siempre se trata de un área de confortabilidad, a pesar del padecimiento, porque dicho padecimiento es lo conocido y, como dice el refrán (gran parte de la sabiduría popular es reaccionaria): más vale bueno conocido que malo por conocer. Lo cierto es que el sujeto se apoltrona en esa dolorosa confortabilidad porque la conoce y teme enfrentar el sinsentido de su goce.

Ahora bien, eso que "anda mal", ese goce encapsulado en el síntoma, no es por intromisión de lo real en el lenguaje, sino justamente al revés: es lo simbólico que por medio del significante, del Ideal del yo, se entromete en lo real en su cruzada por civilizar lo pulsional; paradojalmente, al hacerlo, amén de mortificar lo vital del sujeto, convertirlo en estatua, deja caer como resto ese goce que escapa a las intenciones *civilizadoras* del Otro y para el que el sujeto no encuentra palabra. No debe escaparnos aquí cómo esta enseñanza lacaniana podría tomar una dimensión política en los estudios coloniales y postcoloniales respecto a ese goce del colonizado respecto del Otro civilizador.

Lo real es imposible, tal como lo enseñó Lacan, lo que no quiere decir que sea irrealizable o inalcanzable, sino que no puede ser nominado por lo simbólico o por lo imaginario. Lo real siempre excede, desborda al lenguaje, que nunca puede agotarlo. De ahí que el psicoanálisis nos invite a confrontar la castración, la castración del Otro, del lenguaje, cuya falta lo incapacita para dar cuenta de la totalidad y de lo real, aunque ostente sus veleidades universalistas. El psicoanálisis como el teatro y la praxis teatral nos invitan a un mejor encuentro con ese real con cuya heterogeneidad nos desencontramos, nos invitan, pues, a arreglárnosla mejor con el modo de ese goce innominado que nos golpea, que no podemos escribir y que regresa siempre al mismo lugar: la queja típica del neurótico es "siempre lo mismo", tal como a veces el público lo expresa a la salida del teatro tradicional o comercial o frente a algunos programas televisivos. Se trata de un aburrimiento buscado con y por el que dicho público *paga* su cobardía de no confrontarse a 'su' real. A lo sumo admite que le muestren en forma más o menos estetizada (inofensiva, pacificada) la realidad. Otra vez el sufrimiento como virtud, el sufrimiento que enaltece: ideología sostenida –no sin auspicio del cristianismo—por los sectores dominantes para apaciguar toda rebeldía del subalterno. Al fin y al cabo, el sufrimiento del marginado es lo único que lo salva: de los desventurados será el reino de los cielos. En efecto, el público prefiere pagar para asegurarse que le darán algo con sentido, evitando otro tipo de experiencias que podrían confrontarlo con el sinsentido; como Lacan lo expresó en su conferencia conocida como La Tercera: "Llamo síntoma a lo que viene de lo real. Quiere decir que eso se presenta como un pescadito cuya boca voraz no se cierra más que si se le pone sentido bajo el diente". En el *Seminario 23* insiste en que "el lenguaje opera su captura de lo real. [...] el lenguaje come lo real" (32). Lo real golpea por medio del sinsentido: un lapsus, un equívoco, un sueño, hasta un olvido, un 'accidente' pueden sacudir el síntoma y hacer tambalear las mejores certidumbres del sujeto, las que mantiene como zona de confort. Las alambradas de *Border Santo*, de Virginia Hernández delimitan una zona de confort y otra zona de riesgo y, como bien lo ve Enrique Mijares, nada anticipa que haya felicidad garantizada en ese más allá del riesgo, sino solo sueño, ilusión, utopía: "cruzar el 'santo bordo' —escribe Mijares en su "Prólogo" a *Teatro de frontera*—es todo un proceso de iniciación en el cual se trenzan los acicates del desánimo, las expectativas del éxito con las premoniciones del fracaso [...] mientras la guirnalda de alambre de púas persiste allí, en mitad del desierto, y Asunción [Razo], el protagonista, nomás al acecho, midiendo sus probabilidades, seguro de que por cualquier lado que lo mire, por donde sea que decida cruzar, sea cual fuere la forma que emplee para hacerlo, las dentelladas de mental, los colmillos de acero habrán de arrancarle la piel a tiras" (Hernández, *Teatro de frontera* 14).

    Mientras el sentido alimenta el síntoma, lo real que se filtra por las fisuras del lenguaje lo desbarata. De ahí que, como hemos dicho antes, el rol de un director, frente a un lapsus, por ejemplo, o un accidente o un olvido durante un ensayo, sería jugar con el equívoco que esa irrupción ha provocado y, desde allí, replantearse todo su proyecto de puesta en escena. Cuenta Donald Freed, un director estadounidense, que durante un ensayo el actor que hacía Hamlet no pudo parar de reírse cuando apareció el espectro del rey. Desconocer lo que se ha jugado allí, sería desentenderse de un real que ha irrumpido y que, sin duda, pone en emergencia toda la puesta, interrogándola sobre ese goce encapsulado que ha hablado por medio de la risa donde menos se la esperaba; toda la tradición dramática respecto a esta pieza paradigmática de Shakespeare queda aquí suspendida hasta que el director se haga cargo de su desciframiento.[54] Eso que nos

---

[54] Me siento inclinado a compartir con el lector una intimidad de uno de mis ensayos con mis estudiantes. Cuando trabajábamos en un espectáculo que más tarde se titularía *Iluminaciones* (2008), después de algunas reuniones en las que mis estudiantes habían improvisado a partir de unas cajas de diversos tamaños que ellos mismos habían traído

Dramaturgia de frontera / Dramaturgias del crimen

(jamás propongo ideas, los estudiantes-actores juegan, improvisan, deambulan en la incertidumbre del sentido), teníamos un par de escenas interesantes que sin duda integrarían el espectáculo. Desde mi silencio como director, no se me había escapado que 'algo' relacionado con la cuestión de la muerte parecía insinuarse. Hubo una serie de ensayos en los que las improvisaciones con las cajas parecieron agotarse; a pesar del poco tiempo institucional que dispongo para todo el proceso de creación, producción y montaje (13 semanas con dos reuniones de hora y media por semana), sostuve mi posición, si se quiere, analítica, de espera y de atención flotante. Pasadas un par de reuniones en que nada ocurría, al comenzar el ensayo, uno de los actores, un estudiante brillante que era enano, se disculpó diciendo que no podría realizar el trabajo porque estaba con diarrea. Otro de los actores disparó el chiste: "¡Uy, éste nos va a cagar todas las cajas!". La respuesta del compañero fue de desafío: "Y sí, si quieren, les puedo llenar todas estas cajas de mierda". Inmediatamente intervine: "Quiero verlo, muéstrame cómo". Hubo un instante de vacilación, pero el estudiante con diarrea comenzó a improvisar un juego con las cajas, con una diarrea hiperbólica a la que le adjuntó una de las obsesiones estadounidenses: la limpieza. Cagaba y a la vez intentaba mímicamente controlar tanta mierda intentando limpiar. No hubo más que decir: el goce de cagar liberó el ensayo y abrió el trabajo a múltiples sentidos. Se fueron adjuntando escenas con meadas hiperbólicas, caída de cabello hiperbólica que asfixiaba a la estudiante y que solo se salvaba haciendo una trenza gigante pero invisible que, durante el show, revoleaba sobre la cabeza del público, el que reaccionaba como si la trenza fuera material y estuviera presente; caída de mocos, vómitos, todo hiperbólicamente. En todos los casos, cada escena ligaba estas excreciones a la imposición superyoica de limpieza, de mantener todo puritánicamente impecable. Estábamos trabajando con todos esos desechos del cuerpo, nuestros restos muertos, que tiramos a la basura, pero a los que jamás les dedicamos un funeral. Solo una estudiante no pudo con sus humores y permaneció –en gran parte del ensayo y luego durante la función frente al público— en posición fetal. El espectáculo, tal como había sido mi consigna, se haría al aire libre y en oscuridad total. Los estudiantes buscaron aquí la salida más rápida y fácil: usaron linternas para iluminarse entre ellos y luego decidimos dar linternas al público. *Iluminaciones* era un circo negro, con una dramaturgia de frontera sobre lo pulsional: escenas casi payasescas (todos los actores tenían uniformes blancos sucios de barro) sobre los fragmentos muertos y los exudados del cuerpo. Mientras durante las vacaciones de primavera organizaba el guion de la pieza, me llegó por casualidad un texto desde Argentina solicitado para una Antología: era *Ringside*, de Daniel Veronese. Al leer, me di cuenta de que, en cierto modo, habíamos ensayado ese texto sin conocerlo. Aproveché el encuentro (fallido o no) con lo real de ese texto y lo distribuí entre los actores para que cada uno eligiera algunas líneas que creyera pertinentes a su escena o "personaje". Lo crucial de esta experiencia de teatro de la intensidad o multiplicidad estaba por venir durante la representación: el público, sentado alrededor de un cuadrante marcado con la cinta amarilla que suele usar la policía en casos de accidente o crímenes, comenzó a hacer uso de las linternas, para seguir a los actores que le interesaban o enfocar aspectos o elementos de utilería que llamaban su atención. Un niño corría por todos lados, fascinado por el actor enano. Los integrantes del público terminaban encandilándose mutuamente. Los haces de luz, progresivamente, se iban depositando en ese resto, ese goce mudo, que era la actriz inmóvil en posición fetal en un rincón del cuadrante.

golpea, a lo que por comodidad o por temor designamos como 'accidente', eso traumático (*tyche*), pareciera llegarnos desde una exterioridad cuando en realidad anida en nuestro interior: anudado a lo simbólico y lo imaginario, ese objeto *a* permanece no obstante éxtimo, íntimo pero separado. De ahí la lógica del no-todo, de lo incompleto, que separa al psicoanálisis de las veleidades metafísicas de totalidad, universalidad, completitud de la filosofía, particularmente en relación a la verdad. Ya vimos que, para Lacan, como todavía insiste en su *Seminario 23*, la verdad está siempre a mediodecir (31). Lo real es contingente y no es universal, ni está desanudado de lo simbólico y lo imaginario, según Lacan lo plantea cuando introduce el nudo borromeo, con esos tres anillos que constituyen los tres registros: real, simbólico, imaginario (RSI). Diversos discursos tratan de acercarse a lo real, lo bordean: la religión, la ciencia que supone un saber en lo real, la política y el arte, pero ningún significante puede decir todo de lo real. En el *Seminario 23* Lacan, al referirse al desajuste entre los tres registros RSI, va a convocar un nudo de cuatro, en el cual, una cuarta cuerda, a la que denomina sinthome, mantiene como puede ajustados a los otros tres. Ese cuarto nudo, el sinthome, es "lo que permite al nudo de tres, no seguir siendo un nudo de tres, sino mantenerse en una posición tal que *parezca* constituir un nudo de tres" (*Seminario 23* 92). Nos dice que "los tres redondeles participan de lo imaginario como consistencia, de lo

---

De allí surgió mi interés posterior por regresar al trabajo con la luz y que, paradójicamente, se tituló *Viaje a las fronteras de las sombras* (2017). Pude, más tarde, teorizar sobre estas cuestiones. Publiqué un ensayo sobre el proceso de elaboración de *Iluminaciones* titulado "Más allá de la teatralidad del teatro: lo imaginario, lo simbólico y lo real. Un ejercicio de la praxis teatral". ¿Por qué me vi obligado a enfocarme en la cuestión de la teatralidad? Pues porque aquí aparecía con claridad la perversión del modelo óptico implicado en la teatralidad del teatro, siempre manifiesto en el modelo de la sala a la italiana. Una cosa es que alguien del público mire un escenario desde la oscuridad, perversamente orientando sus ojos incluso hacia aquello que nada tiene que ver con la escena (por ejemplo, una parte del cuerpo de un actor o actriz, un elemento de utilería o escenografía) y otra es que *delate* su mirada con el haz de luz de una linterna (=ojo) que está en sus manos. Ese "marcar" el cuerpo del actor con el haz de luz delata el deseo vouyerista del sujeto (actor o público en este caso), goce perverso que no se confiesa tan fácilmente en la vida diaria. Dejo al lector sacar todas las conclusiones.

simbólico como agujero y de lo real como ex–sistente a ellos" (56). Y aquí habla de James Joyce: "Joyce –nos dice Lacan—alcanzó con su arte, de manera privilegiada, el cuarto término llamado sinthome" (38); inmediatamente formula la pregunta que nos interesa aquí: "Todo el problema está allí — ¿cómo un arte puede apuntar de manera adivinatoria a sustancializar el sinthome en su consistencia, pero también en su ex-sistencia y en su agujero?" (39).

Del sentido y del sin-sentido en la praxis teatral

Se trata de que el dramaturgo o el teatrista se deje llevar por el sin-sentido y por lo que no comprende, más que intentar la fotografía, ajustada o no, de lo que percibe, de lo que piensa o conoce sobre lo que percibe: nuevamente, hay que repetir hasta el cansancio que un teatro que ilustre ideas ya nace muerto, mortificado por el Otro, por la filosofía, por la razón, que obturan ese instante en que el inconsciente se abre y se cierra y deja emerger un enigma. Es en ese campo del no-saber, donde el teatrista tiene que sumergirse y errar, vagabundear, esto es, ser un incauto de lo real. El filósofo, el político o el científico, al posicionarse como no incautos, siempre yerran porque trabajan sobre la lógica de lo verdadero/falso, a la que no responde la verdad del inconsciente; y así proceden porque están marcados por el Otro al punto que no logran captar la singularidad de lo real. El teatrista tiene que afrontar la verdad, pero sabe que solo se la puede decir a medias, arriesga al mediodecir. No se propone adoctrinar al público o trasmitir una verdad como la del conocimiento (sociológico, político, estético, incluso teatral), que se puede leer en cualquier otra parte: sea la opinión, el testimonio, el conocimiento, el reflejo, la representación que puede dejar en manos de los periodistas y hasta de los historiadores que se las dan de listos. No es el deseo de *conocer* lo que anima al teatrista (como le ocurre al filósofo o al científico), y menos aún el de proveer evidencias, sino *un deseo de saber-hacer con lo real*; el teatrista está enamorado del inconsciente, se trata del amor del incauto por lo horroroso del inconsciente que toca lo real. Las obras de Ángel Aurelio Hernández no dejan de responder a este paradigma de llevar el lenguaje a los bordes de lo real, a esos vacíos en que el lenguaje es obligado a reconocer su impotencia frente a lo real, salvo cuando admite un esfuerzo de poesía y se deja seducir por aquello que Lacan denominó *lalengua*. Lalengua no es el lenguaje; es cuando el habla se instala como un goce de hablar, "donde el 'sin ton ni son' la nutre permanentemente; por eso Lalengua carece de puntos de anclaje que garanticen su significación" (Alemán, *Soledad;Común*, 16 nota). Lalengua es lo más próximo a lo pulsional, que "surge del encuentro traumático entre la masa corporal del ser vivo y los signos que lo capturan" (Alemán, *Soledad;Común*, 16 nota). Cada sujeto la reinventa, para lalengua no hay diccionarios, porque instala lo singular del sujeto. Se trata de esos vocablos ligados al goce —en cada sujeto, en cada familia hay un vocabulario singular no generalizable—, esto es, vocablos que no son interpretables como el síntoma, sino que permanecen enigmáticos en su sentido; Lacan llamó "sinthome" a esa dimensión incurable, no interpretable que, sin embargo, anuda los tres registros RSI y los sostiene, como puede, en sus desajustes.

Dramaturgia de frontera / Dramaturgias del crimen

INTERMEDIO

El poder del silencio, el silencio de la pulsión

Imaginemos un ensayo teatral. Un actor improvisa. Si dice, en castellano, "él, nada", cuando le tocaba decir "él nada", dice algo completamente distinto a lo que pretendía. La lingüística nos ha enseñado ya que las junturas, junto con el acento y el tono, son fonemas, y lo son justamente porque, sobreimpuestos a los fonemas segmentales, cambian la significación de la cadena de significantes. La pausa es además una escansión, esto es, un corte. Se trata de un corte mudo que lleva, en este caso, del nadar a la desaparición. ¿Pulsión de muerte silenciosa que impone su corte y arrastra a la desaparición de él, del sujeto? Derrida nos alerta en "Fuerza de ley", al referirse a la fuerza performativa (muda, silenciosa) que funda e instituye el derecho y la justicia en su mismo instante de surgimiento: "El discurso encuentra ahí su límite: en él mismo, en su poder performativo mismo. Es lo que yo propongo aquí denominar lo místico. Hay un silencio encerrado en la estructura violenta del acto fundador [del derecho]. Encerrado, emparedado, porque este silencio no es exterior al lenguaje" (139). En esta línea, José Ramón Alcántara Mejía, en su ensayo sobre la "Violencia de las políticas y políticas de la violencia", reflexiona:

> El arte es el lugar de la pulsión que im-pulsa, que violenta a la cultura y, a la vez, el lugar en el que el orden autoritario, al *patri-arkhé*, el Padre primigenio, el Estado, se manifiesta queriendo someterla, tratando de embellecerla, humanizarla, legitimarla, a partir de los dictados de la ley y de la religión. Un Estado que regula, asimilando incluso aquello que parece contestatario, conviertiéndolo en esa "libertad" de expresión y "tolerancia" que refuerza su carácter legitimador. [...] Es posible entonces decir que lo que el arte performa es el nomadismo intrínseco del ser humano, el archivo, el *arke* primigenio porque regresa la violencia a su sentido originario, como pulsión, por una

parte y, por otra, como aquello que ha sido encubierto o transformado en acto delictivo por la ley. (276-277)

Alcántara Mejía nos recuerda ese poder mortífero de la pulsión y las viscisitudes que afronta en su captura por el Estado, no menos violento.

Precisamente, y refiriéndose al ensayo de Benjamin sobre la violencia, Derrida insiste:

> La violencia conservadora, esta amenaza que no es intimidación, es una amenaza del derecho. Doble genitivo: viene del derecho y amenaza al derecho. Hay un índice precioso de esto, que procede del derecho de castigar y de la pena de muerte. Benjamin parece pensar que los discursos contra el derecho de castigar y especialmente contra la pena de muerte son superficiales, y no por accidente. Pues no admiten un axioma esencial a la definición del derecho. ¿Cuál? Y bien, cuando se ataca la pena de muerte, no se discute una pena entre otras sino el derecho mismo en su origen, en su orden mismo. Si el origen del derecho es una posición violenta, ésta se manifiesta de la manera más pura allí donde la violencia es absoluta, es decir, allí donde afecta al derecho a la vida y a la muerte" (170).

Y si el silencio es inherente al lenguaje (como lo ha demostrado la lingüística), si tiene esa fuerza para cambiar y transformar el sentido y si es también una fuerza muda performativa que, como violencia conservadora que viene del derecho y amenaza al derecho, entonces se entiende que haya un "fundamento místico de la autoridad" (140), un aspecto silencioso, acentual, de la autoridad del Padre (sobre todo muerto), de la autoridad y soberanía del Otro que se instala, no obstante, en su voz; un poder que, a pesar del silencio, impele al sujeto, pero para lo peor. Nos confrontamos aquí a dos aspectos que subyacen a esta perspectiva: si hay un fundamento místico es porque, sin duda, ese Otro no tiene fundamentos en ninguna parte y solo impone significantes arbitrarios exigiendo a la vez la obediencia a sus mandatos; esto es, no vale la pena buscar el origen del lenguaje, sino que, como aprendimos en Lacan, ese Otro no garantiza ni es garantía de nada. Hay mito, mito para ponerle palabras a lo real, y ese mito, como Freud lo plantea en *Tótem y tabú*, nos habla de una conspiración de los hijos, quienes privados del goce de las mujeres por el padre de la horda y excluidos de ella, se unen para asesinarlo; al lograrlo, sin embargo, se instala la culpa de sangre, la culpa *muda*. Los hijos proceden a un sacrificio: el banquete totémico en el que devoran el cuerpo del padre asesinado; cada uno solo tiene acceso a un fragmento de dicho cuerpo. Y regresamos a la ley, vía Freud: el padre muerto instala así la prohibición básica: "no matarás", por lo tanto de ahí en más se sacrifica a un animal que, para el clan, representa al padre: es el tótem de ese clan. La culpa se instala: muerto el padre, no hay goce de las mujeres del clan: prohibición del incesto, ley de la exogamia.

Sin embargo, no todo el padre muere; el padre regresa así con más potencia como espectro, tal como en *Hamlet*. Es, pues, este Otro cuyo poder sostiene el lazo social por medio de la ley, pero su lado espectral incita a la transgresión de dicha ley, llama a la venganza, impele al goce capaz de conducir al sujeto a sufrimientos autopunitivos y hasta el suicidio. Y aunque hoy podamos decir, con Lacan, que el Otro no existe, como también él nos advirtió, lo queramos o no, tenemos que servirnos o aprovecharnos de él. Ese Nombre-del-Padre, pluralizado en Nombres-del-Padre, ejerce una fuerza, una violencia simbólica (sin fundamento, como dice Derrida), instalando los significantes-amo (S_1) de su propio goce, justamente los significantes-amo que el psicoanálisis se propone remover para que el sujeto admita, produzca, se responsabilice por los suyos propios.

Volvamos a "él, nada", cuando esperábamos que el actor dijera: "él nada". Algo mudo ha hablado allí y eso lo sabemos por lo menos desde las *Coplas a la muerte de su padre*, cuando Jorge Manrique nos alerta:

> Recuerde el alma dormida,
> abive el seso y despierte
> contemplando
> cómo se pasa la vida,
> cómo se viene la muerte
> tan callando.

No deberíamos, pues, escandalizarnos tanto con la pulsión de muerte freudiana o de ese atentado del sujeto contra sí mismo, ya que Manrique lo dice claramente. Para Lacan, aunque con base en lo orgánico, tal como Freud lo planteaba, la pulsión se expresa "mudamente" en el lenguaje, es un "artificio gramatical", por eso la piensa como ese corte (mudo, matemático), ese rombo impronunciable de la fórmula del fantasma ($\$ \lozenge a$) o en el matema de la pulsión que une al sujeto y a la demanda ($S \lozenge D$).

El director puede, frente a lo que el actor ha dicho, continuar como si 'nada' hubiera pasado, o bien afrontar esa 'nada' que aparece en el silencio instaurado por la coma; si asume esta segunda opción, entonces procede a un corte, muy cercano al que Lacan promovió como duración variable de la sesión analítica y que le costara en su momento la expulsión de la International Psychoanalytical Association (IPA). Lacan mismo no puede dejar de reconocer que, al plantear la duración variable de la sesión (sacándola del tiempo de reloj instituido por Freud, el padre, y su iglesia, la IPA), se estaba refiriendo a un corte fundado; como lo dice en "Función y campo de la palabra", ese corte se ha convertido en "[p]iedra de deshecho o piedra angular, nuestra fuerza es no haber cedido sobre este punto" (*Escritos I*, nota 66, 303). La propuesta es realizar una puntuación que afecte el cálculo que el sujeto hace para no "dar a luz la palabra" (*Escritos I* 303), esto es, actuar para evitar que el analizante calcule "el vencimiento de esta sesión para articularlo con sus propios plazos, incluso con sus escapatorias, cómo anticipa ese progreso sopesándolo a la manera de un arma, acechándolo como un abrigo" (*Escritos I* 301). Al hacerlo, al enfrentar al Otro del reloj y al Otro de la ley, Lacan pone en entredicho el fundamento de la autoridad, de la institución, a la vez que se instala como autoridad o, mejor, instala como autoridad una nueva praxis, a un Otro cuya autoridad vendría de otra fuerza mística, para usar términos derrideanos, a saber, la del psicoanálisis leído como retorno a Freud (al Padre) y a contrapelo del Padre. Lacan desafía una convención y, excomunión de por medio, con todas las dudas del caso (él mismo volvió temporariamente a la sesión de duración fija, y hasta hizo testimoniar de ello a sus pacientes), fue incapaz de controlar la propia fuerza que allí se disparó: porque si hay una justificación teórica de la sesión variable, se terminó entre los lacanianos en otra convención: la sesión corta o cortísima, con consecuencias que no escapan a la cuestión del silencio como fuerza performativa, esto es, interpretativa. El silencio, el corte y la escansión, como puntuaciones (¿como frontera?), son los que hacen precipitar, en tanto intervención –cuando es adecuada y de validación *après coup*), el sentido, apurando el instante de ver y el tiempo para comprender, para abordar el momento de concluir y, por ende, la certeza anticipada de un tiempo ya no cronológico sino lógico.[55]

Lacan, pues, *inventa* un tiempo que supone un sistema de cálculo, pero no cronométrico, sino ligado al deseo del analista, cuyo acto, como puntuación e intervención, busca producir la caída del sujeto supuesto saber a fin de promover un efecto de sujeto como sujeto tachado. Como lo plantea Frida Saal, en "Escansión, interpretación y acto", la puntuación es una interpretación, no una hermenéutica del sentido, cuya meta no es traducir el sentido, sino que, por el contrario, "[v]acía allí donde no dice y relanza". Saal, acercando Lacan a Derrida o viceversa, añade que la escansión, la puntuación interpretativa, "[d]ice no a un sentido único o último. Más bien es una desconstrucción y un vaciamiento de sentidos preexistentes". En suma, podemos decir, con Saal, que "La escansión, en tanto que efecto de sentido, se ubica del lado de la **interpretación**, pero en

---

[55] Ver el escrito de Lacan titulado "El tiempo lógico y el aserto de certidumbre anticipada. Un nuevo sofisma"; he ensayado una relectura de este 'escrito' lacaniano desde la praxis teatral en "Ensayando la lógica o la lógica del ensayo: Construcción de personaje y temporalidad de la certeza subjetiva."

tanto que *efecto de sujeto* se sitúa del lado del **acto**: "*El (corte) hace sujeto: así ciña lo que fuere...* (Lacan: *L'etourdit*, 43, *Scilicet*, nº 4, 1973)" [citado por Saal].

Al menos dos aspectos debemos retener de lo dicho: el director se desentiende del sinsentido que surgió en el ensayo y continúa, sometido al texto, sometido a un autor, a una supuesta verdad, porque queda atrapado en el tiempo cronológico de la producción teatral, sin importarle la verdad que allí, en el silencio, quiso mediodecirse. Pudo, en cambio, haber escuchado ese silencio, haberse detenido, cortado y entrado en otra dimensión de la praxis teatral, esta vez lógica, en la que hay que ver, comprender y concluir a partir de ese sinsentido. De haberlo hecho, hubiera asumido su posición de sujeto supuesto saber y éticamente no hubiera podido dejar que su praxis teatral involucrara su deseo de director. La verdad ha hablado y ahora hay que asumir las consecuencias. Es un umbral, una frontera que hay que franquear, no sin angustia, para poder realmente estar en condiciones de afirmar que la suya es una actividad artística y no un mero oficio.

El segundo aspecto que conviene enfatizar (entre otros que por ahora dejamos de lado) es el estatus del discurso analítico, tal como Lacan lo plantea. Ni ciencia ni religión, el psicoanálisis es una *praxis*, tal como lo plantea en el *Seminario 11*, mucho más cercana al arte (James Joyce fue el foco de su última enseñanza, pero la literatura y el teatro siempre fueron sus puntos de anclaje a lo largo de los seminarios). En esa praxis, como en la praxis teatral, no se trabaja con proposiciones al estilo de la filosofía apofántica, cuya alternativa es verdad o falsedad. Como vimos, nuestro campo de cultivo está más del lado del equívoco, la homofonía, el fonema suprasegmental, etc. Sin embargo, eso no significa que no se requieran conceptos, que Lacan quiso producir de la manera más ajustada posible, lográndolo mediante matemas o nudos. Y no se trata de acatar esos conceptos como palabra sagrada, porque no estamos en el campo religioso; se trata de ponerlos a prueba, de ir contra ellos, de cuestionar a cada paso su productividad, su eficacia, su consistencia, lo que pone en juego la estabilidad de la teoría psicoanalítica, como viene ocurriendo desde Freud mismo. No podría suceder diferentemente en la praxis teatral la cual, por múltiples razones, admite un saber-hacer muy cercano al del psicoanálisis.

CAPITULO 5
Del Padre fragmentado y sus consecuencias socio-políticas

> la ideología es el "fantasma" fuera de la experiencia analítica.
>
> Jorge Alemán, *Soledad:Común* 59

La pieza de Hernández *Padre fragmentado dentro de una bolsa* nos enfrenta a un mundo en el que las instituciones, corrompidas desde la base, "fracasan en preservar el cumplimiento de la eficacia simbólica de la ley, de la misma solo queda una cáscara, un amago de ley, una liturgia vacía, vaciada de sentido, de significación y el simulacro de la ley deja un saldo de simulacro del sujeto" (Gerez Ambertin II, 19). El teatro, como productor de ficción (que ni 'representa' ni se distingue de la ficción misma que es la realidad), es un ritual, una liturgia que aspira a tener todavía alguna eficacia, al menos ética (no moral, por cierto), en ese mundo crepuscular en el que otras liturgias, como la jurídica, fracasan y en el que todos nos vamos convirtiendo —como lo ha planteado Alicia Montes— en zombis, ni vivos ni muertos, casi vivos, casi muertos, pura carne, 'nuda vida', como lo plantea Agamben, a merced de la violencia generada por lo pulsional sin ley, donde los bordes, la frontera más estructural, la de lo prohibido y lo permitido, se ha borrado o desdibujado. *Padre fragmentado* nos exhibe individuos que no son ni están sujetos, esto es, sujetos amarrados a la ley; por el contrario, están arrasados por una violencia que se dispara sin mediaciones de la ley, que los impele automáticamente en un mundo sin garantías. Se trata, como dice Gerez Ambertín, de un simulacro de sujeto que ataca o se defiende "bajo las formas más aberrantes e inesperadas, ya que, al sentir la orfandad de los marcos que deberían preservarlo ataca porque se siente atacado, vulnerado: absolutamente inseguro, sin garantías" (II, 20). Se aprecia esto claramente en *Noche estrellada sobre el campo de pepinos* de Hugo Salcedo, donde los adolescentes —convertidos "en una máquina de matar" (39) — forman un clan, al que llaman 'familia', familia secreta con leyes propias, y hasta se re-bautizan con nuevos nombres que obstruyen, rechazan y cancelan sus genealogías y filiaciones civiles, simbólicas, como recurso precario para compensar el abandono de los mayores que los ignoran.

En *Padre fragmentado*, tanto el espacio familiar como la escuela carecen de protocolos que pudieran permitir el discernimiento entre lo permitido y lo prohibido; ambos devienen espacios donde todo es posible, de modo tal que, si algo es posible para unos, también lo es para los otros, generándose un proceso de infinita violencia destructiva y autodestructiva promovida por el resentimiento, como umbral para las "destrucciones del campo del otro" en el que opera el 'todo contra todos' (Gerez II, 20). En todo instante de la obra, los personajes se comportan como robots con actos compulsivos, como programados por resortes que se disparan automáticamente sin mediar la demora frente al otro, frente a la diferencia; se trata de zombis en los que ha desaparecido toda resonancia interna de sus actos; se desdibuja la culpa y obviamente se carece de toda responsabilidad frente al otro y frente a sí mismo.

El más allá de la ley: Padre fragmentado y mundo apocalíptico

Esta obra de Hernández, impulsada por su furia parresiástica, quiere —como lo escribe Marianne, la protagonista, en su diario— contrarrestar la pulsión de muerte que atraviesa la sociedad actual (Monterrey en particular) por medio de decir la verdad: "Si tuviera unas tijeras lo suficientemente grandes me gustaría cortar en dos la ciudad" (54).[56] Y refiriéndose a su madre, Marianne declara: "Sé que tiene tres razones para matarse. Sé que nadie nos sacará de este lugar hasta que alguien diga la verdad" (54). Y la obra va a darnos más de "tres" razones para la pulsión

---

[56] Es interesante esta imagen de tajear la ciudad, fragmentarla. Es otra imagen recurrente: la encontramos en *La ciudad de las moscas*, de Virginia Hernández, en la que se repite dos veces, cuando las moscas, como una plaga, invaden la ciudad: "La ciudad se partió de un tajo y desapareció la inocencia" (*Teatro de frontera* 246 y 265). Tajo, corte, puñaladas que analogan el cuerpo de la ciudad, al cuerpo civil, al cuerpo de las mujeres, las muertas de Juárez.

destructiva que corroe la sociedad actual. En primer lugar, alude a un Edipo femenino que, al no inscribirse el Nombre-del-Padre, concluye en un triángulo mortífero que conduce al crimen. La obra pone en escena parricidio e incesto; una niña/adolescente, Marianne Colegán, va arrastrando junto a ella por la ciudad de Monterrey, una bolsa con los fragmentos del cuerpo de su padre amado, que ha sido trozado con una sierra. Durante toda la obra se nos deja conjeturar, a partir de un supuesto relato de los hechos que llevaron a tal brutal asesinato; sin embargo, en la escena final comprobamos que no fueron las fuerzas de la autoridad las que fragmentaron al padre, supuestamente involucrado, protegido y hasta pasible de ser asesinado por los narcotraficantes, sino la niña misma que, enamorada de su padre, con quien ha fantaseado o realizado el incesto, en su implacable deseo de poseer al padre y tener un hijo con él, en su odio despiadado hacia la madre, con la que compite, ha trozado a su padre para tenerlo junto a ella, aunque sea en la dimensión de la culpa.

En Marianne vemos ese "enlace de sacrificio y culpa", pero culpa de sangre, que –como nos dice Marta Gerez Ambertín, "no puede ser expiada sino con la autodestrucción" (*Las voces de superyó* 39). Podríamos leer la pieza de Hernández como ese intento fallido de Marianne de matar, por medio del parricidio, "lo peor del padre para enarbolar un nombre hecho de Ley que atempera la Cosa" (Gerez II, 87); pero como la ley tiene fallas, como Marianne no soporta la falla/falta del padre, sus manchas, acude al crimen para "reposicionar al inmortal y todopoderoso padre así redivivo" (Gerez II, 87).

Incitada por la maestra que quiere contribuir a la elaboración del duelo, Marianne dibuja a su padre en la escuela. La maestra la obliga a dejar en el establecimiento el dibujo, pero los compañeros de Marianne lo rompen en pedazos, de los que se pierden algunos. Como el padre trozado (dos veces) ya no logra ser rearmado, como deviene un rompecabeza al que le faltan piezas o que no puede ser unificado, Marianne queda sumida en una culpa muda, en un campo pulsional marcado por lo real del goce, una prohibición simbólica que no la contuvo y un residuo imaginario en el que ya, al final, a pesar de todos los esfuerzos realizados a lo largo de la obra, no puede "recrear las figuras de la añoranza del padre ideal como parodia de legislador" (Gerez II, 88). Podemos leer el final de la obra como el resultado de la coacción de repetición que lleva a Marianne a inmolarse en el sacrificio más estruendoso siguiendo las impulsiones que acompañan a la necesidad de castigo que emerge de la culpa muda (Gerez II, 96). Si la repetición es siempre un encuentro fallido con el objeto *a*, con el objeto real, causa del deseo; si el deseo no se satisface, la pulsión en cambio se satisface siempre, es siempre un encuentro logrado: al trozarlo, termina siendo un desecho de sí misma, inundada por un goce letal y completamente deshumanizada. Vemos cómo Marianne ha sido capturada por el objeto como plus de goce masoquista, objeto que ha tomado el lugar del sujeto, dejándola a ella en posición de objeto tal como ocurre en la estructura perversa. Si, como lo plantea Gerez Ambertín, en casos como estos, ese plus de goce sexual (primordialmente masoquista) resulta para el sujeto difícil de confesar y, "en caso de manifestación, lo hace con suma vergüenza y culpa" (*Las voces del superyó* 70), Marianne apenas llega a balbucear su crimen esbozando una devastadora petición de castigo para "lo oscuro de la culpa [en la que] yacen los dos más detestables crímenes: parricidio e incesto, es decir, el nudo gordiano del Edipo" (*Las voces del superyó* 62).

No parece ser, entonces, una salida válida, política y socialmente válida –tal como lo plantea *Padre fragmentado*—trozar al Padre, al Otro. No abre el camino, como vemos, a ninguna emancipación del Otro, sino a una voluntad de goce en la que repetición y pulsión se anudan (Naranjo Mariscal). Se necesitaría, pues, ir más allá de una relación diádica (Marianne-padre/ley), y admitir la mediación del sujeto supuesto saber (analista/teatrista/teatro) que permita instalar el campo de la transferencia para desamarrar al sujeto de los S_1 que lo capturan, pluralizar los S_1 del sujeto, para evitar que haya un significante amo del saber y evitar, además, que el objeto de goce tome el lugar del sujeto. Como mejor lo dice Naranjo Mariscal:

> Habrá repetición siempre que haya un significante que comande el saber ($S_1 \rightarrow S_2$), tal como se escribe en el matema

del discurso del amo. Se romperá la repetición con la interpretación de este enlace ($S_2 \mathbin{/\mkern-5mu/} S_1$): es por ello que el discurso analítico es el reverso del discurso del amo. Esto supone acabar con la determinación, con la causalidad, rompiéndola –lo que nos aloja en el campo del A barrado, y nos saca del campo de la repetición, campo del otro completo.

Y Miller, por su parte, señala:

> Una interpretación acertada es una interpretación que descompleta al Otro. Aunque todos los significantes ya estén en el lugar del Otro, falta, sin embargo, el que es propio del sujeto. (*Los signos del goce* 34).

Marianne es consciente de su deseo incestuoso, pero la subjetivación de su crimen solo aparece al final, después que ha fantaseado buscar una causa del crimen atribuyéndola a los narcotraficantes: "porque en el fondo yo deseaba haber sido su amante/y no su estúpida hija desnutrida" (32); la ambivalencia de sus sentimientos frente a la figura paterna va de cierto modo anticipando el final de la obra: "¿Te bañabas mientras él se afeitaba?", pregunta la madre y Marianne responde: "¿Si te refieres a que si me exhibía frente a él desnuda? Sí. Lo hacía. Pero a él no le importaba demasiado. Dormía la mayor parte del tiempo frente al televisor y entonces, entendía que podía tomar tu lugar a su lado" (38-39).

Habiendo dibujado en la escuela a su padre (de una forma bastante grotesca y siniestra), los compañeros cortan el dibujo, lo fragmentan en 36 pedazos, de los cuales Marianne recupera primero 31 y luego va intentando descubrir quién se ha quedado con los restantes o dónde están, para finalmente recuperar el último, que está en ella misma, pegado, haciendo unidad con su cuerpo. Padre amado y padre odiado, en forma mezclada, es la ambivalencia que va atravesando la obra en la que se alude a los paisajes urbanos y culturales donde habitan los personajes. Desfilan así temas como el abuso escolar, el bullying o acoso entre los compañeros de la escuela, que toma proporciones brutales, tanto en lo físico como en lo psicológico; la lucha de los narcos entre ellos y contra los soldados, que han llenado la ciudad de muertos y tumbas, dejándola irrespirable por el intenso olor de los cadáveres ("hay olor a muerto. Desde hace algún tiempo hay olor a muerto en todos lados" [17]; "la ciudad sigue oliendo a cadáveres que mañana pueden ser sus propios padres" (18); "Esto es Monterrey y apesta a cadáver" [45]).[57] Los hornos crematorios son insuficientes frente a tantos muertos anónimos: Marianne le recrimina a su madre haber dejado que su padre "ardiera con la mierda que acumulan los otros muertos dentro de esos hornos. Unos hornos ingrávidos, desalmados que pasan el día haciendo cenizas cientos y cientos de cuerpos que entran a la chimenea para arder como malnacidos" (67).

El tema del olor parece ser un elemento con cierta constancia en el teatro norteño, casi un síntoma de que algo anda mal, un verdadero indicador del malestar en la cultura. En *La Pepena*, por ejemplo, de Virginia Hernández, el cadáver de un perro muerto y la basura acumulada nada más ni nada menos que por un personaje llamado Don Mundo, hiede e invade una casa de vecindad, amenazando expandirse. Igualmente, en *Seis metros, quinientos kilos y un chorro de espuma*, de Hugo Salcedo, una ballena muerta hiede y amenaza contaminar a los habitantes del lugar. En ambas piezas, lo interesante y que habría que estudiar más detenidamente, es que se trata de animales cuyo olor (experiencia que comentaremos más adelante desde perspectiva de la psicoanalista Silvia Bleichmar) pareciera promover una serie de eventos que afectan los cuerpos al punto de desangrarlos (como ocurre con el brebaje que Rosa, en *La Pepena*, ingiere para

---

[57] El noticiero de Telemundo, en la semana de mediados de noviembre de 2017, reportó una noticia sobre Chilpancingo, Guerrero, donde la población se ve obligada a usar barbijo para evitar, en lo posible, el olor a cadáver que atraviesa e inunda la ciudad. Se trata de un crecimiento desproporcionado de muertos anónimos acumulados a tal punto que ya sobrepasa la capacidad de la morgue de la ciudad y se los ha empezado a acumular al aire libre. Se trata de unos 600 cadáveres y su suma va en aumento, producto del crimen organizado y la guerra entre narcos (https://www.telemundo40.com/noticias/mexico/cadaveres-saturan-morgue-de-chilpancingo-guerrero-y-despiden-olor-fetido-457849883.html)

interrumpir su embarazo [79]) y fragmentarlos (como el miedo de Mirinda a una gangrena que le haría perder su mano [73] en la pieza de Salcedo). Basura y cadáveres, pulsión de muerte operando a nivel de la animalidad y cuerpos que reaccionan a dicho horror, parecieran darnos una serie de claves sobre el malestar en la cultura de la región norteña, que puede rastrearse en otras piezas y merecería un estudio aparte, en la medida en que su efecto contaminante nos alerta sobre una plaga, inmediatamente reciclada por un discurso religioso, tal como lo vemos en *La ciudad de las moscas*, pieza de Virginia Herández referida a las muertas de Juárez. Justamente una vieja llamada Juárez, lo profetiza:

> JUÁREZ: [...] Las moscas nos invaden, vienen depositando miles de huevos, de gusanos. ¡Es una plaga! ¡Es un castigo! ¡Arrepiéntete! ¡Arrepiéntanse! La ira de Dios sesga los montes, los valles, los mares y los ríos. Partió de un tajo la ciudad y desapareció la inocencia. (246).

Los zancudos, como una plaga, también invaden en *Los choros*, de Hugo Salcedo, en la que el olor está conectado directamente a lo familiar (con el sentido freudiano de lo siniestro) y también pudre los cuerpos: Clara, la hija, se refiere a la familia como "un cargamento de choros [mejillones] que quedaron atorados en la red quién sabe desde cuándo. Desde cuando los abuelos apenas ni se conocían. Desde entonces. Desde siempre. Y ya estamos podridos. Ya comienza el hedor por todos lados" (91, 101).

La violencia y la corrupción (no sólo la del cuerpo social, sino la del cuerpo biológico, ambas políticas) es ahora el pan nuestro de cada día; se convive con ella y por ende se la naturaliza, obligando a los sujetos a negar la gravedad de las consecuencias. Como dice Christine, la maestra en *Padre fragmentado*, "Nos vemos en la necesidad de perdonar ciertas cosas. Por ejemplo, tener alumnos que se quieran suicidar [...]; se les ha acusado [a los niños de la escuela] por participar en el accidente [el bullying y la violación de Marianne, que la maestra denomina 'accidente'] [...]

Cualquiera pierde la cabeza" (68).[58] El lazo social, bastante precario y a punto de desaparecer, deteriora toda instancia de solidaridad, en la medida en que ésta se percibe como inútil frente a la pulsión suicida de un paisaje que, más que necesitar de ayuda, invita al goce: Mariana, pensando en su suicidio, medita desde la ventana: "Afuera chocaron dos autos/no sé si bajar a ayudar a los pasajeros/no sé si quedarme aquí observando desde la ventana/no sé si pensar en que me hubiese gustado ser/ (ahora que escucho cómo la gente grita al verlos)/uno de esos muertos" (69). Una vez más, aparece esa sensación de abandono y de no ser mirado, que dispara la pulsión tanática de ser cadáver para ser noticia.

La pieza de Ángel Aurelio Hernández está dividida en cuadros que, aunque no responden a la linealidad de la narrativa clásica, se insinúan como fragmentos de la memoria, interpretables como flahsbacks de la protagonista en su épica fallida de confrontar su culpa muda, atribuyendo la muerte de su padre a los soldados o al narcotráfico. El final, sin embargo, retorna al público a la intimidad más cruel del complejo de Edipo. Este gesto de Hernández es el que apunta a la deposición subjetiva del público, que hasta cierto punto ha visto la obra como un *dark thriller*.

La memoria de Marianna aparece dilapidada, también fragmentaria, de instantes y conversaciones de alta intensidad perversa: Marianne balbucea su fantasma perverso o dice haber vivido escenas que ella imagina de seducción por parte del padre, en la que se lo disputa a su madre (aunque éste, como vimos, duerme sin prestarle atención). La memoria histórica también está corroída: el pasado heroico de la Independencia de México aparece adocenado por los anuncios de las corporaciones multinacionales y la acumulación de basura ("En la esquina de la calle "Padre Mier" hay un anuncio de "Pepsi Light" con un agujero de bala en el hueco de la segunda "P". Debajo del anuncio hay tres botes de basura" [29]). La

---

[58] Como vimos, las decapitaciones diarias en México (dramáticas o en la realidad) son apenas la visibilización de una sociedad en la que sus ciudadanos han perdido la cabeza en el mundo desquiciado en el que intentan sobrevivir.

referencia a Fray Servando Teresa de Mier (1765-1827), nacido en Monterrey, con su vida alucinante,[59] una secuencia de transgresiones y presidios, como figura controversial a nivel teológico y político, conviviendo con el anuncio de Pepsi agujereado por la violencia, seguido de los nombres de los tachos de basura Hogar/Mundo constituye un emblema cuya filigrana compendia la historia de México y de alguna manera tematiza la pieza en su totalidad.

También se registra memoria de instantes autoeróticos o de sexo automatizado: la masturbación, el voyerismo y el sexo compartido, compulsivo e insatisfactorio de Marianne con Morgan, se suma a la violación por parte de los compañeros de la escuela: "yo hubiese querido estar presente/si es que abusaron de ella/me llamo Morgan/ando en patineta", declara Morgan, el personaje que la invita al zoológico y a practicarle fellatio en el carro (44). La visita al zoológico deja vislumbrar ese fondo pulsional en el que se discierne la verdadera frontera entre el animal y el parlêtre y que Hernández quiere hacernos vivir con toda su intensidad: "Aquí soy—dice Marianne—un animal más que espera estar liberado inicialmente, por lo menos de las miradas" (46), obviamente del Otro simbólico, de la Ley fallida del padre.

El espectro recurrente del padre, cuya voz Marianne dice escuchar que le "habla desde el fondo de la bolsa" (66) nos abre las puertas a otra lectura, la de una posible psicosis tal como podría suponérsela por el final de la obra: ("El tema es que _papá_ siempre aunque muerto, estará _a_ quí" [22, bastardilla y subrayado de Hernández]), en el que vemos la inscripción del masoquismo primario donde Marianne se asume como la 'a' que completa la falla en el Padre: "Ahora diré sólo palabras que recuerdo de esa noche:/"tema"/la letra "a" en minúscula/y desde luego/ "papá" (21), que se completa con su identificación al padre-basura: desde la sospecha de que "Cualquiera puede pensar que no es papá...si no basura" (14), hasta el momento en que "a ratos he pensado en tomar la sierra y cortar mi

---

[59] El adjetivo lo tomo de _El mundo alucinante_, de Reinaldo Arenas, sobre la vida de Fray Servando Teresa de Mier.

cuerpo en pedazos como hicieron con él" (18). Es que justamente Marianne se vive a sí misma como "Una bolsa vacía...sin padre adentro" (52). Obviamente, no se trata aquí de lo que Lacan designa como "basura decidida": "el hombre se pone en el lugar de la basura que es – por lo menos a los ojos de un psicoanalista, que tiene una buena razón para saberlo porque él mismo se pone en ese lugar. Es preciso pasar por esta basura decidida para, quizá, reencontrar algo que sea del orden de lo real" (*Seminario 23* 122) y, sin duda, es lo que hacen los teatritas como Hernández y lo que no puede hacer Marianne, su personaje. Y Marianne no lo puede hacer porque está pulsionalmente compelida por el superyó y, más que por el amor al padre, por la venganza que la impele a cortarlo con una sierra. Precisamente, como nos lo dice Marta Gerez Ambertín, y nos asiste para interpretar el final de la obra hernandiana, se trata de:

> *Agresión vengativa* que, transformada en autopunición superyoica, deja como saldo la pulsional necesidad de castigo. *Satisfacción pulsional agresiva* sofocada la venganza se transforma en necesidad de castigo contra sí. (*Venganza ◊ Culpa* 33)

Estos temas van proliferando en subtemas que recorren toda la trama perversa o psicótica generada por una cultura en la que la ley y, por tanto, la justicia, carece de efectividad; los medios de comunicación aceleran el morbo disolvente, que a su manera fragmenta, despedaza a la gente (50): "mucha gente ha accedido a comprar esta publicación/con el gusto de observar a mi padre desmembrado/ ¿qué debo sentir?" (47).

Las mujeres, lo trágico y lo patriarcal

La situación de la mujer en el patriarcado no solo se representa en la protagonista, ya una *outsider* completamente victimizada, sino en la figura de la madre y, hasta cierto punto, en la maestra. El conflicto triangular madre/hija/padre toma en *Padre fragmentado* una dimensión trágica, casi como si tratara de una fotografía del inconsciente del complejo de Edipo, tal como ocurre a nivel masculino en la obra de Sófocles. En *Aproximación al interior de una ballena* vuelve a aparecer, pero con alguna variación: Sofie no reprime su violencia hacia la madre y quiere irse de la casa; no llega al incesto con su padre, pero lo realiza con un sustituto de éste. Marianne reprocha constantemente a su madre su adulterio, en la medida en que no comprende cómo no ha podido amar a su marido como ella; al final de la pieza, el padre le confiesa a su hija que había asesinado mucha gente, menos a los dos amantes de su madre, porque en cierto modo quería que estuviera acompañada cuando él se ausentaba, algo que hacía frecuentemente: "he matado a muchas personas menos a los amantes de tu madre/para que la mantuvieran ocupada/lejos de mí y de ti" (83).

En una escena cercana al final, la madre de Marianne expresa, al despedirse de su hija, la situación de la mujer en este mundo patriarcal y machista: "Hija:/si alguien trazara con tiza mi trayectoria en esta ciudad/todo se resumiría en miles de líneas que siguen la dirección/de esta casa al supermercado/de la cama al escusado/de la estufa al comedor/y hoy creo haberme convencido de estar vieja/y más sola que nunca" (73). Finalmente, la vemos deambular en silencio, con hambre, sucia, descuidada y convertida en una desocupada más, una *homeless* que roba en los supermercados y deambula delirante por la calle: "¿Por qué se le veía sola hablando en los supermercados/con alguien que no existía/ante los ojos del resto de los compradores?" (74). Estamos ante una esposa adúltera por necesidad de afecto y de autoestima, además de su impotencia para ejercer la maternidad frente a su hija. El padre mismo, o el padre imaginado por Marianne, incluso el padre espectral no deja de profetizar el futuro, como si el mismo varón hiciera una lúcida descripción del patriarcado y el rol subalterno y desesperado de la mujer en él: "Esto es así/algún día alguien te tomará de la mano/te llevará a vivir con él dentro de una casa/entonces sin que te des cuenta/la vida acabará de extinguirse para ti/y a cada minuto reconocerás que algo se ha ido al carajo:/el brillo de los ojos, la blancura de los dientes, el tono de la piel/el timbre de la voz, el fluir de la respiración, tu paciencia, tu alegría/tu entusiasmo de niña, tus recuerdos, tu memoria/" (82). Y esto que le anuncia a su hija, luego lo expand para incluir a las nuevas generaciones en un futuro desolado y patético: "Su único ejemplo serán ustedes/y ustedes estarán fracasados/los chicos se sumarán entonces a la larga lista de gente/que hace fila en las ciudades para tener un empleo/con el cual puedan llevarse alguna mierda a la boca/dormir un poco, ver el televisor/y así finalmente ser parte del cementerio inútil de este país" (83).

Marianne genera odio en la escuela por su posición privilegiada de ser hija de un padre involucrado con los narcos que no solo dispone de dinero sino que lo ostenta y que, en cierto modo, la pone al margen de la ley, como la excepción para la que no valen derechos ni obligaciones que regulan la conducta de los demás y de las instituciones. Un chico del colegio, entrevistado, hace el catálogo de los emblemas o significantes-amo de hoy que generan miedo y violencia social; declara:

> Ella parecía normal. [...] Marianne les molestaba [a los chicos] porque tenía dinero [...] ella compraba siempre un poco más que todos. Tenía un teléfono celular muy caro pero que nunca usaba por ejemplo y eso ponía de malas al resto [...] Marianne nunca se disculpaba por nada y aunque nadie lo diga públicamente gozaba de privilegios con la institución. Christine la profesora toleraba su comportamiento, algunas veces la intentamos convencer de que la echara, pero no accedía. Nuestros padres rezaban cuando supieron que compartíamos ocho horas al día con ella. Por eso a nadie le convenía ser su amigo. Nos lo tenían prohibido" (61).

Como lo vemos en la declaración del niño, ni la venganza de los compañeros ni la de Marianne con ellos se hacen esperar, aumentando progresivamente la escalada de violencia. Por un lado, los compañeros la violan y por otro "Marianne destrozó todos nuestros libros y cuadernos como venganza a que rompimos el dibujo horrible que hizo de su padre.

Dramaturgia de frontera / Dramaturgias del crimen

Entonces tuvimos que pegarlo todo porque eran las notas del período escolar en curso y en el caso de los libros nuestros padres no estaban dispuestos a comprarlos una vez más. Cuando supimos que le cortó el rostro a un chico [Morgan] con su navaja, pensamos en haber tenido suerte de que haya pasado por los útiles y no con nosotros" (61). La violencia posterior resemantiza el horror anterior como beneficio, pero no hay demanda de justicia ni tampoco sanción, y mucho menos castigo por el daño causado, porque, en el fondo, todos están unidos en la complicidad de la culpa.

Marta Gerez Ambertín, enfocando uno de los aspectos más generalizados en nuestra cultura actual, subraya el carácter estructural y no eventual de la venganza; nos advierte que:

> La venganza remite al fantasma parricida y a la pulsión de muerte desde los cuales surgen, en convergencia o en divergencia, otras categorías como culpa, castigo, agresión, reproche, sacrificio, autocastigo, autorreproche, remordimiento, rencor, angustia, duelo, odio, etc. Categorías que deben ser convocadas al tratar el tema de la venganza y, específicamente, la categoría freudiana de *pulsión vengativa o pulsión de venganza*. (*Venganza ◊ culpa* 23)

Se podría recorrer todo el corpus de obras norteñas y de otras regiones latinoamericanas a partir de este catálogo de consecuencias de la venganza. Gerez Ambertín, como psicoanalista, se desprende del valor negativo de la venganza tal como se la percibe desde la perspectiva social. El aporte de su investigación apunta a recordarnos que la venganza, en tanto estructural a la subjetividad humana, tal como nuestro concepto de frontera, es omnipresente y "no se trata de suprimirla sino de descubrirla en todas su facetas y derivaciones" (23) porque convive y negocia con "el goce que ella convoca y provoca" (23). Desde el primitivo origen del "ojo por ojo", de la famosa Ley del Talión, la venganza es un punto álgido en cualquier debate sobre la justicia. Foucault y Derrida se han ocupado de esto, que nosotros dejaremos para una investigación futura.

Por ello, no solo la escuela, sino también la ciudad en sí misma está atravesada por la venganza y el odio que despliegan, pulsión de muerte de por medio, su potencial destructivo en cada uno de sus habitantes: "ahora se esfuerzan un poco en odiarse/para alimentar el valor/que en algunos casos/es insuficiente cuando se piensa soportar la molestia/de una bala en el cuerpo" (66); "la vida es siempre interrumpida por el deseo insoportable que tienen otros por hacernos pedazos la historia" (34). La ciudad se ha convertido en un "basurero de esta estúpida guerra" (51) que, a su vez, se carnavaliza perversamente: "Esto es así: destazan cuerpos y luego los lanzan a sus familias frente a sus casas, en el jardín, dentro de sus autos, mientras se celebra una fiesta, fuera de las iglesias, de los cuarteles militares, del colegio de sus hijos..." (52). También es un espacio urbano ocupado por "Gente sin dirección. Gente que no sabe a dónde ir porque no hay ningún lugar a donde ir. Bla, bla, bla" (56-57); se ha convertido en espacio letal en el que "el hombre para sobrevivir se autodestruye" (57); la ciudad deviene, en fin, una versión más atroz que la Comala de Juan Rulfo: "la morgue oscura del país" (58).

Podemos presuponer que esta pieza de Hernández que nos ocupa, precisamente porque apunta al mediodecir de la verdad, no está ni lejos de *Edipo Rey* ni tampoco de *El ángel exterminador* de Luis Buñuel, con las obvias connotaciones que supone cada una de ellas. *Padre fragmentado* reescribe y arma su intertextualidad con la obra de Sófocles, en cuanto a incesto y parricidio; y reescribe también el famoso film de Buñuel en el que los personajes quedan atrapados (¿en sí mismos?) en un campo pulsional que los conduce a un proceso de animalización o deshumanización creciente. De no ser por los corderos (tal vez corderos de dios que quitan el pecado del mundo) hubieran terminado devorándose entre ellos. Las tres piezas no pueden, a su vez, dejar de conversar con el psicoanálisis, en la medida en que suponen un proceso de acceder a la verdad más escondida de los personajes, la de su modo de goce. En el caso de Buñuel, la película concluye con una situación devastadora, pues si los personajes de

Dramaturgia de frontera / Dramaturgias del crimen

la clase alta logran salir de la mansión y solo pueden liberarse gracias a un proceso de rememoración tan caro a Freud, no logran sin embargo cuestionar la ley, cayendo otra vez en la trampa de los significantes-amo que los tatuaban y los amarraban a la casa. Lo real es lo que no cesa de no escribirse, lo que vuelve siempre al mismo lugar: todos terminan atrapados en la iglesia. Los personajes no experimentan ninguna transformación, solo tienen la ilusión de liberarse al salir de la casa y regresar a su zona de confortabilidad clasista. Edipo, por el contrario, sale a su exilio –un castigo peor que la muerte para un griego— después de autoinfligirse el enceguecimiento y quedar transformado por la verdad. Los personajes de Buñuel, aunque logran salir de la casa tomada, terminan atrapados nuevamente y, esta vez, sin que se salve nadie, ni ricos ni pobres, pues el Ángel Exterminador (del superyó) ha llegado para todos y para quedarse.

También Marianne en *Padre fragmentado* sale de su casa ostentando una ilusión de libertad: hace el esfuerzo de re-insertarse en el discurso social al rememorar lo sucedido –como los personajes de Buñuel— frente al cadáver de su padre; deambula por la escuela y por la ciudad como un intento de dar sentido a su síntoma. Demanda por el sentido a la maestra, a su madre, a Morgan. Sin embargo, como lo demuestra el final de la pieza, no logra ni abordar ni posicionarse frente a ese real que anida en su síntoma, a ese goce que –si no alimentable por el sentido— podría, al menos, darle la oportunidad de responsabilizarse por su crimen.

La obra, con escenas independientes no demasiado encadenadas, por lo menos sin causalidad precisa, podrían hacerle pensar al público, *après coup*, que constituyen una rememoración a la manera de alguien que intenta construir su novela familiar, la famosa novela familiar del neurótico, con todas las deformaciones típicas y esperables de la verbalización y actuación de lo que se conoce y de lo que no se sabe. También la podemos leer como una alucinación, con su carácter errático y de *déjà vu*, de algo rechazado en lo simbólico; la falta de causalidad en la narración le da al relato un carácter de extratemporalidad, tal como Lacan plantea la alucinación en el *Seminario 1*. Lo que el público ve hasta la escena final podría pensárselo como un real no simbolizado que retorna y habla solo. La escena final nos muestra a una Marianne muda, casi imposibilitada de hablar frente a un oficial de la policía o de la justicia, pero con un sentido preciso de una catástrofe subjetiva desde la cual ya no hay manera de apelar al Otro de la palabra. El final, breve y abrupto comparado con el resto de la obra, da una vuelta de tuerca, para hacernos dudar si, más que del relato neurótico de un sueño, con rasgos perversos, o de un relato perverso de dimensión sádica regido todavía por la represión y, por ende, propuesto como un retorno de lo reprimido, se trataría, en cambio, de una alucinación o incluso de un delirio psicótico de Marianne quien, en su casa, junto al cadáver fragmentado del padre asesinado por ella, rumia lo no simbolizado como una manera de dar un sentido a ese significante insensato, forcluido en lo simbólico que le retorna desde lo real, bajo la voz implacable de ese padre aniquilado, aunque amado. Como en el famoso caso del Presidente Schreber, Marianne intenta armarnos una narración consistente, coherente, pero a cada momento, a pesar del esfuerzo, tanto para Marianne como para el público, se percibe que todas las piezas no encajen en el rompecabezas; es más, hay piezas que faltan, hay eslabones perdidos que solo el nombre de Marianne anuda precariamente como sinthome. Recordemos que un delirio, posterior al momento crepuscular de la psicosis, es, a su manera, una forma de la verdad y un intento de curación, pero se mantiene como delirio precisamente porque la narración "no está incluida en un lazo social" (Miller, *Un esfuerzo...* 38). En la escena final, Marianne intenta un esfuerzo mínimo, ya ineficaz, de rememoración de la verdad que, como en *Edipo*, ya no puede soslayarse, antes de confesar su crimen frente a la intervención policial o jurídica.

Podemos también imaginar que el crimen aparece como una desesperada demanda de castigo que apaciguaría su culpa, como ese instante, apenas, en la que asume ser ella también carne de desecho, basura, nuda vida. En todos estos casos, todavía estaríamos leyendo desde la perspectiva de un *inconsciente transferencial* ligado al significante y a la existencia del Otro simbólico, incluso para el caso de la psicosis en la que habría forclusión del Nombre-del-Padre. Una lectura más aproximada al último Lacan, parecería orientarnos más por el lado de un *inconsciente real*: la escena final podría leerse como caída de la creencia en el Otro que sabe, que garantiza y regula el acceso al goce. De ahí esa sensación de arrasamiento subjetivo que vemos en la protagonista bordeando un agujero traumático en el Otro, sobre el que ya no cabe ninguna cadena significante que le otorgue sentido, sino que se inscribe en el orden del cuerpo, es decir, donde sentido y goce se desamarran, quedan desarticulados. Por eso el final la obra es para Marianne también el final de su historia:

—Nombre:
—Nadie.
—Nombre:
—Cualquiera.
— ¿Por qué hiciste todo esto Marianne?

—...
— ¿Por qué?

—Me gustan los rompecabezas.
— ¿Qué te llevó a hacerlo?

—...
— Ver una bolsa oscura, vacía. Sin la posibilidad de llevar un cuerpo dentro para transportar de un sitio a otro, como un estúpido equipaje.
— ¿Qué harás ahora?
—Iré a la cárcel, maté a mi padre, lo corté en fragmentos. Luego de que termine esta mierda... ¿Pueden tirarme a la basura con él? (86)

Nos enfrentamos aquí a un goce cuyo único destino se describe como falta de nombre: "Nadie", fuera de la cadena de filiación simbólica; "Cualquiera", completa desubjetivación, ya no hay manera de ser sujeto cuando no hay significante, ya no queda nada para interpretar. Y también es un final que nos expone ante la revelación de ser un desecho social, un cuerpo fragmentado más frente al desecho paterno.

La historia que se nos ha contado, más que alcanzar la verdad, en el sentido aritstotélico, nos muestra cómo lo real ha alcanzado a Marianne y al público. Si la protagonista es sorprendida por lo real y de alguna manera arrasada en su subjetividad por ello; el público, como un analizante que es sorprendido por lo real durante el análisis, es confrontado a ese asalto de lo real por un objeto artístico, elaborado artísticamente, que oficia como un analista, es decir, un sujeto que encarna la falta, el agujero del Otro. Por eso el teatro realizado desde una praxis teatral alertada por el psicoanálisis abre la posibilidad de que el público, a diferencia de Marianne, pueda responder desde el deseo y políticamente realizar nuevas demandas, evitando ser capturado por la pulsión de muerte, ésa que en la sociedad en que vivimos, trabaja contra el sujeto, convirtiéndolo en un objeto para los cálculos del consumo, para la manipulación terrorista, para ser reclutado por el narco y otras "identidades" con maquillaje progresista que ofrece el stock cultural para disimular la pervivencia del patriarcado. Si el nuevo teatro tiene una función, ésa es la de fertilizar la demanda en cada uno de los miembros del público, en cada ciudadano. ¿Quién entre el público de una región arrasada por el horror, como la del norte de México, podría escapar al efecto identificatorio final con esta revelación de un destino que puede, en cualquier instante, llevarlo a la fosa común? En este punto vuelven a converger psicoanálisis y praxis teatral: en ambos casos, se trata de conducir al sujeto —al final de un análisis o al final de una obra teatral— a esa deposición subjetiva en la que, si queda algo sobre lo cual identificarse, es con el síntoma, el saber-hacer con lo real, con ese modo de goce y, obviamente, responsabilizarse por él.

Guerra, drogas, violencia, desarraigos, parricidio, feminicidio y la lista podría continuar, son los síntomas que Hernández explora con toda la perversión, el morbo y el cinismo de honestidad de que es capaz como artista. El teatro puede, sin pretensiones de generar hegemonías, dejar a cada miembro del público ante la posibilidad de confrontar el síntoma con el ideal y, en todo caso, interrogarse sobre la validez de esos ideales que le

Dramaturgia de frontera / Dramaturgias del crimen

imponen un "deber ser"; si el síntoma es lo que no anda (en lo personal y en lo social, si es que todavía vale la pena distinguirlos), es porque el sujeto todavía cree en un ideal que le dictaría cómo ser o hacer; sin embargo, ese ideal, como hemos visto a lo largo de este ensayo, puede responder al goce del Otro, a los intereses del superyó, y por eso un teatro como el de Ángel Aurelio Hernández, al trabajar dicho síntoma generado por ideales desmoronados, permite acercar al público al inconsciente real, esto es, permite poner en tela de crítica los ideales sociales y culturales y abrir instancias de emancipación que, fuera del teatro, el sujeto y la política trabajarán para promover una comunidad acorde con sus demandas, sea para identificarse a un Ideal del yo que los manipula y los convierte en objetos, súbditos uniformados para la masa; o en sujetos deseantes dispuestos a luchar por ser pueblo, es decir, apuntar a las faltas y negociar las diferencias para promover otra hegemonía y transformar la ley.

Nos preguntamos qué efecto intenta producir este teatro, por qué alguien escribe una historia como la de Marianne. Para *Edipo*, la respuesta de Aristóteles es la catarsis. Para Buñuel y Hernández tal vez esa respuesta sea insuficiente. Ni piedad ni terror podrían ya tener efecto en un mundo arrasado y hasta anestesiado por el horror, por el miedo y la impiadosa robotización. La pregunta adquiere su pertinencia porque, si bien resulta previsible una obra como ésta a partir de una propuesta estética cuyos protocolos hemos intentado recorrer lo más puntualmente posible, lo que todavía nos falta desbrozar es la cuestión de aquello que Lacan planteara en su *Seminario 11 Los cuatro conceptos fundamentales del psicoanálisis*, a saber, los conceptos de alienación y separación. ¿Y por qué nos serían indispensables estos conceptos en relación a la praxis teatral? Intentemos ensayar una respuesta.

La cuestión del asco: amor, pulsión y violencia

Antes de plantearnos explorar los conceptos de alienación y separación en psicoanálisis y su productividad en la praxis teatral, conviene detenernos en la cuestión del asco, porque en cierto modo es estructural en esta pieza de Hernández y hasta cierto modo configura el extremo (a veces perversamente sádico) con el que confronta al público, promoviendo no la piedad sino la revulsión con insignias típicas de la teatralidad del teatro, pero obviamente más generales a nivel de la sociedad que nos toca padecer. La provocación del asco es un procedimiento dramatúrgico difícil de calibrar para un teatrista, sobre todo a nivel de la escritura escénica, más que en la versión literaria.

La cuestión del asco es recurrente: Christine, la maestra, siente un asco que la hace vomitar cuando Marianne —esa "niña al revés" (36) empecinada al principio en "reconstruir", "formar" a su padre rompecabezas, (23) a partir de los fragmentos recuperados y perdidos (22)—declara su deseo sexual incestuoso por su padre (21); Marianne, por su parte, siente 'náuseas' de oír a su maestra (24) —yendo más allá de los grandes personajes barrocos (Hamlet, Segismundo), en la medida en que sueña despierta: "Eso ha generado al mundo un problema: dormir despierto. Tengo asco" (55). Aquí conviene recordar el epígrafe tomado de Lacan que Hugo Salcedo justamente coloca a su obra *El viaje de los cantores*, en donde amén de lo fragmentario de sus escenas con combinatoria abierta, antiaristotélica, nos invita a considerarla como un sueño, el relato de un sueño que nos remite a lo inconsciente transindividual y a lo real: "En el momento en que nos acercamos, en el sueño, a lo que es verdaderamente real entre nosotros, en ese momento nos despertamos porque nos da miedo, y nos despertamos para seguir durmiendo".

Silvia Bleichmar ha trabajado fuera del lacanismo la diferencia entre asco, pudor y vergüenza; junto con la culpa, de alguna manera, según lo plantea la psicoanalista argentina especializada en psicoanálisis de niños, son instancias de registro del otro y de la ley. Bleichmar va abordando, desde los primeros tiempos de la cría humana, cómo se construye la alteridad en el sujeto. Intenta, de cierto modo, explorar ese momento anterior al estadio del espejo lacaniano, ese momento de indefensión de la cría humana en la cual, más adelante, ya confrontado al espejo, logra alienarse en una imagen que le viene del Otro, dejando caer un resto que, como vimos, será en la enseñanza de Lacan, el objeto *a* causa del deseo. Se trata de esa primera instancia de humanización del ser viviente que, al confrontarse con el Otro, deviene sujeto dividido. A Bleichmar le interesa ese momento previo al espejo y lo conecta después, a su manera, con el estadio del espejo, planteando que "Lacan trae que la angustia de deconstrucción narcisística lo que hace aparecer es, precisamente, la visión de los miembros no unificados del otro o el propio desmembramiento" (40).

Según Bleichmar, el bebé registraría el pecho materno como una matriz formada por lo que ella designa como "signos de percepción" (38); el pecho es ese conjunto de inscripciones perceptivas, de "rasgos que se articularon y produjeron una representación matriz" (37) que oficia como una primera matriz de objeto y matriz simbólica, tomando aquí simbólico como un "núcleo de toda simbolización posible" (37). A partir de una percepción novedosa en el cuerpo materno (Bleichmar pone como ejemplo precisamente una percepción olfativa),[60] aparece un inicial registro de lo otro, "no de lo otro del sujeto sino de lo otro del objeto inscripto" (38). El bebé, pues, "no reconoce a la madre; lo que el bebé reconoce son los signos de percepción" (38).[61]

Este rodeo inicial es indispensable, desde la perspectiva de Bleichmar, para diferenciar amor y atracción de la pulsión. No hay entonces amor, "sino cierto reconocimiento libidinal por el objeto, que será el sustrato del amor pero que también puede ser el sustrato de una pasión desligada que no coincida con lo amoroso" (38). Esto explicaría cómo, posteriormente en su vida, cuando el sujeto humano hace su elección de objeto, podría "ser atraído pasionalmente por un objeto que no podría ser

---

[60] Vemos nuevamente aparecer el tema del olor que registran las obras del teatro norteño de México.

[61] Desde la perspectiva lacaniana la relación madre/niño, o bien seno/niño en relación a la otredad se presenta de una forma diferente a la de Bleichmar. Como lo plantea Colette Soler, Lacan "toma allí el ejemplo del seno para decir que en esta experiencia [de corte], lo que el psicoanálisis debe aprender no tiene nada que ver con una supuesta relación a la sensorialidad del cuerpo materno, su calor, su olor, su presencia, etc. El seno, tal como está en juego en el complejo del destete, es un seno que pertenece al niño y no a la madre; el corte pasa entre el cuerpo de la madre y el del niño, es decir, se trata de un seno prehensible que se engancha a la madre. La idea es que en el complejo del destete el niño no pierde a la madre sino a una parte de sí mismo" (6).

amado" (38). Marianne dice amar a su padre, pero en realidad está atraída por la pulsión más que por el amor, ya que luego lo asesina y lo troza; Marianne tampoco odia a su madre (y a su maestra), pero a la vez no puede dejar de confrontarse con ellas. Para el psicoanálisis esta distinción es crucial: puede haber pasión por un objeto o bien por el rasgo exterior de un objeto, que no es necesariamente amoroso; se trata de una captura pulsional, en la medida en que "[l]a pulsión no ama al objeto, es atraída por el objeto" (38). En este sentido, si hay algo ausente en *Padre fragmentado* es precisamente el amor: el amor supone "un reconocimiento de *lo* otro como *un* otro, como otro humano" (38, énfasis mío). Y para Bleichmar esta distinción está en la base misma de la ética, porque ésta se instaura frente a un objeto, con la salvedad de que ese objeto es "un otro humano investido de algún modo por ciertas valencias de amor y odio" (38).

El paisaje que se despliega en *Padre fragmentado* carece de amor y la dimensión ética no logra registrarse, porque todo el espacio íntimo, privado y público parece estar arrasado por la pulsión de muerte ("huele a muerte"); la alteridad u otredad que experimenta cada uno de los personajes frente a los demás está, pues, funcionando en el nivel de signos perceptivos reconocidos o no reconocidos, como la diferencia de olor que el bebé puede registrar si la madre, por ejemplo, ha cambiado de perfume. Y al rechazar los signos perceptivos novedosos, aquellos que perturban lo reconocido, el bebé queda reducido a la animalidad, ya que no logra, si podemos decirlo así, dialectizar con lo que va más allá de la naturaleza, más allá de esa primera matriz, más allá de lo autoconservativo; no hay *un* otro como objeto de amor/odio, sino *lo* otro como objeto que atrae, que captura la pulsión. Como lo expresa Bleichmar, "[u]n bebé en el que nunca han sido perturbadas sus funciones es un bebé que está en un estado que podríamos decir de no humanización" (39). Es necesaria, entonces, la discontinuidad, que Bleichar propone como una "suerte de ley": no hay continuidad entre el objeto libidinal y el objeto autoconservativo. A lo sumo puede haber reencuentro, pero no continuidad entre el objeto de amor y el objeto de la reproducción" (39). Tanto en Marianne, como en el resto de los personajes, se percibe precisamente esta incapacidad de afrontar la alteridad; solo vale aquello que coincide con una matriz de percepciones dentro de un campo pulsional (pero no instintivo) que rechaza la diferencia, desalojando así toda elaboración ética que afronte los riesgos de la vida comunitaria, sostenida justamente por un lazo social construido por diferencias y por cada cuota de sacrificio de goce realizada por cada sujeto, por cada ciudadano frente al otro, esto es, por una renuncia a lo pulsional y al goce, un acatamiento de la prohibición exigida por la ley, en beneficio de todos y como evitación de un "todos contra todos" que es aquello a lo que apunta la visión apocalíptica de *Padre fragmentado*.

En esta obra de Hernández, con una lucidez artística sorprendente, se capta esa diferencia entre el amor y la pulsión. El amor, como lo plantea Bleichmar, estaría dado por "refrenamiento de las tendencias destructivas hacia el objeto en tanto el objeto es amado y no solamente —para decirlo en términos de [Melanie Klein]— devorado" (Bleichmar 40). Precisamente, "solo se lo ama al objeto cuando se puede renunciar a su devoración" (Bleichmar 40). Marianne insiste en sus ansias de devoración del padre, causa de su asesinato, como una forma de destrucción e incorporación del objeto: ya muerto, solo le pertenece, se lo ha quitado a la madre, a los narcos, a los soldados; lo arrastra en una bolsa como un residuo que nunca llega a llenar su vacío de objeto amoroso. Uno de los fragmentos del dibujo lo lleva, además, adherido a su cuerpo.

Y el resto de los personajes no está alejado de una devoración similar: a Marianne la golpean, la violan, la hieren, le cortan en pedazos el dibujo casi obsceno de su padre, dispersan los fragmentos del dibujo y hasta se apropian de algunos de ellos. En todos ellos, incluida Marianne, la prueba de la ausencia de amor, como ligamento o lazo social, queda demostrada por la prisa pulsional, por la incapacidad que la pulsión tiene, a diferencia del amor, de demorar su satisfacción. Y vemos aquí la matriz misma de la violencia, como forma acelerada de devorar al otro sin demorarse en apreciar la diferencia: "un sujeto de amor [es] un sujeto capaz de tolerar la demora" (Bleichmar 43) en la satisfacción de la necesidad o de la pulsión devorante; el sujeto amoroso y de amor "puede sonreírle a la madre antes de mamar" (Bleichmar 43).

Por todo esto, si la renuncia al goce tiene una razón para ejercerse es precisamente por la presencia de un otro. Y esa presencia está en *Padre fragmentado* sumamente atenuada en el asco. Asco, pudor, vergüenza son, para Bleichmar, instancias de registro de la alteridad. Y en la pieza de Hernández, más allá del espacio pulsional y su aceleración en la destrucción del objeto, apenas se llega a experimentar el asco, ya que no hay registros de pudor o de vergüenza, ni siquiera en la simulación de la decencia burguesa que Christine teatraliza. Bleichmar nos dice que el asco, como primer nivel de confrontación con el otro y en tanto reacción somática, "sería relativo en relación al otro porque el asco lo que marcaría es un adentro y un afuera" del cuerpo (44). Justamente, el asco está referido por Bleichmar como un siniestro primitivo (*unheimlich*), en la medida en que marca lo extraño del otro, tal como lo vimos para las obras de Salcedo y Virginia Hernández. Se trata de un fenómeno de expulsión que todavía no responde a un registro moral, como lo haría el pudor, que supone la necesidad de ocultar algo desagradable ante el otro, empezando por la desnudez. Christine siente asco por la declaración de Marianne de su deseo incestuoso por su padre, pero no sanciona moralmente dicho deseo. El asco está en el orden del cuerpo, de algo, como los excrementos o el acto de defecar, del que se experimenta cierta molestia, y posteriormente cierto pudor de ser exhibido en público.

El asco parece atravesar lo más íntimo de la sociedad del neoliberalismo. No hay más allá del asco en *Padre fragmentado*; no es posible encontrar el menor registro de pudor: Marianne seduce a su padre, se insinúa, ocupa el lugar de la madre, practica la fellatio a Morgan, declara masturbarse y, sobre todo, se pasea por todas partes con el cadáver fragmentado de su padre en una bolsa. Tampoco la madre experimenta el pudor: confiesa su adulterio, describe a su hija las relaciones con su marido y sus amantes. Incluso se despide de su hija meando en medio de la casa como un animal que marca territorio: "este charco es lo único que quedará de mí dentro de esta casa" (71). El padre –delirado por Marianne o simplemente recordado— confiesa sin problemas haber asesinado a mucha gente y se regodea jugando con su hija en la cama, manoseando sus senos y penetrándola. Esta falta de pudor ocurre, precisamente, porque ese otro está desubjetivado, es anónimo, es apenas objeto.

De la culpa y de la subjetivización de la culpa: psicoanálisis, praxis teatral, institución jurídica

Podemos leer *Padre fragmentado* como un delirio psicótico, compensatorio, como intento de curación, a partir de la forclusión del Nombre-del-Padre, de la angustia extrema producida por las fallas de la ley; podemos también, como lo insinúa el título de la última escena, leer la pieza como el sueño de Marianne, una formación del inconsciente, ya que cuando "la policía entró esa tarde, encontró a Marianne sobre la cama, dormida y lo primero que dijo al despertar fue: 'Rompecabezas'" (86). Aparece la voz del Otro, un policía probablemente (se trata de 'voces' anónimas), que intenta sin mayor éxito dar un marco simbólico para sacarla del estupor: sin embargo, la desubjetivación es completa; Marianna se ha expulsado de la escena del mundo por un crimen como pasaje al acto. En esta escena final, vemos cómo la culpa conduce a Marianne a permanecer arrinconada en su casa junto al cadáver fragmentado del padre,[62] cómo es esa "culpa muda, exteriorizada como necesidad de castigo, [la que] lleva al psicótico hasta los umbrales mismos del pasaje al acto y, extrañamente, es la intervención del Otro social —con todo el arsenal del aparato jurídico—lo que puede dibujar algún semblante de culpa creada a pura prótesis; esa creación –insiste Gerez—sin embargo, pacifica al psicótico que logra, de ese modo, dar un asentimiento (aun postizo) a su falta y asumir una posible responsabilidad de su acto" (II, 98). El agente (policial o judicial cuya voz escuchamos en esta escena final), inquiere por la causa del crimen, apunta a la confesión, no a la subjetivación del crimen; no parece demasiado interesado en la arrasada subjetividad de Marianne,

---

[62] Como el personaje de Don Mundo al lado de su perro muerto en *La Pepena*, de Virginia Hernández.

víctima y victimario a la vez, quien lúcidamente sabe que su destino es ser parte de la basura descomunal de cuerpos anónimos y sufrientes, devastados por goces automáticos, más allá de su control, que los coaccionan.

— ¿Qué harás ahora?
—Iré a la cárcel, maté a mi padre, lo corté en fragmentos. Luego de que termine esta mierda... ¿Pueden tirarme a la basura con él? (86)

Marianne procede a describir su crimen, lo verbaliza, pero así y todo lo hace tan escuetamente que no logra otorgarle una significación posible, de igual modo que el ritual policial o jurídico, que si obtiene un éxito magro al extraerle la confesión, no llega sin embargo a contenerla para permitirle asumir la responsabilidad por su acto criminal.

En los últimos años, tanto en Argentina, como en Brasil y en México, juristas, psicoanalistas y profesionales psi, se han abocado a la tarea de trabajar juntos para dilucidar cuestiones relativas a su rol en casos jurídicos motivados por crímenes de todo tipo. Algunos conceptos relativos a la justicia, se cruzan y convergen con otros ya familiares para los psicoanalistas, psiquiatras, médicos forenses, etc. Se requiere de un trabajo conjunto para tratar cuestiones relativas a la subjetividad, la imputabilidad e inimputabilidad, la culpa, la responsabilidad en el acto criminal cometido, el deseo de venganza, entre otros, que a su vez exigen una actualización del derecho y de los procedimientos jurídicos en tiempos de cambios acelerados y violencias inauditas, no contempladas, o parcialmente contempladas en los códigos legales. Como nos lo dice Marta Gerez Ambertín ya en el primero de los cuatro volúmenes publicados de *Culpa, responsabilidad y castigo en el discurso jurídico y psicoanalítico*, colección que reúne ensayos de juristas y analistas, "[n]o puede construirse la subjetividad por fuera de la ley pues es ésta la que le brinda su andamiaje y su sustento" (I, 40). La trasmisión de la ley recae, en el psicoanálisis, en la figura del Padre (que no necesariamente representa al padre biológico); llamamos 'padre' a esa instancia que inscribe la ley, es decir, fija los límites de lo prohibido y de lo permitido. Como ya vimos antes, no hay deseo posible sin prohibición,

Dramaturgia de frontera / Dramaturgias del crimen

de modo que la ley tiene el doble juego de prohibir pero a la vez incitar a la transgresión por aquello que se ha perdido o por el goce al que se ha renunciado. Ya hemos planteado cómo esa renuncia pulsional es indispensable para que se instale el lazo social, a partir del amor como lazo libidinal. Y, en términos generales, podemos decir que la culpa va siempre adherida al goce: cada vez que transgredimos, cada vez que nos damos un permiso para gozar (grande o pequeño, depende de cómo estemos protegidos por la pantalla de nuestro fantasma, en el que situamos nuestra escena de goce), ese plus-de-goce no es sin culpa.

Lacan, en una etapa de su enseñanza, planteaba el fin del análisis como una travesía del fantasma, para poder de alguna manera axiomatizar nuestro modo de goce, el cual no es modificable ni transformable; sin embargo, a pesar de esa decepcionante desposesión sujetiva del fin de un análisis, el trabajo analítico no deja de tener para el analizante cierta efectividad. La pantalla es ese rombo de la fórmula del fantasma ($\$\Diamond a$) que modula nuestro acercamiento al objeto *a*, causa del deseo. Astillar dicha pantalla, realizar lo que Lacan llama un pasaje al acto, significaría arrojarse para ser uno con ese objeto perdido: es, pues, un salto letal. Marianne, en *Padre fragmentado*, al saltar a ese objeto *a*, realiza un pasaje al acto criminal, cortando a su padre con una sierra. Sin embargo, más que guiada por el amor al padre y su deseo de posesión, lo que realmente realiza es querer ser uno con esa parte de sí misma, ese "resto" vital al que casi no pudo renunciar para socializarse. En esa operación, como vimos, la total transgresión no la desamarra de los significantes-amo que la mortificaban: por el contrario, la convierten completamente en un desecho, en basura. Recordemos que en el pasaje al acto, como lo describe Marta Susana Medina,

> el sujeto se deja caer como un objeto desechable de la escena del mundo en la que se sostenía como sujeto historizado, con un presente subjetivo entramado en un pasado; cuando se siente invadido, violentado por el Otro, y en esta situación extrema todo aquello que lo sostenía incluidos los valores, las creencias, los referentes, se derrumban

y pierde las coordenadas que lo guiaban en su accionar. (Gerez III, 170)

Por eso nos será importante abordar los conceptos de alienación y separación, en la medida en que nos permiten aproximarnos a esa dimensión estructural de la subjetividad. La respuesta final de Lacan en su enseñanza no estaba ya centrada en atravesar el fantasma, sino que iba más allá, sin descalificar su primera versión del fin del análisis: nos propondrá, para el sujeto, como fin del análisis, en su *Seminario 24 L'insú...*, el "saber hacer allí – arreglárselas con su síntoma - ese es el final de análisis" (clase del 16/11/76), saber arreglárselas con su modo de goce, es decir, arreglárselas con el sinthome —esa conexión entre el significante y el cuerpo que, ocupando el lugar que Freud atribuía a la pulsión, es un real que no obedece a ninguna ley y le impide al parlêtre ser reglado—, ya que no se lo puede interpretar, curar o levantar como al síntoma. Y veremos cómo ha sido interpretado esto por los analistas y qué peso tienen para nuestra praxis teatral estas cuestiones.

Los analistas nos recuerdan y los juristas saben (porque se enfrentan a la infinita diversidad de casos en los que, con distintos grados de astucia o sufrimiento), que los sujetos se las arreglan, a veces con consecuencias letales, para transgredir la ley. El derecho siempre corre detrás de la ley, porque debe ir incorporando modificaciones que surgen de nuevos casos cuya transgresión exige una reconsideración de las normas. Por ello, tanto analistas como juristas saben que la ley está lejos de ser perfecta, siempre tiene una falla, agujeros que perturban la subjetividad. Incesto y parricidio, particularmente para los analistas y los antropólogos, son las dos prohibiciones mayores (gozar con la madre y matar al padre que obstaculiza esa unión) a las que el sujeto debe renunciar para generar una línea genealógica orientada a realizar las sustituciones en sus elecciones de objeto fuera del marco edípico, familiar. No obstante esos anhelos dejan su rastro como culpa "por la tentación que la causa" (Gerez I, 44). Se trata de una culpa inconsciente, culpa muda, tan estructural e inevitable, ineliminable, como la venganza, que ponen siempre en vilo a la justicia, al derecho.

Dramaturgia de frontera / Dramaturgias del crimen

Esa culpa se muestra como "padecimiento estructural del ser humano que vocifera sobre la duplicidad que nos habita" (Gerez I, 47). En psicoanálisis, entonces, la culpa inconsciente (no sabida por el sujeto), o las diversas formas de culpabilidad que se pueden descifrar en cualquiera de las formaciones del inconsciente, "es la presencia interior de la institución (del Otro, del lenguaje y de la ley)" (Gerez I, 48), puesto que no hay sujeto humano (como parlêtre, hablanteser) capaz de humanizarse sino es pasando por las redes del Otro de la ley y del lenguaje, esto es, aceptar las prohibiciones que lo tornan un sujeto deseante, pero a la vez le generan una culpa por los anhelos incestuosos y parricidas a los que se ha visto obligado a renunciar; el análisis, como en parte el sistema jurídico, apuntan entonces a la culpa, a hacerla hablar y hacer que el sujeto asuma responsablemente su desciframiento, subjetivando su rol en el crimen cometido y en el castigo que se le ha impuesto.

Habida cuenta de las fallas de la ley, la falta/falla en el Otro, en el Padre (como bien lo muestra *Padre fragmentado*), analistas y juristas se interrogan, fuera de los marcos positivistas, "cómo se subjetiviza lo prohibido y cuáles son las causas que llevan a los hombres a precipitarse en ese cono de sombras de lo ilícito" (Gerez I, 49). La inscripción de la ley en el hablanteser no es para todos igual; la transmisión de la ley no es siempre igual y por ende tampoco hay homogeneidad de subjetividades. A nosotros, teatristas, nos interesa este debate por varias razones: porque, como bien lo dice Gerez Ambertín, cuando un criminal "se precipita hacia el despeñadero de lo prohibido, no hace un simple acto individual, su acto sacude a la sociedad toda" (Gerez I, 50) y, al hacerlo, su acto pone en tela de juicio la ley misma, la cuestión de lo prohibido, las instancias institucionales que deberían prevenirlo, etc. El teatro, al menos el occidental, desde sus orígenes (baste mencionar *Edipo* de Sófocles, tan ligado a *Padre fragmentado* de Hernández) no deja de preocuparse por lo prohibido y por las formas en que los personajes se las arreglan con su goce y con las consecuencias de sus crímenes. Y también nos interesa como teatristas las formas en que la dramaturgia ofrece dilemas de la subjetividad y rituales específicos, liturgias parecidas a las jurídicas, para dirimir no solo el castigo por las faltas del héroe, sino también los modos de subjetivización de los daños infligidos a otros y la verbalización (confesión, monólogo, diálogo) de su responsabilidad en lo ocurrido. Es en la puesta en palabras de sus acciones que podemos ir descifrando la verdad del caso, salvo cuando el sujeto, como Marianne, queda completamente obturada en su capacidad de hablar y pasa a un *acting out* como forma de apelar al Otro o a un pasaje al acto (criminal, a veces autodestructivo) de difícil aunque no imposible retorno.

Emancipación: alienación y separación

Hemos hablado de los ideales (los ideales generales que tiene cualquier persona, pero también del Ideal del yo, yo ideal) que responden a las marcas que la cultura, lo simbólico, el lenguaje deposita en el sujeto a costa de su propio goce al que, como vimos, debe renunciar para entrar en lo social, para humanizarse; hemos hecho referencia a la forma en que los significantes-amo mortifican al sujeto, a su cuerpo: el significante mata lo vivo del sujeto, al sujetarlo al Otro; esta operación nos muestra al sujeto como sujetado, dividido por el deseo del Otro, y porque acata no sin sufrimiento la ley, siempre compelido, tentado a transgredirla, sin saber la causa de su padecimiento o de esta incitación. También planteamos que el trabajo analítico está dirigido a desamarrar al sujeto de esos significantes-amo que lo alienan, para hacerlo capaz de asumir sus propios significantes-amo, no siempre menos dolorosos. Es decir, el trabajo analítico estaría dirigido, según algunas versiones psicoanalíticas, a operar con los conceptos lacanianos a fin de desamarrar al sujeto de las insignias de la ley y liberar su goce, ése que, de alguna manera, estaría bloqueado por los significantes-amo del Otro a los que se hallaba alienado.

Dicho de esta manera, parecería como que la efectividad de un análisis —como la del teatro— radicaría en un proceso emancipatorio del sujeto respecto del Otro y respecto al goce del Otro. Si llevamos esta lectura de Lacan a los extremos, es decir, a una situación más allá del 'caso por caso' sostenido por el psicoanálisis, a una circunstancia en que numerosos sujetos lograran emanciparse del Otro, de la Ley y todos los significantes-amo (Nombres-del-Padre) que la sostienen y que delimitan lo permitido y lo prohibido para dar consistencia y perdurabilidad al lazo social, podríamos llegar a una situación en que, como aparece en *Padre fragmentado*, la sociedad aparecería definida con un "cada cual con su goce", lo que llevaría de inmediato a un 'todos contra todos', un campo sin ley, una legalidad social arrasada por lo pulsional en la que sería imposible discernir los rasgos de humanización. Se trataría, como nos lo plantea Hernández en su obra, de un mundo –casi como en el que ya vivimos— en el que, en vez de sujetos, tendríamos robots, zombis, ni vivos ni muertos, o seres casi vivos y casi muertos, objetos compelidos por la coacción de repetición, liderados por un superyó obsceno, avasallador y cada vez más devorador.

Sin duda, otra pregunta se nos impone: ¿cuál es la consistencia actual de ese Otro que pretende controlarnos y disciplinarnos? Por ejemplo, Néstor A. Braunstein, distinguiendo las formas históricas sucesivas de dominación, como la del amo clásico y la del amo capitalista, la atribuye a una "tercera forma del amo, el 'discurso de los mercados'" (186). Sea como fuere, lo cierto es que, al no haber ley, sería imposible, en esta sociedad de seres emancipados, categorizar el crimen y definir responsabilidades; estaríamos ante un mundo de seres desubjetivados. ¿Es esto lo que realmente nos propone Lacan o el psicoanálisis? ¿Qué se entendería por 'liberar', 'separar' (incluso en el sentido de que el sujeto se pueda parir a sí mismo) o 'emancipar' al sujeto, desamarrarlo de los goces del Otro y promover su propio modo de gozar? ¿Propone Lacan un arrasamiento generalizado de la ley y del lazo social con la separación? Veamos, aunque sea rápidamente, en qué consisten esos dos conceptos de alienación y separación.

En la clase del 20 de mayo de 1964 –dicho sea de paso, dos años después del estreno de *El ángel exterminador*— Lacan presenta su mito de la laminilla: se refiere a la libido concebida ya no como una fuerza sino como un órgano que se desplaza constantemente en todas direcciones, particularmente en la cadena metonímica del significante. Como "puro instinto de vida, de vida inmortal, irreprimible" (*Seminario 11* 205), la libido, como luego lo propondrá para el deseo, es indestructible. Para humanizarse, el ser viviente (un '*hommelette*', según el juego de palabras de Lacan, que refiere a hombre, huevo y a tortilla [*lamella*], de ahí su 'laminilla'), para entrar en la vida social, como vimos, se enfrenta a un Otro que lo precede y que le impone sus significantes-amo, a costa de perder una parte de sí mismo, de su vitalidad, de su goce, que Lacan designa como objeto *a*, y que puede ser la placenta, el pecho, las heces y las otras formas equivalentes. Se trata de un objeto perdido para siempre que, a su vez, fungirá como la causa del deseo del sujeto.

A Lacan, como introducción a sus clases del 27 de mayo y 3 de junio del mismo año (que son en las que formula los conceptos de alienación, separación y *afánisis* del sujeto), le importa subrayar que el sujeto "nace en tanto que en el campo del Otro surge el significante. Pero debido –agrega— justamente a este hecho, eso que antes no era nada, nada sino sujeto a punto de advenir, queda fijado como significante" (*Seminario 11* 206). De ahí aquello tan lacaniano de que un significante es aquello que representa un sujeto para otro significante. Al menos dos cosas nos importan aquí: el sujeto del que se habla es un significante (no una persona), es el sujeto del inconsciente, sujeto dividido, y responde al deseo del Otro. La intervención, por llamarla así, mortífera del Otro marca ese instante de frontera, de borde y de corte, en la medida en que hay una parte cercenada de la vida que cae, que se pierde, lo que muestra "la afinidad esencial de toda pulsión con la zona de la muerte" (207). Lacan intenta, nos dice, conciliar "las dos caras de la pulsión—la pulsión que a un tiempo presentifica la sexualidad en el inconsciente y representa, en su esencia, la muerte" (207).

Lacan inicia su clase del 27 de mayo, subrayando, en la línea inaugurada por Freud, que no hay representación de lo masculino y de lo femenino en el inconsciente; el sujeto, insiste, "sólo sitúa, en su psiquismo, sus equivalentes—actividad y pasividad" (*Seminario 11* 212).[63] Ambas, sea

---

[63] Salvo indicación en contrario, el paginado que sigue corresponde al *Seminario 11*.

dicho de paso, se conciben como agencia: no podríamos afirmar que la pasividad del masoquista sea tal. Lacan se propone así enfatizar que "las vías de lo que hay que hacer como hombre o como mujer pertenecen enteramente al drama, a la trama, que se sitúa en el campo del Otro —el Edipo es propiamente eso" (212). El guion de lo que hay que hacer como hombre o mujer es siempre del Otro simbólico. Redondea la idea —que veremos inmediatamente logicizarse a partir de los conceptos de alienación y separación que introduce en esta clase, ya famosa— de que la sexualidad "se instaura en el campo del sujeto por la vía de la falta", y no se deduce de la propia sexualidad (213): se trata de esa falta, "defecto central en torno al cual gira la dialéctica del advenimiento del sujeto a su propio ser en la relación con el Otro —debido a que el sujeto depende del significante y *el significante está primero en el campo del Otro*" (213, el subrayado es mío). Y esa falta se liga a otra, la "falta real", lo que el viviente pierde para sexualizarse en el campo del Otro: la de quedar, por referencia al corte/borde, "sometido a la muerte individual" (213). No hay, pues, lugar para el mito de Aristófanes en *El banquete* platónico, respecto a que algún otro, nuestra mitad sexual, la famosa media naranja, podría colmarnos; Lacan, dándole una vuelta de tuerca a Aristófanes, sostiene que lo que se busca, no es precisamente a *otro* como complemento sexual, sino a "esa parte de sí mismo, para siempre perdida, que se constituye por el hecho de que no es más que un ser viviente sexuado, que ya no es inmortal" (212). El deseo va deslizándose libidinal y metonímicamente por los señuelos de ese objeto perdido para siempre, que lo colmaría y lo inmortalizaría. Otra vez nos topamos con el "Detente, sombra" de Sor Juana. Así, toda pulsión parcial apunta a algo singular del sujeto, eso perdido pero, a la vez, toda pulsión es "intrínsecamente pulsión de muerte, y representa por sí misma la porción que corresponde a la muerte en el ser viviente sexuado" (213).

Lacan está ahora debidamente pertrechado para afrontar, por medio de la alienación y la separación, la relación del sujeto con ese Otro del significante, en la medida en que el significante no solo tiene función de corte sino "topológica de borde" (214): significante frontera, si podemos decirlo de esa manera, para llevar agua a nuestro molino. El sujeto del inconsciente no proviene de ninguna "imitación" o "reciprocidad" intersubjetiva respecto a modelos pre-existentes (de ahí la crítica a Jean Piaget), como quisieran hacernos creer la psicología o la sociología, o Aristóteles en su *Poético* con aquello de que "imitar es connatural la hombre". El sujeto del inconsciente nace en el campo del Otro, estructurado como un lenguaje, sede del significante, sin reciprocidad, porque su relación al Otro —o la del Otro con el sujeto— es "asimétrica" (215). El sujeto, entonces, deviene un significante, en la medida en que resulta petrificado, mortificado por el significante que, a su vez, lo llama a funcionar socialmente, a hablar como sujeto dividido que no sabe sobre su deseo, el cual se desliza metonímicamente y lo torna fallido en cada encuentro con lo real (equivalente al objeto perdido). Digamos que allí donde el deseo encuentra, ciertamente falla, aunque la pulsión se satisface de todos modos por vía del goce prohibido por la ley, con todas las consecuencias de sufrimientos que le son inherentes.

    El sujeto del inconsciente emerge de ese movimiento pulsativo de apertura-cierre que Lacan plantea en el *Seminario 11*, en su clase del 5 de febrero; se trata siempre de un fenómeno discontinuo, percibido como un tropiezo, una falla, una fisura en el discurso consciente del parlêtre. Es siempre una sorpresa, "aquello que rebasa al sujeto" (33), de ahí que "el sujeto se capta en algún punto inesperado" (35). Una praxis teatral, una dramaturgia que afronte lo Real, ese más allá de la realidad, debe hacerse cargo de ese sujeto que emerge sorpresivamente (como la risa del actor en *Hamlet* frente al espectro): se trata de una equivocación, de un olvido, de un lapsus que, a primera vista, carece de sentido, no hace sentido para la cadena emitida por el hablante, sea a nivel de la escritura, sea a nivel de una improvisación. Lacan plantea justamente que

> Si hay algo que el psicoanálisis está hecho para destacar, para poner de relieve, no es ciertamente el sentido, en el sentido de que las cosas hacen sentido, de tal modo que uno cree comunicar un sentido; sino justamente señalar en

qué fundamentos radicales de sinsentido y en qué lugares los sinsentidos decisivos existen y sobre los cuales se funda la existencia de cierta cantidad de cosas llamadas "hechos subjetivos" (Conferencia, citado por Gorog 39)

El teatrista contemporáneo no tan preocupado por 'representar' la realidad, no descarta esta sorpresa; al contrario, la considera la puerta regia a ese sinsentido de lo Real al que hay que inventarle significantes (imágenes, metáforas, fábulas). Eduardo Pavlovsky, para citar a alguien más cercano a nosotros, lo denominaba "coágulo". Si hay un camino posible a desamarrarse de los significantes-amo provistos por el Otro, ese camino es permitirse la asociación libre. En efecto, se puede acudir a estrategias de lectura o escucha, si uno no cede a la tentación de comprender; Lacan ya decía que el peor camino que un analista puede tomar es comprender. Cuando se comprende, se cierran las puertas al inconsciente en vez de abrirlas: "No es lo mismo interpretar que imaginar comprender. Es exactamente lo contrario. Incluso diría que las puertas de la comprensión analítica se abren en base a un cierto rechazo de la comprensión" (Lacan, *Seminario 1* 120). Pongamos algunos ejemplos elementales. Una primera forma de abordar la cuestión es interrogarse por lo más evidente; los formalistas rusos ya habían hablado de la *ostranenie* como forma de desfamiliarizar al objeto, tal vez cambiándole la función o el contexto, para convertirlo en un significante novedoso que puede significar cualquier cosa o puede ser percibido fuera de los condicionamientos impuestos por el Otro a la percepción. Es una manea de interrogarse por el sinsentido de la realidad, por ese real que el filtro de nuestra percepción, del lenguaje y las tradiciones nos hacen percibir siempre de una misma y única manera. Otra posibilidad es interrogarse por lo que en un texto se repite, descontextualizándolo y tratando de interrogarlo en su propia autonomía. Pongamos algunos ejemplos elementales tomados de la literatura. Por ejemplo, "En tanto que de rosa y azucena", el famoso soneto de Garcilaso de la Vega. Aíslo "En tanto que", que se repite dos veces y me doy con la cuestión del tiempo, no porque los estudiosos ya nos hayan hablado del tema del *carpe diem*, sino porque dicha frase ya plantea una lógica de la simultaneidad (que pone al primer cuarteto al mismo tiempo del segundo) en la que ya se inserta la pulsión de muerte en el intervalo del corte y, en consecuencia, no necesito llegar al final del soneto para enterarme del paso del tiempo y sus estragos. Es, incluso, diferente al "Mientras" gongorino, en "Mientras por competir con tu cabello", del mismo tema, pero con una paleta de colores diferente y, más importante, con una dramaticidad y tensión barrocas dadas por verbos como competir, menospreciar, triunfar, ausentes por completo en Garcilaso. Otra posibilidad es observar elementos verbales (podrían ser gestuales durante una improvisación) que parecen cotidianos y hasta accesorios, no sustanciales: **por ejemplo, y volviendo a la genial Sor Juana:**

> Este que ves, engaño colorido,
> que, del arte ostentando los primores,
> con falsos silogismos de colores
> es cauteloso engaño del sentido;

    Alguien le agregó al soneto un título que no tenía, probablemente porque no pudo con la angustia del enigma de ese nimio adjetivo demostrativo "este" que no se sabe bien a qué se refiere, aunque delata proximidad con un objeto ausente o con una miopía del lector: ¿se tratará de un soneto sobre el soneto, como silogismo de colores, primor del arte, engaño del sentido, cuyo destino es la nada, a pesar de toda pretención horaciana del *non omnis moriar*?

    Se trata de cambiar el ángulo de lectura, y para eso, como vimos, Lacan sugiere al analista y nosotros al teatrista que sepa cómo mover el espejo plano del modelo óptico y brindar una perspectiva que separe al sujeto de la alienación al Ideal del yo o al i(*a*). Lacan mismo nos da el ejemplo del cuadro *Los embajadores*, de Hanz Holbein: basta que uno se desplace un poco fuera del cono de la visión tradicional, para que se pueda ver algo que no se percibe desde lo frontal: la calavera, recordatoria de la muerte y de la pulsión de muerte, en medio de todos los artefactos de la vanidad del mundo.

Dramaturgia de frontera / Dramaturgias del crimen

Finalmente, otro ejemplo que nos acerca a nuestro teatro norteño de México: interrogarnos qué real está en juego y no puede ser alcanzado por el lenguaje cuando un dramaturgo como Antonio Zúñiga se siente necesitado de abordar en *El Tiradito. Crónica de un santo pecador*, la cuestión de la frontera y de un santón recurriendo a la Odisea homérica. No se trata de alardear del oficio de un teatrista que puede apelar a la intertextualidad literaria por razones estéticas; se trata de ver justamente por qué, como Joyce, Zúñiga recurre a Ulises (llamado Irving en la obra) para abordar un real que sostiene una realidad desesperada. Se trata de pensar cómo ciertos recursos literarios, retóricos o formales, intentan no ilustrar una realidad sino capturar un real cuyo 'silencio' escriturario nos interroga. Algunos autores fronterizos han comenzado a abandonar la prosa con cuidado de la sintaxis para apelar a monólogos, llenos de frases interrumpidas, de aliteraciones, silencios, gemidos, suspiros, gritos (como formas desintegradas del significante), espejismos, repeticiones, ambigüedades y encabalgamientos, como si se tratara de aprehender esa frontera donde lo simbólico del lenguaje claudica frente a un real difícil de significantizar. En *Padre fragmentado*, por ejemplo, no podemos dejar de interesarnos por las barras que cortan la prosa a manera de versos, como instancias rítmicas, pausas escriturariamente marcadas operando como junturas suprasegmentales que nos regresan al silencio de la pulsión. Como vemos, estamos en todos estos ejemplos en formas de afectar la alienación del sujeto y separarlo de los significantes-amo para que pueda dar lugar a la creatividad que apunta a un real no significantizable.

Lacan va a plantearnos cómo primero el sujeto es el resultado de una alienación al Otro y luego propondrá el desamarre vía la separación. Esto ha dado mucho que hablar porque, como ya expusimos, hasta qué punto es pensable una emancipación del Otro, de la ley, sin amenazar el lazo social y, por ende, la humanidad del sujeto. El crimen, como sabemos, está siempre allí, como una tentación. En un ensayo deslumbrante, Alfredo Eidelsztein va a revisar estos conceptos lacanianos y, a la vez, va a proceder a ponerlos en contexto, particularmente respecto a Hegel y Marx, y además respecto a la interpretación que algunos psicoanalistas han hecho de estos conceptos lacanianos. Eidelsztein revisa varias cuestiones de suma importancia y complejidad, porque sin duda son las que han preocupado a lo largo de los últimos siglos a la filosofía y a la política; el autor va a deslindar apropiadamente dichas cuestiones tales como liberación o revolución. No se puede —nos alerta— imaginar que Lacan está promoviendo, frente a la alienación, una emancipación o liberación a la manera de Hegel o Marx. Eidelsztein nos ayudará a vislumbrar qué rol puede tener una dramaturgia a partir de lo que él, bastante ajustadamente, señala para la perspectiva novedosa introducida por Lacan.

Lo primero que Eidelsztein nos invita a dejar de lado es la lectura corriente que, a su manera, deformó la novedad lacaniana:

> Lo que sostiene todo el mundo—que para los occidentales es Occidente—es que nacemos alienados al otro, cuyo paradigma es la madre, pero que también puede ser el trabajo o el maestro, y que luego, para adquirir nuestra identidad personal—la base de la condición individual—debemos separarnos de ella y de aquellos. En términos freudianos, se pude decir que dado el desamparo (la *Hilflosigkeit*) de la cría humana al nacer, se torna imprescindible el otro parental, pero luego todo adulto maduro debe separarse, tanto afectiva como intelectualmente, para adquirir su personalidad individual. (74)

Para el autor, el origen de estas concepciones "tan obvias hoy día debe buscarse en las obras de Hegel y Marx" (74). Si bien términos como "división, separación, *Aufhebung* y sí mismo" están en las elaboraciones de Hegel, Marx y Lacan, la primera diferencia que hay que subrayar es que la perspectiva lacaniana no es filosófica, sino lógica. Justamente porque en ciertos momentos se intentó con cierta esperanza una relación entre marxismo y psicoanálisis, es que se asoció la alienación de Marx con la separación lacaniana:

A mi entender son muchos los lectores de Lacan que hoy día suponen que alienación es estar dependiendo y sujetado al Otro que, consecuentemente, la separación es la liberación de la dependencia. (Eidelsztein 76)

Por eso Miller se ve necesitado de subrayar la insistencia de Lacan en señalar que "el sujeto manipula al Otro" y que no hay que olvidar que ese Otro, "por más amo que sea, surge porque el sujeto hace nacer en otro al Otro [siendo incluso él] quien distribuye la calidad de Otro, [el que hace] nacer ese espacio del Otro que lo incluye a él mismo" (*Los signos del goce* 115). Y esto es importante para la praxis teatral, porque, siguiendo estos comentarios, podemos preguntarnos hasta qué punto el teatrista no hace nacer a su público, cómo lo manipula, cómo anima la pantomima del fantasma de su montaje para permitirse "obtener algún efecto de identificación" (Miller, *Los signos del goce* 115). Contrariamente, también el público hace nacer a su teatrista como su Otro.[64] Cuando esto último sucede, el teatrista estaría mal encaminado si operara con una transferencia salvaje, como pura manipulación del Otro. Al respecto, Miller nos advierte que "la orientación lacaniana en la dirección de la cura [...] nos conduce a un lugar distinto de ese 'más bien se complacerá' [por el contrario, conduce al sujeto] hacia el lado en que no puede verse como quiere verse" (*Los signos del goce* 117). Y allí es donde el teatrista es requerido de una actitud ética: están los que manipulan al público para divertirlo, esto es, entretenerlo por unas horas para que se evada de los problemas y sufrimientos que lo aquejan en la vida diaria, a fin de que no intente transformar el *statu quo*, y aquellos otros que, en cambio, articulan —con diverso grado de parresia— una demanda crítica que apunte a la falta del Otro y, por esa vía,

---

[64] La directora argentina Mariana Mazover, por ejemplo, comenta en su entrevista incluida en *¡Todo a pulmón!* cómo el teatro independiente de Buenos Aires, según una investigación realizada por el Instituto Nacional de Teatro, demostró que el 85% del público que circula por el off es universitario, de clase media; se trata de un público a la vez endogámico, porque es el mismo que va de una sala a la otra, lo cual impone ciertas determinaciones a la creatividad del teatrista y los criterios de verdad de la escena.

a su transformación. Es que, en esta última orientación, en la que el teatrista estaría como semblante del Otro, en tanto sujeto supuesto saber, no conduce "hacia la insignia sino hacia donde el sujeto tiene que reconocer su vacío como la Cosa más próxima" (Miller, *Los signos del goce* 117), es decir, hacia su falta y su amarre a los goces del Otro, a la travesía de sus fantasmas, mediante un trabajo con sus identificaciones a fin de desamarrarse y abrirse al juego de producir sus propios S_1, para que pueda arreglárselas con sus modos de goce. Todo análisis como toda puesta teatral, concebidos en este sentido, suponen una desterritorializacion del sujeto y, en ese sentido, el desarraigo de la zona de confortabilidad (y hasta el exilio de ella) tanto como el cruce de las fronteras que lo tenían encarcelado; es algo estructural e inevitable.

Ahora bien, estando la alienación en Marx directamente ligada al trabajo, ésta "es producto de los mecanismos del modo de producción social y la separación o la libertad [se da] como un retorno al sí mismo (a la universalización humana y no de la mercancía)", de modo que dicha libertad "se obtendría mediante la abolición de la institución de la propiedad privada, no como fin en sí misma, sino como forma de negación del trabajo alienado" (Eidelsztein 76). Eidelsztein admite que en ciertos momentos, algunas afirmaciones lo muestran a Lacan, en cierto modo, coqueteando con las perspectivas hegeliana y marxista, por lo menos hasta que renuncia al deseo de reconocimiento que había marcado su primera enseñanza, a partir de los famosos seminarios de Alexander Kojève. Al hacerlo, Lacan se desprende de la filosofía y se aboca "a desarrollar la alienación como la lógica del sujeto del inconsciente" (Eidelsztein 77).

La alienación dará cuenta de las relaciones del sujeto (S) y del Otro (A), cuyo resultado será el sujeto del inconsciente, sujeto dividido que no se conoce a sí mismo. Como vimos y para decirlo con palabras de Eidelsztein, en tanto Lacan considera al Otro como estructurado como un lenguaje, va a plantear una operación lógica a partir del 'vel' lógico. En primer término, Lacan deja de lado lo que denomina el 'vel exhaustivo' (*Seminario 11* 218) o exclusivo, como lo designa Eidelsztein (77): "voy allá o voy allí; si voy allá no voy allí, tengo que escoger" (*Seminario 11* 218), esto es, vamos

Dramaturgia de frontera / Dramaturgias del crimen

al cine o al teatro, es una alternativa que supone la eliminación de uno de los elementos. En segundo término, Lacan también aparta el 'o' inclusivo: se necesita alguien que sepa inglés o francés, lo que no impide que la persona hable uno u otro o ambos; "son equivalentes", dice Lacan. Sin embargo, Lacan va a orientarse por un tercer vel: el 'o' alienante de la lógica simbólica, proveniente de la gramática, desde el cual introducirá lo que denomina el "factor letal": "El vel de la alienación se define por una elección cuyas propiedades depende de que en la reunión uno de los elementos entrañe que sea cual fuere la elección, su consecuencia sea un ni lo uno ni lo otro. La elección –agrega—sólo consiste en saber si uno se propone conservar una de las partes, ya que *la otra desaparece de todas formas*" (*Seminario 11* 219, el subrayado último es mío). Esa desaparición ya anuncia la afánisis o *fading* del sujeto, que desarrollará en la clase siguiente.

Para ejemplificar el vel de la alienación, Lacan propone: "la bolsa o la vida", así, si elijo la bolsa, pierdo las dos; si elijo la vida, será sin bolsa y, por ende, una vida de miseria. También incorpora la alternativa "la libertad o la vida": "Si elige la libertad, ¡pum! pierde ambas inmediatamente –si elige la vida, tiene una vida amputada de libertad" (*Seminario 11* 220). Es este vel de la alienación el que instala, entonces, ese "algo muy peculiar" que, como dijimos antes, Lacan denomina "el factor letal" (220). Ejemplifica con otra alternativa "un tanto particular": ¡Libertad o muerte! No debe escapársenos la resonancia del ejemplo, realizada en un contexto colonialista en los que la frase funcionó a su manera para plantear la alienación y la separación: en primer término, está en el horizonte el fin de la guerra de Argelia, que va de 1954 a 1962; el inicio de la guerra de independencia de Angola, que comienza en 1961 y se extiende hasta 1975, y finalmente los primeros pasos de la Revolución Cubana. A Lacan le interesa, justamente por su factor letal, ver cómo entra en juego la muerte. Conviene citar el párrafo y dar la palabra a Lacan, a quien le importa referirse a ese "momento hegeliano conocido como el Terror":[65]

---

[65] Lacan parece estar aquí rememorando aquello que Alexander Kojève había planteado en su curso del 1933-1934, sobre "La idea de la muerte en Hegel": "Hegel ha

Aquí, por entrar en juego la muerte, se produce un efecto de estructura un tanto diferente—en ambos casos, tengo

querido, desde el comienzo, aplicar al Hombre la noción judeo-cristiana de la Individualidad libre e histórica desconocida de la antigüedad pagana. Mas analizando filosóficamente esa noción "dialéctica" ha visto que implicaba la finitud o la temporalidad. Ha comprendido que el Hombre no podía ser un individuo libre e histórico sino a condición de ser *mortal* en el sentido estricto del término, vale decir, finito en el tiempo y consciente de su finitud" (29). Y luego agrega: "según Hegel, la revelación discursiva del Ser sólo es posible si el ser revelador o parlante es esencialmente finito o mortal" (30) [...] De igual manera [que] la "autonomía" o la *libertad* del ser humano está ligada a la muerte" (53), así "[l]a historicidad (o la dialecticidad) del Hombre está pues inseparablemente ligada al hecho de su muerte" (53). La cuestión de la muerte en la *Fenomenología del Espíritu*, como lo hizo ver Kojève, se liga a otros conceptos como el entendimiento, la acción, la negatividad, lo discursivo y lo real, que están de algún modo operando en la perspectiva lacaniana. Por eso, cuando Lacan dice que solo queda la libertad de elegir la propia muerte, parece estar apuntando a Kojève cuando éste afirmaba en su lectura de Hegel que "La muerte, entiéndase la muerte voluntaria o aceptada con pleno conocimiento de causa, es la manifestación suprema de la libertad, por lo menos de la libertad "abstracta" del individuo aislado. El hombre no podría ser libre si no fuera esencial y voluntariamente mortal" (61). Prosigue: "La esencia de la libertad individual es por tanto la Negatividad, que se manifiesta en estado puro o "absoluto" como muerte. Y por eso cuando la libertad "pura" o "abstracta" se realiza en el plano social, en el curso de la segunda etapa de una Revolución verdadera, es decir, en verdad negadora de lo social dado, debe manifestarse necesariamente en tanto que muerte violenta colectiva o "Terror" (62). Esta "segunda etapa" es cuando lo revolucionarios quieren negar el Estado, la ley, y éste solo puede mantenerse negando a los particulares y promoviendo el Terror. "En consecuencia es en y por el Terror que esa Libertad [de morir voluntariamente] se propaga en la sociedad, y ella no puede ser alcanzada en un Estado "tolerante" que no toma suficientemente en serio a sus ciudadanos como para asegurarles su derecho político hasta la muerte" (63). Se entiende entonces que la 'separación' lacaniana tome su propia dimensión al no suponer una liquidación completa o física sino a pensar la desaparición como *afánisis* del sujeto; sin embargo, tanto para Freud como para Lacan, todavía parece resonar, en cuanto al malestar en la cultura, la idea hegeliana de que no hay horizonte de pacificación cultural, puesto que admiten que la muerte "en tanto que finitud o temporalidad y negatividad o libertad, es doblemente la base última y el primer móvil de la Historia. Por eso el proceso histórico necesariamente implica una actualización de la muerte por las guerras y las revoluciones sangrientas" (65). Según Kojève, aunque en la *Fenomenología* Hegel ya no sostiene el ideal guerrero del Hombre al estilo feudal, no obstante sigue sosteniendo que "en la práctica un Estado pacífico por esencia deja de ser un Estado propiamente dicho" puesto que "la participación en la lucha política sangrienta es lo que en definitiva eleva al hombre por sobre el animal, pues hace de él un ciudadano" (71). Es en este sentido en que la muerte, como Amo absoluto, afecta tanto al Amo como al Esclavo en su lucha por puro prestigio y por el reconocimiento.

> a las dos. Como es sabido, la libertad, a fin de cuentas, es como la famosa libertad de trabajo por la que luchó, según dicen, la Revolución Francesa —puede ser también la libertad de morirse de hambre, y precisamente a eso condujo el siglo XIX. Por ello, luego, hubo necesidad de revisar ciertos principios. Si eligen la libertad, entonces, es la libertad de morir. Es curioso que en las condiciones en que le dicen a uno ¡Libertad o muerte! la única prueba de libertad que pueda darse sea justamente elegir la muerte, pues así se demuestra que uno tiene la libertad de elegir. (221).

Una vez expuestas estas posibilidades del vel lógico, y recurriendo a los círculos de Venn, Lacan se interesa en mostrar el vel alienante entre "el ser" y "el sentido": "Si escogemos el ser, el sujeto desaparece, se nos escapa, cae en el sin-sentido; si escogemos el sentido, éste sólo subsiste cercenado de esa porción del sin-sentido que, hablando estrictamente, constituye, en la realización del sujeto, el inconsciente" (*Seminario 11* 219). El sentido queda eclipsado en el campo del Otro porque se produce la desaparición del ser, advenida por el efecto de corte/borde de la función del significante. La zona de intersección de los círculos, la del sin-sentido, deja, de un lado, el resto del círculo en el que teníamos el ser amputado, es decir, como un sujeto que ha perdido algo y emerge justamente con y por su falta; y, del otro lado, el del Otro y el sentido, también hay una falta, porque la caída del ser eclipsa la totalidad del sentido o el sentido como totalidad. Importa aquí, para Lacan, remarcar que esa intersección de los círculos "surge de la superposición de dos faltas. […] [donde] "una falta cubre la otra" (*Seminario 11* 222), y esto conduce, ciertamente, al sujeto como tachado ($) y al Otro (A) también barrado. Como nos recuerda Eidelsztein, "en el seminario *La lógica del fantasma*, Lacan establece que la alienación y el $ son lógicamente equivalentes, y hasta llega a definir la alienación como 'la caída del Otro' (79). Así, si la falta es constitutiva del deseo como tal, y si el deseo del sujeto es el deseo del Otro –"hace tiempo les dije que era el mismo" (223), entonces "no hay respuesta directa. Una falta generada en el tiempo precedente sirve para responder a la falta suscitada por el tiempo siguiente" (223). De alguna manera incluso parece insinuarse la otra cuestión, la del S_1 y el S_2, el significante-amo y el saber, respectivamente, en un tiempo no cronológico, sino lógico, con el famoso *après coup* típico del psicoanálisis. Es justamente a ese lugar de las faltas que apunta el psicoanálisis, por eso Lacan se apresura a decir algo que resulta crucial tanto para la praxis teatral como para las dramaturgias del crimen: "El objetivo de la interpretación no es tanto el sentido, sino la reducción de los significantes a su sin-sentido para así encontrar los determinantes de toda la conducta del sujeto" (*Seminario 11* 219).

Nos importa plantear aquí que en la relación del sujeto con el Otro, el sujeto "aprehende el deseo del Otro en lo que no encaja, en las fallas del discurso del Otro, que lleva al sujeto a interrogarse sobre ¿qué (me) quiere el Otro?, un "¿por qué me dices eso?" (222), como enigma del deseo del Otro. Y para responder a esta pregunta, frente a la falta en el Otro, el sujeto responde con su propia desaparición, su propia pérdida: "El fantasma de su muerte, de su desaparición, es el primer objeto que el sujeto tiene para poner en juego en esta dialéctica" (222). Una vez más, hay sujeto a costa del factor letal, es decir, a causa de su ingreso en el lenguaje, en tanto el significante mata la cosa, desvitaliza el cuerpo; no siendo una muerte natural, el parlêtre, capturado por el lenguaje, queda amarrado al significante del Otro, hablado por el Otro, mortificado por el significante. En efecto, el sujeto "es más hablado que hablante [y que] llegue a ser hablante tendrá que verse" (Miller, *Los signos del goce* 108). El discurso del Amo que captura al sujeto, que lo habla, es el discurso del Otro, el inconsciente.

En esta alienación al Otro, que es siempre una "elección a pérdida" (Eidelsztein 81), Lacan asigna al significante-amo S_1 "la función de favorecedor máximo a la identificación ideal, I(A) [Ideal del yo], que cumple la función de ocultar la división subjetiva y al S_2, la función de afánisis o desaparición del sujeto" (Eidelsztein 80). No hay sujeto hasta que el S_2 se articule al significante Amo, esto es, el S_1. Recordemos que un sujeto es un significante para otro significante. Allí donde el significante lo constituye como sujeto, allí mismo el sujeto desaparece: "El S_1 solo tiene un doble valor, esto es, crea al sujeto y, a la vez, lo borra" (Miller, *Los signos del goce* 160). Esta operación en la que pierde para siempre una parte de sí, vital, que escapa a los efectos mortificantes del significante, es también la que le permite "encontrar su lugar en el Otro" (Miller, *Los signos del goce* 157), a la vez que instala "en el sujeto el sentido de la muerte" (Miller, *Los signos del goces* 162).

El Ideal del yo, propuesto por el Otro simbólico, hace desaparecer al sujeto, camufla, si podemos decir así, su división y su falta. El Ideal del yo es el lugar desde donde el sujeto se identifica: pero la identificación a la que se refiere el psicoanálisis no es la mera imitación del Otro, por ejemplo del padre, que pudo haber tenido una influencia sobre él (lo vemos en muchas de las entrevistas realizadas por Galicia) y con quien pudo tener también contra-identificaciones, como es el caso narrado por Hernández. Lo que estas identificaciones o contra-identificaciones representan está del lado del yo ideal. En relación a las figuras parentales, como habíamos anticipado, la entrevista de Ramón Perea es elocuente cuando evoca la impresionante figura de su abuelo y sus mandatos machistas que, luego, quedan como mandatos superyoicos: "Esa vez *me marcó* para toda la vida" (II, 246, énfasis mío) y tal vez por ello "siento nostalgia —nos dice— de esos maestros que a fuerza de latigazo limpio domestican al alumno, sin darle su cucharadita de ambrosía" (II, 251). Y la experiencia de Perea, particularmente con la de montar un caballo, contrasta con la de Daniel Serrano quien afirma tener "una relación entrañable con él [su padre] [que] me enseñó a montar y a estar presente en sus actividades que tenían que ver con el ganado: herrar, capar, descornar" (II, 343). "La relación con mi padre –enfatiza Serrano— fue muy cercana, por eso su muerte *me ha marcado*" (II, 344, énfasis mío). Recordemos lo que nos cuenta Ángel Aurelio Hernández cuando modificó la utilería de una escena y se apercibió de la ira del padre, entendiendo desde entonces hasta qué punto la transgresión y la rebeldía podía afectar al público teatral (I, 352).

El psicoanálisis quiere ir más lejos: no quedarse en la imitación ("la imitación es connatural al hombre", nos dice Aristóteles en la *Poética*, sin dar fundamento a su afirmación); por el contrario, se apunta al Ideal del yo como pivote de las identificaciones para cuestionarlo, ya que ese Ideal se ubica en el Otro y es "desde dónde el sujeto se mira" (Miller, *Los signos del goce* 124). El Ideal del yo, por lo tanto, se ubica en el registro simbólico y es "un ideal del sujeto que concierne al yo" (Miller, *Los signos del goce* 124). Una vez más recordemos el rechazo de las etiquetas que hace Bárbara Colio (II, 84). Hay una demanda al Otro, se espera una respuesta, positiva o negativa, que ratifique al sujeto en su ser: un "tú eres" mínimo que constituye un Ideal del yo que lo fije, que le dé identidad. "El ideal—señala Miller—es la respuesta del Otro y, a la vez, es lo que engancha al sujeto en el significante, es lo que determina que no sea sólo un yo" (*Los signos del goce* 135). Y ese Ideal, respuesta que le viene desde el Otro, desde lo simbólico, desde la cultura, es lo que significantiza al yo, lo petrifica y, por ende, se distingue de las identificaciones imaginarias, que en *Conversaciones* denominan "ideales", como afiliaciones de moda, temporarias.

Será por "el camino de regreso del vel de la alienación" (*Seminario 11* 226) que el sujeto encuentre la separación. Sin embargo, ambas operaciones (alienación y separación) no son simétricas. Es justamente por la separación que el sujeto encuentra "el punto débil de la pareja primitiva de la articulación significante" (226), esto es, en el intervalo entre S_1 y S_2 donde se aloja el deseo "que se ofrece a la localización del sujeto en la experiencia del discurso del Otro" (227). Lacan hace referencia al primer Otro, la madre, "en la medida en que el deseo de la madre esté allende o aquende de lo que dice", es decir, en tanto y en cuanto el sujeto se constituye en "ese punto de carencia" en el que el deseo de la madre es desconocido (227). Es por este itinerario, mediante esta torsión que, no sin engaños, el sujeto vuelve al punto de partida, el de su falta como afánisis frente al Otro; por lo tanto, re-halla, re-encuentra su falta. Tal vez uno de los ejemplos que podemos tomar de las entrevistas para ilustrar la figura maternal no tenga tanto que ver con lo que los teatristas dicen de sus madres, sino cuando se refieren a cierta enigmática autenticidad que les daría la tierra donde han nacido con todo el imaginario de identificaciones a lo regional, a trabajar para esa tierra y esa comunidad, a volver a ella si uno se ha exiliado, a morir en ella o ser enterrado allí.

Es gracias al psicoanálisis—sobre todo gracias a la transferencia, en la medida en que ésta implica un Otro encarnado al que se supone saber—que el sujeto puede hacer este re-hallazgo de su afánisis (la de su desaparición "en el Otro lugar, el del inconsciente" [229]), promoviendo así una liberación del Otro. Lacan insiste en que no se trata de la libertad en sí, sino de la libertad como espectro (227). Cuando avanzado el *Seminario 11* regresa a la alienación con el ejemplo ya famoso del *fort-da*, según el cual el niño repetiría la acción de arrojar un carretel (fort) y luego lo recuperaría (da), como una forma de poderío frente a la ausencia de la madre, que él ahora manejaría a su antojo, nos deja clara la situación que nos interesa: "No hay fort sin da, valga la expresión, sin Dasein. Pero precisamente, a diferencia de lo que trata de aprehender, como fundamento radical de la existencia, toda la fenomenología de la Desein-analyse, no hay Dasein con el fort. O sea, tenemos elección. [...] [el niño] lleva a cabo el juego con la ayuda de un carrete, es decir, con el objeto *a*. El ejercicio con ese objeto se refiere a una alienación y *no a un presunto dominio*" (*Seminario 11* 247, el subrayado es mío). El carrete recuperado cuando el niño tira de la cuerda, lo que re-halla, no es la falta en el Otro, sino la falta en sí mismo, lo perdido que causa su deseo. Y esto nos importa, porque al producirse su afánisis por ausencia de la madre, el niño articula ahora su falta con la falta del Otro, por medio de un carretel que no cancela, no anula, ni siquiera transforma la falta del Otro (no se libera del Otro), sino que recupera o apunta a recuperar (regresando desde la falta de la madre a su propia afánisis), mediante el carretel, el objeto perdido de sí mismo, aquello vital que escapó a la alienación.

De modo que, si para el esclavo no hay libertad –su carretel, su objeto perdido— sin vida, si frente a la muerte, en la lucha por puro prestigio hegeliana éste, por así decirlo, hace afánisis, aunque haya ganado la vida, lo ha hecho a costa de perder su libertad; en ese momento de terror en el que se produce "[l]a revelación de la esencia del amo" (*Seminario 11*

228), cuando se le ofrece al esclavo la alternativa libertad o muerte, éste opta por una vida sin libertad, que pasa, si se quiere, a fungir como la causa de su deseo, la falta de su deseo. No obstante, el amo no está exento de enfrentarse a la misma alternativa y, frente a la muerte, elige –como Sygne de Coûfontaine, en la tragedia de Paul Claudel— no "renunciar a nada que pertenezca a su registro, el del amo, y los valores por los que se sacrifica sólo conllevan, además de su sacrificio, la necesidad de renunciar a lo más recóndito de su propio ser" (*Seminario 11*, 228), esto significa que también el amo pasa por "la alienación radical de la libertad" (228). Recordemos que, en la perspectiva hegeliana, es Amo el que está dispuesto a morir en la lucha por puro prestigio. Esclavo y amo están ambos afectados por el factor letal. Ambos tienen una parte perdida y cercenada por la operación de la alienación, una parte que hace justamente a lo vital del hablanteser. Ambos tienen que proceder a la separación, como forma de afrontar la relación con ese objeto perdido que supone "la articulación lógica entre deseo y pulsión" (Eidelsztein 84), lo cual nos remite nuevamente al mito de la laminilla, la libido como órgano, la frontera estructural entre naturaleza y cultura, entre lo permitido y lo prohibido (al borde pulsional pero también disparador del deseo), frente a la cual debería ocurrir la separación.

Si esa frontera se visibiliza en la fórmula del fantasma, cuya pantalla nos protege de ir demasiado lejos en el goce, si nos calibra los riesgos de la transgresión, también es cierto que toda relación con el deseo pasa por el fantasma. Ni podemos liberarnos de la pulsión ni del deseo. "Nadie puede ser amo de su deseo—escribe Eidelsztein—ya que deseo y amo son términos esencialmente contradictorios" (85). No podemos liberarnos del deseo, que siempre es el deseo del Otro; por lo tanto, como insiste Eidelsztein, para Lacan "la libertad es una fantasía" (85), incluso para el amo. No se trata de imaginar, como hicieron muchos analistas, la alienación como dependencia al Otro y la separación como liberación del Otro. Siendo estructurales, siendo el deseo el deseo del Otro, no hay liberación posible aquí; la separación no apunta a una liberación del Otro, a una cancelación de la ley, del lenguaje, sino a "la posibilidad de rescate del factor letal del significante; no se trata de liberarse de aquel [del Otro], sino de articularse con su falta" (Eidelzstein 85), lo cual supone un trabajo con la transferencia, con un Otro en posición de sujeto supuesto saber, sobre el cual no hay dependencia y del cual habría que liberarse. Para que la transferencia opere es necesario el deseo del analista, sobre el que tanto insistió Lacan, esto es, alguien que haga de semblante del Otro y del objeto *a*, y le permita al sujeto el trabajo con los señuelos del deseo, la travesía del fantasma y la evacuación de los significantes-amo para que, de ahí en más, pueda "arreglárselas con su goce" y, obviamente, responsabilizarse por ello frente a la Ley.

Postulamos entonces una praxis teatral que admita ocupar la posición del analista, en la medida en que es el deseo del teatrista el que al hacer de semblante del Otro y del objeto *a* del público, le permite a éste trabajar sus señuelos, sus ilusiones y su alienación a los ideales del Otro, esos ideales no solicitados que lo capturan en su malestar en la cultura, en fin, desalienarse y poder realizar una demanda al Otro, sin intentar cancelarlo como ley que sostiene el pacto social, sino para transformarlo por la vía y el trabajo con su emancipación.

CAPITULO 6
A manera de conclusión

Hacia una nueva dramaturgia

Al abordar relatos que instalan su propia temporalidad, por consecuencia también nos desprendemos de ese mandato teatral occidental de "reflejar la realidad", con cualquier grado de realismo del que se sea capaz. Al contrario, como afirma Rubén Szuchmacher, "[h]ay que construir una estructura nueva que no esté en la realidad, ahí hay una posibilidad de generar algo distinto" (159). Porque, justamente, la causa del malestar en la cultura que nos afecta, localizada del lado de lo pulsional, del goce y lo real, puede estar como causa de una narración con otro tipo de pliegues temporales y temáticos. El teatrista, obviamente, con su arte y oficio, con su paciencia infinita, hace su escritura, la propia, como todo sujeto que habla y recorre la trama de su malestar sin atenerse a "representar la realidad", salvo la realidad psíquica. Y en esta dimensión, poco valen las ideas o las preguntas, simplemente porque el teatro no es una 'ilustración' de algo preconcebido al que hay que montarle un argumento, unos personajes, un lugar, sea alegórico o no; no se trata, en las nuevas dramaturgias, de dejarse seducir, como en los años 60 y 70, por las doctrinas, por el sentido. Como lo plantea muy puntualmente Szuchmacher, incorporándose a una praxis teatral que, partiendo del sinsentido y del no-saber, apunta a destronar las veleidades de poder del yo; es una praxis teatral que, al menos en Argentina se expande aceleradamente (tal como se puede ver en las entrevistas reunidas en *¡Todo a pulmón!*). Nos dice el director argentino:

> La idea te traba, en cambio, percibir es ver qué es lo que el objeto provoca en uno. Yo dejo que el objeto se exprese, para decirlo de alguna manera, y es a partir de eso que trabajo. Dejo que la obra se construya. Este modo de trabajar exige un gran esfuerzo de vaciamiento. Para mí, el

yo es un problema en la dirección y en la actuación. (166-167)

Ahora los dramaturgos, como antes Freud, se dan cuenta de que la productividad dramática ya no está del lado del yo con sus afanes de saberlo todo y legislar sobre la sociedad a partir de su propia imagen; está, en cambio, del lado del sinsentido, de ese lugar donde se registra lo insensato, y allí hay que hundirse, con todo el sufrimiento que eso exija. Podríamos decir, en términos del psicoanálisis, que el teatrista hoy no parte de un problema (como hace el científico), sino de su síntoma, que Lacan definía como "todo lo que viene de lo real" (14) (no de la realidad). Es en el síntoma donde se aloja su modo de goce, como "lo que más amamos en nosotros" (Miller, "El psicoanálisis" 23); aquello que, a pesar de dolernos a nivel de la conciencia, del lado del inconsciente, por el contrario, es lo que nos hace felices, justamente porque nos amarra a ideales que, por miedo, por no salir de nuestra zona de confort, preferimos no conmover, no criticar, no sustituir por otros. Hay, pues, que enfrentarse a dicho síntoma y a los ideales involucrados en él, que nos marcan, a fin de criticarlos y, en todo caso, no para amarrarnos mejor a ellos, sino por el contrario, para quedarnos 'responsablemente' con nuestro goce, ese pequeño *a* del álgebra lacaniana.

No queda excluido que el teatrista, en su escritura, termine postulando nuevos ideales o prefiera el Ideal al goce. Es lo peor que le puede pasar. Como artista, puede en tal caso asumir, como quiere Miller, la ironía. En ese sentido, psicoanalista y artista estarían a su manera, no haciendo de combatiente de ciertas ideas, como ocurre muchas veces en el teatro político o de activismo,[66] cuya agenda preformada, su actitud de

---

[66] Jorge Palant comenta la forma en que Bertolt Brecht, en su adaptación del *Coriolano* de Shakespeare, aborda ese componente "extraño" (siniestro, inconsciente) para "llevar a la escena su doctrina [que] deja afuera cierto misterio que constituye, siempre, un borde de lo trágico" (85). Esta apreciación de la forma en que el "fervor revolucionario" se impone sobre lo teatral, nos lleva a una pregunta que Palant formula de la siguiente manera: "¿Cómo funciona el distanciamiento [brechtiano] creando un espectador crítico que es llamado por causas que su razón comprende, a diferencia de la identificación tantas veces desconocida en sus resortes creada por la subjetividad no siempre

adoctrinamiento y sus buenas intenciones, confunde los cuidados de la *polis* con el amor por ella, a la manera de esas madres que, frente a la demanda de amor, "atiborran [al hijo] con la papilla asfixiante" (*Conversaciones* 75). Y ya vimos cuál es la experiencia del teatro de izquierda en América Latina y a qué trastornos políticos condujo. ¿Habrá algún modo de jugar con las analogías en este plano, imaginando la dimensión política de los "trastornos en la alimentación y la imagen especular, de las que la anorexia y la bulimia son casos ejemplares" (*Conversaciones* 75)?

La ironía, si la imaginamos en la dimensión lacaniana del amor, esto es, dar lo que no se tiene, dar la falta y no los bienes que se poseen, opera de otra manera: revela "los ideales sociales en su naturaleza de semblantes" (Miller, "El psicoanálisis" 26), culturalmente arbitrarios, ocupando—como ya lo había visto Foucault—la posición de Sócrates, en tanto posición cínica, quien se limitaba a "hacer temblar [...] hacer vacilar los ideales, a veces simplemente poniéndolos entre comillas, quebrando un poco los significantes-amo de la ciudad: libertad, propiedad, patria" (Miller, "El psicoanálisis" 25). Podríamos agregar hoy otros S_1, como el género sexual, la democracia formal y representativa, la clase social, el racismo, el crimen, etc. Si no nuevos significantes-amo, el teatrista puede al menos proveer aquello que Lacan designó como el 'sinthome", retomando la antigua escritura del vocablo, para referirse no al síntoma, sino al modo como el sujeto anuda los tres registros (simbólico, imaginario y real), desajustados y con el objeto *a* en la intersección de los tres, permitiendo así que "el sujeto [siga] en pie" (Miller, "El psicoanálisis" 32).

La tarea del teatrista, entonces, se orienta hoy a levantar el síntoma, para que ya no nos moleste tanto, o bien a arreglárnoslas con nuestro modo de goce. Sea como sea, la tarea no se hace sin sufrimiento y sin desestabilizar nuestra adherencia a los ideales. Como lo plantea Miller, "[e]l síntoma es lo que escapa a la organización del yo, lo que se mantiene fuera de su poder de manera independiente" ("El psicoanálisis"22). Por

---

revelada en sus motivaciones? Una cosa es que la identificación produzca sujetos a-críticos, lo cual sería un desperdicio del pensamiento; *otra, que la identificación deje abierto un espacio que convoque lo imposible de comprender*" (91, el subrayado es mío).

eso, mal puede irle hoy al teatrista que pretenda ocupar la posición de un amo iluminado que nos da recetas de cómo ser, cómo comportarnos o cómo entender el bien y el mal o someternos a los imperativos del Otro. En este sentido, siguiendo a Lacan, diríamos que hoy no parece ser muy productiva una dramaturgia ejercida desde el discurso del Amo o el discurso de la Universidad;[67] en cambio, parece vislumbrarse un teatro más radical cuando el teatrista —en función de su contexto social— hace su trabajo desde el discurso de la Histérica o el discurso del Analista. Hernández, como vimos, parece inclinarse por esta perspectiva, esto es, por una dramaturgia que evite la sublimación, entendida ésta como una elaboración del malestar de la cultura encauzada por los callejones del Otro, del goce del Otro, con el fin de ser apreciado, valorado y reconocido. El teatrista sabe que no puede desembarazarse solo de su síntoma (Miller 22); por eso necesita del diálogo con sus pares y, sobre todo, con el público. Se parte, pues, del no-saber y, obviamente, se arriba a un sentido a nivel simbólico e imaginario, esto es, a nivel de la verdad, del semblante de la verdad, pero en todo caso una verdad que permanece del lado del *saber*, no del lado del *conocimiento* y, por ende, puede volver a ser interpretada. La potencia de la nueva dramaturgia se la percibe en esa propuesta alcanzada, no como un desenlace lógico de una trama perfectamente calculada y graduada, sino cuando el sentido es lo suficientemente enigmático como para que el público se ponga a su vez a hacer su propio trabajo. Es probable que, en estos casos, la perspectiva aristotélica no pueda asistirlo tanto como espera.

Manifiesto hernandiano: una estética de la frontera estructural

> Tampoco se trata de volver a los valores de la familia y a los viejos tiempos, cuando se creía en el padre. ¡Ah, qué tiempos aquellos! ¡Se

---

[67] Ver mi ensayo "Los cuatro discursos lacanianos y las dramaturgias."

acabó! Lo único que existe es el debate democrático, abierto, crítico…

Eric Laurent, "El analista ciudadano" 4

Padre fragmentado dentro de una bolsa, aunque no es un teatro 'de frontera', en el sentido corriente en que se lo ha entendido hasta ahora, como lugar de conflicto y horror generados por la inmigración compulsiva producida por el capitalismo neoliberal, se enfoca no obstante en lo que hemos denominado la *frontera estructural* que no solo se visibiliza en zonas de frontera concretas, sino que alude a las fronteras que todos podríamos, inesperadamente, cruzar en una sociedad desquiciada y corrompida respecto de la autoridad y la ley. En esta dramaturgia de frontera estructural, Hernández, al menos en esta pieza que comentamos, no se detiene en "representar" personajes, conflictos y horrores ya muy abordados por otros dramaturgos del norte de México.

Cuando Hernández afirma la necesidad de que la dramaturgia trabaje con la ausencia, lo podemos pensar como trabajar con la falta, con el deseo, más que con la angustia que, como Lacan la conceptualizó, aparece justamente cuando "falta la falta". No hay deseo sin una falta, sin una ausencia, como en el famoso *Fort Da*, con el que el nieto de Freud elabora la presencia/ausencia de la madre haciendo aparecer y desaparecer un carretel, siendo ese carretel él mismo o, mejor, una parte de él mismo. De modo que tanto desde la perspectiva pulsional como desde la perspectiva del deseo, al interrogarnos en la forma en que éstas se articulan y cómo se satisfacen, nos topamos con el tema de los ideales, el Ideal del yo, el yo ideal, el superyó, la idealización y la sublimación, conceptos relacionados con la falta y que, no sin esfuerzo, el psicoanálisis se dio a la tarea de discernir. Indudablemente, estas cuestiones no se desentienden de lo Real, del goce, del placer y displacer, de la verdad y sus semblantes. Y ya que hay semblantes, como dijo Jacques-Alain Miller en su conferencia titulada "El psicoanálisis, la ciudad, las comunidades", del 7 de junio de 1997 (en la que se deja leer, además, su implícita referencia al "último Foucault"), "elijamos los mejores para vivir y dejar vivir". No sorprende entonces que el público, la comunidad, apele a los teatristas —como lo plantea Daniela Fernández— del que espera (como espera de cualquier artista) aquello que Lacan subrayaba, esto es, "librarnos el acceso al lugar de lo que no puede verse" (5). El artista, en cualquiera de las artes, como el psicoanalista, sobre todo en esta era del "gran hastío", del asco y del miedo generalizado, "se ocupa de lo que no anda" (Lacan, "Entrevista en la revista Panorama" 10). Es su imperativo ético, pero no para dar recetas de cómo alcanzar la felicidad y el bienestar desde una perspectiva universal, sino de dejar que el sujeto o la comunidad lo elucubren por sí mismos y de acuerdo a sus formas de arreglárselas con su modo de goce, con el sufrimiento que da el exceso de goce, y no el sufrimiento del vivir (*Conversaciones* 139).

Para los teatristas de hoy —y por otras razones que, como bien parece indicarlo Hernández, nada tienen que ver con la innovación y la vanguardia— es el público el que debe hacer su propia historia y su verdadero "análisis". Cuando Hernández espera que la dramaturgia "se exente del tiempo y sus necesidades históricas", nos está invitando a un trabajo analítico en el que cuestionamos la temporalidad lineal que Occidente se fabricó, tal vez, contra la insistencia escrituraria de la repetición. Hay un tiempo cronológico, sin duda, pero hay otro tiempo lógico que todo relato debe asumir cuando se enfrenta al inconsciente, no marcado por ninguna temporalidad.

Al plantearse una dramaturgia que "se exente del tiempo y sus necesidades históricas, que se deje pervertir por el morbo y el cinismo de adentro, que trabaje con la ausencia, que pierda el respeto, el miedo, la confianza, que ya no sea la vanguardia el efecto único que la seduzca, que ya no se llame innovación y que nos siga doliendo" (360), Hernández está delineando, consciente o inconscientemente, un manifiesto de dramaturgia del crimen y de frontera estructural para el teatro de hoy en el norte de México, en el resto de país y sin duda para América Latina. Hernández aspira a un teatro:

1.- Que se exente del tiempo y sus necesidades, esto es, se libere de la alienación a un tiempo cronológico, histórico, al que habría que reproducir sobre la escena realísticamente para apelar a la conciencia del público, como si éste no fuera el afectado o el cómplice de las circunstancias. Esto es, el teatrista debe ir más allá del padre y, como lo pedía un personaje balzaciano, debe hacer un esfuerzo de poesía (Greiser 157). Apela de ese modo a un tiempo lógico, al no-tiempo del inconsciente – estructurado como un lenguaje— que, como discurso del Amo, tiende a imponer y universalizar sus significantes, pero que no obstante es la condición ineludible para abordar cualquier salida emancipatoria, si la hubiere, desactivando cualquier pretensión de liberación absoluta, radical. Ya mencinamos, por ejemplo, la actitud insatisfactoria (no necesariamente rebelde o vanguardista) de los teatristas frente a la linealidad aristotélica de la fábula por la incapacidad de significantizar lo real, lo que los invita a la experimentación con las formas de contar una historia.

2.- Que se deje pervertir por el morbo y el cinismo de adentro, es decir, una dramaturgia que, al afrontar la parresia, explora a su vez los avatares del deseo perverso en todas sus posibilidades de posicionamiento del objeto *a* respecto del goce del Otro: fetichismo, exhibicionismo/voyeurismo, sadismo/masoquismo. El rol del teatrista aquí es en cierto modo doble: como cínico, lo es a la manera antigua, el que tiene obligación de decir la verdad a todo riesgo, pero también lo es en su trabajo, sobre todo como actor, al inventar un saber de lo real, en cierto modo, mentir la realidad, ofrecer un semblante de la verdad, pero en estricto sentido lacaniano: al mentir sobre la realidad se dice la verdad del deseo (García).

3.- Que trabaje con la ausencia, esto es, con las faltas, la del sujeto y la del Otro, a fin, sin duda, de producir un cambio de posición subjetiva (del teatrista, de la dramaturgia y sobre todo del público). Tanto en la trama de *Padre fragmentado* como en la dramaturgia que la sostiene, la cuestión de la palabra toma una dimensión de suma importancia. La dramaturgia, el teatro, instala –como lo plantea Alfredo O. Carol—la palabra "ausente que entre ellos [es decir, entre los personajes, el teatrista, el público] circula, aun ahogada en la excesiva presencia de escenas públicas y en lo real de la violencia; la que todavía sobrevive en medio del naufragio del orden legal y genealógico que la familia debe instituir" (Gerez II, 157-

158). Se hace entonces necesario recuperarse de la alienación a los emblemas e ideales del Otro, separarse de esos significantes-amo que emergen en el sufrimiento de los síntomas sociales para, por esa vía, recuperar ese momento de *afánisis*, de desaparición subjetiva; y de ahí, se impone afrontar la elaboración analítica, por ende ética, de los significantes-amo de su propio goce a fin de evitar los riesgos del pasaje al acto (mera transgresión orientada a anular la ley y sus efectos) y articular una demanda al Otro por la vía del deseo para transformarlo, pero no cancelarlo y anular la posibilidad del lazo social.

4.-Que pierda el respeto, el miedo, la confianza, es decir, una dramaturgia basada en cuestionar la obediencia, consciente o inconsciente, al Otro; una dramaturgia que se precia de sostenerse, en términos de Lacan, en el discurso de la Histérica o el discurso del Analista, cuestionando la certeza o totalidad falaz del Otro, develando su falta,[68] o posicionándose como un sujeto supuesto saber para permitirle al público la transferencia a fin de abordar su deseo implicado en el fantasma, y proceder a la travesía del fantasma socio-político, es decir, la ideología (como lo plantea uno de nuestros epígrafes), causando sus significantes-amo, *su* verdad, la de sus modos de goce (lo cual no necesariamente supone la felicidad ni una merma del sufrimiento).

5.- Que ya no sea la vanguardia el efecto único que la seduzca, es decir, abordar la estética a partir del trabajo con la parresia y el inconsciente, sin encorsetarla a los protocolos del Otro cultural y/o académico, que impone obediencias a fin de otorgar sus prebendas (premios, subsidios, giras, crítica, etc.).[69] Hernández dice 'efecto único', para subrayar justamente el hecho de que, entre múltiples atrapamientos posibles, la seducción, como todo poder, responde a la captura y sometimiento del sujeto por medio de los señuelos que atrapan al deseo. Pareciera como si Hernández intentara dos movimientos simultáneos: por un lado, no dejarse

---

[68] Ver mi ensayo "Una posible genealogía de lo político teatral: El régimen de verdad de la escena teatral".

[69] Ver mi libro *Praxis teatral. Saberes y enseñanza. Reflexiones a partir del teatro argentino reciente*.

seducir por la vanguardia como efecto único de seducción del teatrista, y tampoco asumir la vanguardia como mera innovación. Si, como plantea Jorge Dubatti, la vanguardia artística tuvo pretensiones de no-ancilaridad del arte, esto es, el propósito de sostener "su autonomía en tanto fuerza liberadora de estructuras del pasado y su capacidad de fundación de nuevos territorios de subjetividad no regulados por el poder cívico, ni la religión, ni la ciencia, etc." (54) –tal como lo venimos planteando en este libro, aunque en términos lacanianos de alienación y separación—, es vital para el arte una lógica del no-toda de la verdad, para evitar esos efectos fatales de institucionalización, verosimilización o naturalización posterior de la novedad y la radicalidad vanguardista. Solo un teatrista que trabaje desde la perspectiva del discurso del analista puede, en esa difícil posición, sustraerse a la recaptura de su invención por la *vanguard*, sea la del Estado o el Partido, que "pone la transformación al servicio de un proyecto macro-político [ya que] la vanguardia política [a diferencia de la artística] recupera la ancilaridad (se pone al servicio del partido, del proyecto político, del Estado, etc.) y corta sus vínculos con la autonomía del arte" (Dubatti 55). En esta línea, la cuestión pasa por un marco ético, como bien lo plantea Alcántara Mejía:

> Y he aquí el riesgo que el teatro nomádico tiene que correr. La línea entre la estética como forma de desenmascaramiento del Estado, y el artefacto que el Estado puede utilizar a su favor, es delgada. Y es por eso que el teatro nomádico tiene que ser profundamente ético, tener la capacidad de decidir más allá de los condicionantes culturales, más allá de los "vanguardismos" tolerados, es decir, subencionados y promovidos por el Estado, más allá de la denuncia que se transforma en objeto que promovería la intervención de la ley más que de la justicia. (282)

Me arriesgo a re-leer la cita de Hernández en algo que va más allá de la pretensión vanguardista de "autonomía del arte". Como lo planteé una vez,[70] a partir del concepto de genealogía de Foucault, habría que reconstruir la historia de sangre que hay bajo esa noción europea para dar cuenta de la barbarie que la funda, siguiendo la famosa tesis benjaminiana de que "[n]o existe un documento de cultura que no sea a la vez documento de barbarie" (Benjamín 256, mi traducción). Percibo en ese "que nos siga doliendo" de Hernández un recordatorio del trauma, colonial y neocolonial, que podría resguardar al teatrista de ese "efecto único" de canonización, a la postre siempre pacificante de lo que otrora pudiera haber sido una "innovación" radicalizada o radicalizante.

6.- Que ya no se llame innovación y que nos siga doliendo, es decir, que su supuesta novedad o aparente originalidad no dé base a euforias transitorias e ilusorias, que dicha novedad u originalidad no constituya un fin en sí mismo capaz de alimentar las pasiones narcisistas del teatrista; menos aún si éste intenta velar, probablemente con desenlaces dramáticos, la cuestión de la separación, concibiéndola como liberación o emancipación radical del Otro. Porque si se hace imprescindible hoy, una vez desidentificados, articularnos responsablemente a la falta de la Ley, también es impostergable no dejarse capturar por un superyó obsceno que, en su voracidad, nos impele al pasaje al acto criminal. El modo de goce, ya desamarrado de las insignias del Otro —hay que decirlo una vez más— no significa la felicidad.

El teatrista ciudadano

La tarea del dramaturgo, tal como se puede leer aquí, aparece diseñada como la del analista ciudadano de la que habla Eric Laurent, que se diferencia del analista crítico o analista agujero, alguien que ostentaría no tener ideales, haberse desidentificado de todos los ideales, que no cree en nada. Nos dice Laurent:

---

[70] Ver mi ensayo "El bifurcado camino de la melancolía: la civilización del espectáculo y el futuro del teatro latinoamericano", particularmente página 97.

Dramaturgia de frontera / Dramaturgias del crimen

> Los analistas tienen que pasar de la posición del analista como especialista de la des-identificación a la del analista ciudadano. Un analista ciudadano en el sentido que puede tener este término en la teoría moderna de la democracia. Los analistas han de entender que hay una comunidad de intereses entre el discurso analítico y la democracia, ¡pero entenderlo de verdad! Hay que pasar del analista encerrado en su reserva, crítico, a un analista que participa, un analista sensible a las formas de segregación, un analista capaz de entender cuál fue su función y cuál le corresponde ahora. (2)

Nuevamente, uno está tentado de sustituir el vocablo "analista" por el de teatrista y las cosas comienzan a hablar por sí mismas. En América Latina sabemos bastante bien cuál fue la función del teatrista durante las dictaduras; hemos pagado altos precios por ese saber. Fuimos críticos, pero trabajamos duros para derribar ideales nefastos y ofrecer ideales más saludables y democráticos. Ahora nos toca diseñar un rol diferente para un teatro en una época, si no realmente democrática, ciertamente de globalización neoliberal, con todos los señuelos ideológicos, con todos los fantasmas y las insignias consumistas que nos acechan. Y aunque es hoy más difícil saber dónde y con qué estrategias captura el Otro nuestra subjetividad, lo cierto es que muchos colectivos se han puesto en marcha, han alzado la voz en los últimos años: indígenas, homosexuales, víctimas de abusos sexuales y económicos, ambientalistas, etc. Han apelado a teatralidades diversas, sea la del teatro, la del performance, la de la fiesta, etc. Frente a este panorama crepuscular del capitalismo, como hemos visto en las entrevistas, el teatrista enfrenta la melancolización generalizada propuesta por el sistema neoliberal, deviniendo inmediatamente en parresiasta: no puede callar, tiene creencias, habla desde ellas, grita.

La diferencia con los teatristas y artistas de los años setentas es que hoy resulta sospechoso hablar desde la vanguardia política. Casi ningún teatrista, salvo que asuma un cargo burocrático en el gobierno –como lo planteaba Jorge Celaya cuando afirmaba que asumir cargos burocráticos corrompe el escenario (Galicia II, 50) — somete hoy su creatividad a principios partidistas, a representar emblemas estaduales o religiosos. Sí, en cambio, es posible ver teatristas que asumen en ciertos momentos representar a colectivos de lucha, sean ecologistas, feministas o sus derivados; se hacen cargo de agendas humanitarias fundamentales. El teatrista parresiasta, como el analista ciudadano de Laurent, siente el impulso de intervenir social y políticamente "con su decir silencioso [que] es distinto del silencio" (2), en la medida en que –pasado el momento de la protesta y el activismo— promueve la des-identificación, el desalienarse, esto es, separarse de los ideales e insignias del goce del Otro opresor. Es el teatrista que ayuda "a que, cada vez que se intenta erigir un nuevo ideal, pueda denunciarse que la promoción de nuevos ideales no es la única alternativa" (Laurent 4).

Indudablemente, como lo plantea Eric Laurent, "las democracias y el lazo social son cosas muy frágiles, basadas en un manejo delicado de las creencias sociales. Las creencias sociales son ficciones, pero ficciones que hay que respetar, que hay que tratar" (5), ya que no hay manera de no tener creencias. No se puede imaginar un teatrista cínico, en el sentido actual, no foucaltiano, que sea el analista agujero o el analista crítico, ése "que no tiene ningún ideal, que llega a borrarse, que es tan sólo un vacío ambulante, que no cree en nada [...] que cayó en el propio agujero producido por su práctica: el agujero de los ideales" (5).

Si toda comunidad, bajo cualquier tipo de identificación a una insignia, desencadena pasiones narcisistas, la primera tarea del analista/teatrista, según Laurent, es ética: "ser capaz de silenciarlas [esas pasiones y] la segunda es remitir al grupo social en cuestión a sus verdaderas tareas" (2), que consisten en trabajar esa desidentificación, "suprimiendo su pasión narcisista de ser rechazados del ideal, [para poder] reinsertarlos y darles un destino humano" (3), esto es, darles la alternativa de no dejarse arrasar por lo pulsional y, en caso de hacerlo, mostrarle las dimensiones de su responsabilidad con su modo de goce.

Y aunque trabaje con otros, el teatrista/analista debe ser capaz de escuchar y transmitir la singularidad de cada sujeto, impidiendo "que en nombre de la universalidad o de cualquier universal, ya sea humanista o antihumanista, se olvide la particularidad de cada uno" (3), como ocurre cuando se trabaja con el "para-todos", que hace masa, que uniformiza, tal como ocurre "en el Ejército, en el Partido, en la Iglesia, en la Sociedad analítica, en la salud mental, en todas partes. Es preciso recordar que no hay que quitarle a uno su particularidad para mezclarlo con todos en lo universal, por algún humanitarismo o por cualquier otra motivación" (Laurent 3), incluso cuando se trata de criminales, de locos, de marginados o diferentes. Joan Copjec nos recuerda, además, cómo los grupos artificiales que Freud toma como base en *Psicología de las masas* supone, además, la exclusión de las mujeres, con lo cual apreciamos la vuelta de tuerca que Hernández realiza, no solo sobre el Edipo, al plantearlo desde la perspectiva de Marianne, sino sobre la exclusión que ella sufre por sentirse, como otros jóvenes de hoy, excluidos del universal machista, patriarcal y heterosexista. Escribe Copjec:

> el argumento de Freud es que los grupos artificiales no dependen sólo de la exclusión del amor sensual [supuestamente atribuido a las mujeres], sino también de las exclusión de las mujeres, ya sea de manera explícita, como en el caso del Ejército y la Iglesia, o implícita, como en el orden fraternal, o régimen de los hermanos, que cobró existencia en la última mitad del siglo XVIII, junto con la emergencia de los Estados-nación y el racismo moderno. (*El sexo y la eutanasia de la razón* 69)

Freud va a mostrar, como lo enfatiza Copjec, que el amor es en la masa un factor político que atraviesa fronteras de raza, de segregación nacional y de clase social; sin embargo, los valores de libertad, igualdad y fraternidad, como lo indica esta última palabra, quedan reservados como privilegios para los varones; solo a partir del feminismo del siglo XX comenzamos a ver cómo se diseñan, no sin dificultad debido a la cuestión del falo—en tanto organizador universal simbólico del poder— agrupaciones de mujeres (sororidades), siempre al borde de la desintegración, porque allí entre ellas es muy difícil sostener la universalidad del para-todos, ya que La mujer es, tal como lo vio Lacan, ese más allá de lo simbólico organizado por el falo, es una dimensión de un goce infinito más allá de las regulaciones de la función fálica que sostiene el lazo social. Y si Lacan, como plantea Copjec, pone la pasión y el amor sensual del lado de la ética, luego tendrá que enfrentar la dificultad de ligar ese amor con la universalidad, para diferenciarlo del amor universal del líder (71). Por eso, indirectamente, la cuestión del amor entra aquí a jugar con la alienación y el Ideal del yo, pero también con la separación, por cuanto el amor "no nos conduce a la satisfacción de la postergación, que implica que nunca obtenemos lo que queremos, sino a la satisfacción de la obtención, que implica que lo que obtenemos nunca es suficiente" (Copjec 93). De ahí que el amor está siempre en la dimensión del deseo. Respeco del Ideal del yo, siempre hay un déficit de satisfacción porque el sujeto no logra alcanzarlo mientras que el amor "indica la falta de coincidencia del sujeto consigo mismo. En este punto no se trata de que no se logra alcanzar algo, sino de que se va más allá" (Copjec 94). Podemos leer la siguiente cita de Copjec desde la perspectiva de la emancipación, ya que el amor, del que Freud dudaba que nos salvaría de la autodestrucción de la humanidad, mantendría todavía viva nuestra esperanza, en tanto demanda al Otro de la ley y transformación por construcción de hegemonía a partir de la demanda singular de cada cual, tarea de la política. Dice Copjec:

> Mientras que en los grupos el ideal del yo cumple una función universalizante y universaliza a los miembros que une en una relación de equivalencia, en el amor el sujeto cumple la función universalizante a través de su declaración/juicio de amor/placer. Lo que se universaliza en este caso es el objeto amado o bello. (94)

Podemos vislumbrar desde esta última cita, en esa alianza entre el amor y lo bello, la directriz de una praxis teatral emancipatoria tal como la queremos insinuar en este libro: ya no universalizar a partir del Ideal del

Dramaturgia de frontera / Dramaturgias del crimen

yo, sino a partir del Eros, esto es, donde el sujeto es el que cumple la función universalizante desde la singularidad de su deseo apuntando al Otro, a la falta en el Otro, y con propósito de construir hegemonía.

En este sentido, y para concluir, las obras de Ángel Aurelio Hernández, como vimos en *Padre fragmentado en una bolsa*, pero también en *Aproximaciones al interior de una ballena*, *Hanoi Hilton*, *Suite Afganistán* o *Anthropology*, resultan paradigmáticas de una dramaturgia de frontera estructural que, al diseñar su propia versión de una dramaturgia del crimen, aborda de frente lo que nos duele en el mundo contemporáneo, parresiásticamente, pero sin proponernos ideales doctrinarios de redención. Sus personajes, los conflictos en los que se debaten, su habla, aun en los extremos del arrasamiento pulsional que los sacude o de la dimensión criminal en la que viven, nos permiten discernir el medio decir de la verdad a la vez que nos invitan a poner en crisis nuestros ideales que, como vimos, tal vez no sean tan nuestros sino del Otro opresor. Su dramaturgia, como la de otros en la América Latina de hoy, nos abre la puerta a elaborar nuestras faltas y las del Otro, nos deja el enigma de imaginar hasta qué punto eso que sucede en la escena, también anida en el núcleo de nuestro goce cómplice con los mandatos y el goce del Otro opresor. Es en este sentido en que esta dramaturgia, a veces atroz, extrema su grito, no solo parresiástico sino también emancipatorio de cada uno de los integrantes del público y de cada comunidad, para inventar las insignias acordes a su propia singularidad.

BIBLIOGRAFIA

Abad, Grabriela. *Escena y escenarios en la transferencia*. Buenos Aires/Los Ángeles: Argus-a Artes y Humanidades/Arts & Humanities, 2016.

Agamben, Giorgio. *Homo sacer. El poder soberano y la nuda vida*. Valencia: Pre-Textos, 2006.

Alcántara Mejía, José Ramón. "Violencia de las políticas y políticas de la violencia: nomadismo y teatro", en Alcántara Mejía, José Ramón y Jorge Yangali Vargas, coords., *La re/presentación de la violencia en el teatro latinoamericano contemporáneo: ¿ética y/o estética?* México: Universidad Iberoamericana, 2016. 273-283

Alemán, Jorge. "Terrorismo y hermanos". *Página 12*. 12 enero 2018. https://www.pagina12.com.ar/88651-terrorismo-y-hermanos

---."Capitalismo y vida". Página 12. 10 agosto 2017. https://www.pagina12.com.ar/55578-capitalismo-y-vida

---. *Soledad:Común. Políticas en Lacan*. Buenos Aires: Capital intelectual, 2016.

Ávila, Demetrio. *Sirenas de río*. Mijares, Enrique, ed. *Hotel Juárez: Dramaturgia de feminicidios. Teatro de Frontera 22*. México: Siglo XXI, 2008. 71-87.

Bares, M. "Artistas y asesinos". *Asesinos seriales, Revista Generación* XVI: 55: 6-9.

Barthes, Roland. *La antigua retórica*. Barcelona: Ediciones Buenos Aires, 1982.

Benjamin, Walter. "Thesis on the Philosophy of History". *Iluminations*. New York: Schoken Books, 1968.

---. "The Work of Art in the Age of Mechanical Reproduction", in *Illuminations. Essays and Reflections*. New York: Schocken Books, 1968.

Blancarte, Óscar. *Óscar Liera, pasión por el teatro*. https://www.youtube.com/watch?v=jH9BtAb3quo

Bleichmar, Silvia. *Vergüenza, culpa, pudor*. Buenos Aires: Paidós, 2016.

Braunstein, Néstor A. *El insconsciente, la técnica y el discurso capitalista*. México: Siglo XXI, 2011.

Butler, Judith. "El fantasma del género". *Página 12*. Suplemento Soy. 24 noviembre 2017.

https://www.pagina12.com.ar/77673-el-fantasma-del-genero

Castillo Ramírez, Guillermo. "Desigualdad y exclusión". *Página 12*. Suplemento Cash. 22 abril 2018.
https://www.pagina12.com.ar/109749-desigualdad-y-exclusion

Copjec, Joan. *El sexo y la eutanasia de la razón. Ensayos sobre el amor y la diferencia*. Buenos Aires: Paidós, 2006.

Cuerpos escritos, cuerpos hablados. X Jornadas Escuela Lacaniana de Psicoanálisis. Sin lugar, s.f.
http://elp.org.es/wp-content/uploads/2013/03/Body-Book_X-Jornadas-ELP.pdf

Derrida, Jacques. *Fuerza de ley: "El fundamento místico de la autoridad"*. Alicante: Biblioteca Virtual Miguel de Cervantes, 2001.

---. *Espectros de Marx*. Madrid: Editorial Trotta, 1995.

Dieguez, Ileanna., "Escrituras parricidas/cuerpos rotos de teatralidad". *Investigación teatral* 4.1 (2003): 69-79).

Dubatti, Jorge. "Vanguardia artística y política en los procesos del teatro". Encinas, Percy, ed. *Puesta en Escena y otros problemas del teatro*. Lima: Escuela Nacional Superior de Arte Dramático, 2017. 39-67

---. *El teatro laberinto. Ensayos sobre teatro argentino*. Buenos Aires: Atuel, 1999.

Eidelsztein, Alfredo. "Los conceptos de alienación y separación de Jacques Lacan". file:///C:/Users/Gustavo/Downloads/Dialnet-LosConceptosDeAlienacionYSeparacionDeJacquesLacan-3807296%20(1).pdf

Factorovich, Patricia et al. *Conversaciones sobre el Ideal del Yo y los ideales*. Buenos Aires: Letra Viva, 2014.

Feinmann, José Pablo. "El hombre libre y las grandes alamedas". *Página 12*. 7 enero 2018. https://www.pagina12.com.ar/87517-el-hombre-libre-y-las-grandes-alamedas

---. "El otro, el muro". *Página 12*. 6 noviembre 2016 [ensayo originalmente publicado como "El muro contra la barbarie" por Página 12 el 14 de agosto de 2011]. https://www.pagina12.com.ar/diario/suplementos/libros/10-5962-2016-11-06.html

Fernández, Daniela. "Nota editorial". *Revista lacaniana de psicoanálisis* XII.22 (Abril 2017): 5-6.

Foucault, Michel. *Discurso y verdad. Conferencias sobre el coraje de decirlo todo*. Buenos Aires: Siglo XXI Editores, 2017.

---. *La arqueología del saber*. México: Siglo XXI, 1998.

---. *Las palabras y las cosas*. Buenos Aires: Siglo XXI, 1989.

Freed, Donald. *Freud and Stanislavski*. New Directions in the Performing Arts. New York: Vantage Press, 1964.

Freud, Sigmund. *El malestar en la cultura. Obras completas* XXI. Buenos Aires: Amorrortu, 1992.

---. *Psicología de las masas y análisis del yo. Obras completas* XVIII. Buenos Aires: Amorrortu, 1992.

Friera, Silvina. "Emilio García Wehbi: Rechazo la idea de familia, que es casi una parodia". *Página 12*. Cultura y espectáculos. 26 marzo 2018. https://www.pagina12.com.ar/103929-rechazo-la-idea-de-familia-que-es-casi-una-parodia

Galicia, Rocío. *Ánima y santones. Vida y milagros del Niño Fidencio, el Tiradito y Malverde*. México: CITRU, 2008.

---. *Dramaturgia en contexto I. Diálogo con veinte dramaturgos del noreste de México*. México: Instituto Nacional de Bellas Artes/CITRU, 2007.

---. *Dramaturgia en contexto II. Diálogo con veinte dramaturgos del noroeste de México*. Manuscrito.

García, Germán. "Verdad = mentira. Al mentir sobre la realidad digo la verdad del deseo". https://planetafreud.wordpress.com/2011/11/14/verdad-mentira-al-mentir-sobre-la-realidad-digo-la-verdad-del-deseo/

Geirola, Gustavo. "Una posible genealogía de lo político teatral: El régimen de verdad de la escena teatral." *Revista Artescena* (Chile) 3 (Mayo 2017): 13-41. http://www.artescena.cl/una-posible-genealogia-de-lo-politico-teatral-el-regimen-de-verdad-de-la-escena-teatral/

---. *Praxis teatral. Saberes y enseñanza. Reflexiones a partir del teatro argentino reciente*. Buenos Aires/Los Ángeles: Argus-*a* Artes y Humanidades/Arts & Humanities, 2017.

---. "El bifurcado camino de la melancolía: la civilización del espectáculo y el futuro del teatro latinoamericano". Encinas, Percy, ed. *Puesta en Escena y otros problemas del teatro*. Lima: Escuela Nacional Superior de Arte Dramático, 2017. 81-118.

---. *¡Todo a pulmón! Entrevistas a diez teatristas argentinos*. Co-ed. con Lola Proaño. Buenos Aires/Los Ángeles: Argus-*a* Artes y Humanidades/Arts & Humanities, 2016.

---. "Género, soberanía y dominación: *La viuda de Rafael* en la televisión". BADEBEC *Revista del Centro de Estudios de Teoría y Crítica Literaria* 5.10 (March 2016): 110-129 http://www.badebec.org/badebec_10/sitio/pdf/articulos_geirola_10.pdf

---. *Arte y oficio del director teatral en América Latina*. 6 volúmenes. Buenos Aires/Los Ángeles: Argus-*a* Artes y Humanidades/Arts & Humanities.

---. "Los cuerpos del actor". Encinas C., Percy, ed. *Stanislavski, desde nuestros teatros*. Lima: AIBAL, 2014. 57-84

---. "Praxis teatral y puesta en escena: la psicosis como máscara espectatorial en el ensayo teatral (2ª parte)". *Telondefondo Revista de teoría y crítica teatral* 9.18 (2013). http://www.telondefondo.org/numero18/articulo/487/praxis-teatral-y-puesta-en-escena-la-psicosis-como-mascara-espectatorial-en-el-ensayo-teatral-2-parte-.html

---. "Praxis teatral y puesta en escena: la psicosis como máscara espectatorial en el ensayo teatral (1ª parte)". *Telondefondo Revista de teoría y crítica teatral* 9.17 (2013). http://www.telondefondo.org/numeros-anteriores/numero17/articulo/464/praxis-teatral-y-puesta-en-escena-la-psicosis-como-mascara-espectatorial-en-el-ensayo-teatral-1-parte.html

---. "El director y su público: la puesta en escena y las estructuras espectatoriales." *Telondefondo Revista de teoría y crítica teatral* 8.15 (2012).

http://telondefondo.org/numero15/articulo/403/el-director-y-su-publico-la-puesta-en-escena-y-las-estructuras-espectatoriales.html

---. "Los cuatro discursos lacanianos y las dramaturgias." *Argus-a* Vol. 1 No. 2 Diciembre 2011/Enero 2012. http://www.argus-a.com.ar/ensayos-essays/195:los-cuatro-discursos-lacanianos-y-la-dramaturgia.html

---. "Más allá de la teatralidad del teatro: lo imaginario, lo simbólico y lo real. Un ejercicio de la praxis teatral." *Revista Contraluz* 2.II (2010): 5-17.

---. "Aproximación lacaniana a la teatralidad del teatro: desde la fase del espejo al modelo óptico. Notas para interrogar nuestras ideas cotidianas sobre el teatro y el realismo." Pellettieri, Osvaldo, ed. *En torno a la convención y la novedad.* Buenos Aires: Galerna/Fundación Roberto Arlt, 2009. 33-52.

---. "Aproximación psicoanalítica al ensayo teatral: algunas notas preliminares al concepto de 'transferencia'". *Aisthesis Revista Chilena de Investigaciones Estéticas* 46 (2009): 252-269.

---. "Notas sobre el ensayo teatral: El concepto de transferencia y el deseo del director". *Ateatro* 13 (2007): 14-25.

---. "Ensayando la lógica o la lógica del ensayo: Construcción de personaje y temporalidad de la certeza subjetiva." *Teatro XXI* 12.23 (2006): 35-48.

---. *Teatralidad y experiencia política en América Latina (1957-1977).* [1ra. Edición Irvine: Gestos, 2000]. 2da. Edición. Buenos Aires/Los Ángeles: Argus-*a* Artes y Humanidades/Arts & Humanities, 2018.

Gerez Ambertín, Marta. *Las voces del superyó. En la clínica psicoanalítica y en el malestar en la cultura.* Buenos Aires: Manantial, 1993.

---. *Venganza ◊ Culpa. Dilemas y respuestas en psicoanálisis.* Buenos Aires: Letra Viva, 2016.

---, ed. *Culpa, responsabilidad y castigo en el discurso jurídico y psicoanalítico I.* 3ra. Edición. Buenos Aires: Letra Viva, 2011.

---, ed. *Culpa, responsabilidad y castigo en el discurso jurídico y psicoanalítico III*. Buenos Aires: Letra Viva, 2009.

---, ed. *Culpa, responsabilidad y castigo en el discurso jurídico y psicoanalítico II*. Buenos Aires: Letra Viva, 2004.

Gorog, Françoise. *La clínica entre perversión y psicosis*. Buenos Aires: Manantial, 2017.

Greiser, Irene. *Sexualidades y legalidades. Psicoanálisis y derecho*. Buenos Aires: Paidós, 2017.

Grüner, Eduardo. "El mito al cuadrado y el incesto intermedio". *Conjetural Revista Psicoanalítica* 65 (Sept. 2016): 107-126.

Hernández, Virginia. "La Pepena" y "La ciudad de las moscas", en *Teatro de frontera*. México: Siglo XXI, UJED, Espacio Vacío, 2005.

Kojève, Alexander. *Dialéctica de lo real y la idea de la muerte en Hegel*. Buenos Aires: Leviatán, 2013.

---. *La dialéctica del amo y del esclavo en Hegel*. Buenos Aires: Editorial La Pleyade, 1982.

Lacan, Jacques. "Entrevista en la revista Panorama". *Revista lacaniana de psicoanálisis* XII.22 (Abril 2017): 9-17.

---. *Otros escritos*. Buenos Aires: Paidós, 2012.

---. *Escritos*. 2 tomos. Buenos Aires: Siglo XXI, 2007.

---. *Seminario 23 El sinthome*. Buenos Aires: Paidós, 2006.

---. *Seminario 3. Las psicosis*. Buenos Aires: Paidós, 1995.

---. *Seminario 24 L'insú...*, inédito, clase del 16/11/76. http://www.bibliopsi.org/docs/lacan/29%20Seminario%2024.pdf

---. *Seminario 11. Los cuatro conceptos fundamentales del psicoanálisis*. Buenos Aires: Paidós, 1987.

---. *Seminario 20. Aun*. Barcelona: Paidós, 1985.

---. *Seminario 1 Los escritos técnicos de Freud*. Buenos Aires: Paidós, 1981.

---."LaTercera".https://www.lacanterafreudiana.com.ar/2.5.1.35%20%20LA%20TERCERA.pdf

Laurent, Eric. "El analista ciudadano" en *Psicoanálisis y Salud Mental*. Buenos Aires: Ed. Tres Haches, 2000. 113-121.

file:///C:/Users/Gustavo/Downloads/documentop.com_el-analista-ciudadano-laurent-wordpress-com_598d34281723dd5b692db97c.pdf

Legendre, Pierre. *La fábrica del hombre occidental. Seguido de "El hombre homicida"*. Buenos Aires: Amorrortu, 2008.

Leyack, Patricia. *Escrituras en el análisis*. Buenos Aires: Paidós, 2017.

Ludmer, Josefina. *El cuerpo del delito. Un manual*. Buenos Aires: Libros Perfil, 1999.

Lutereau, Luciano y Agustín Kripper, comp. *Deseo, poder y diferencia. Foucault y el psicoanálisis*. Buenos Aires: Letra Viva, 2013.

Mello, Luiciana de. "Un enigma a voces". Página 12. 4 febrero 2018. https://www.pagina12.com.ar/93306-un-enigma-a-voces

Merlin, Nora. *Populismo y psicoanálisis*. Buenos Aires: Letra Viva, 2015.

Mijares, Enrique. "La violencia en la dramaturgia de la frontera norte de México", en Alcántara Mejía, José Ramón y Jorge Yangali Vargas, coords., *La re/presentación de la violencia en el teatro latinoamericano contemporáneo: ¿ética y/o estética?* México: Universidad Iberoamericana, 2016. 227-246.

---. *Jauría. Frontera Abierta II: Jauría. Antología Personal.* Durango: México: FORCAN/CONACULTA, 2010. 43-60.

Miller, Jacques-Alain. "El psicoanálisis, la ciudad, las comunidades". *Revista lacaniana de psicoanálisis* XII.22 (Abril 2017): 21-38.

---. *Un esfuerzo de poesía*. Buenos Aires: Paidós, 2016.

---. *Los signos del goce*. Buenos Aires: Paidós, 2012.

Montes, Alicia. *De los cuerpos travestis a los cuerpos zombis. La carne como figura de la historia*. Buenos Aires/Los Ángeles: Argus-*a* Artes y Humanidades/Arts & Humanities, 2017.

Monsiváis, Carlos. "El Niño Fidencio". Valenzuela Arce, José Manuel, ed. *Entre la magia y la historia: Tradiciones, mitos y leyendas de la frontera*. Tijuana: COLEF & Plaza y Vadés, 2000. 107-118.

Moreno, Iani del Rosario. *Theatre of the Borderlands: Conflict, Violence, and Healing*. Lanham, Boulder, New York, London: Lexington Books, 2015.

Naranjo Mariscal, José Antonio. "La repetición en Freud y en Lacan". http://www.scb-icf.net/nodus/contingut/arcle.php?art=42&rev=16&pub=1

Palant, Jorge. "Coriolano, una rareza trágica". *Conjetural Revista Psicoanalítica* 65 (Sept. 2016): 83-92.

Pavis, Patrice. "La puesta en escena contemporánea como sociología". Encinas, Percy, ed. *Puesta en Escena y otros problemas del teatro*. Lima: Escuela Nacional Superior de Arte Dramático, 2017. 21-38.

Pavlovsky, Federico. "Rostros familiares". *Página 12* 18 de diciembre 2017 (republicada el 4 de marzo 2018). https://www.pagina12.com.ar/99300-rostros-familiares

---. "Dime quién te denuncia y te diré quién eres". *Página 12* 5 de marzo 2018. https://www.pagina12.com.ar/99451-dime-quien-te-denuncia-y-te-dire-quien-eres

Perucci, Cristián. "Decadencia, revolución y esperanza en Walter Benjamin". *Revista Sudhistoria* 1.1 (2010): 122-148. file:///C:/Users/Gustavo/Downloads/Dialnet-DecadenciaRevolucionYEsperanzaEnWalterBenjamin-3406511.pdf

Rascón Banda, Víctor Hugo. Apaches. Mijares, Enrique, ed. *Víctor Hugo Rascón Banda: Teatro de frontera 13*. Durango, México: UAJD, Espacio Vacío Editorial, 2004. 519-558.

Ritvo, Juan Bautista. "De la pulsión acéfala al deseo perturbador". *Conjetural Revista Psicoanalítica* 65 (Sept. 2016): 19-32.

Saal, Frida. "Escansión, interpretación y acto". http://booksandtales.com/talila/escansion.php

Salcedo, Hugo. *Noche estrellada sobre el campo de pepinos. Nosotras que los queremos tanto*. Tijuana, BC.: Centro Cultural Tijuana, 2011.

---. *Onania. Seis metros, quinientos kilos y un chorro de espuma*. Tijuana, BC.: Universidad Autónoma de Baja California, 2008.

---. "Los choros" en *El perseguidor de Tlaxcala y otras obras de teatro*. Mexicali, Baja California: Universidad Autónoma de Baja California, 2008. 67-104

---. "Dramaturgia mexicana contemporánea: ¿Qué rayos está pasando? *Latin American Theater Review* (March 1994): 127-132.

Soler, Colette. "El cuerpo en la enseñanza de Jacques Lacan". https://agapepsicoanalitico.files.wordpress.com/2013/07/colettesoler-elcuerpoenlaensenanzadejacqueslacan.pdf

Spargo, Tamsin. *Foucault and Queer Theory*. New York: Totem Books, 1999.

Sartre, Jean Paul. *El ser y la nada*. Buenos Aires: Losada, 1966.

Szuchmacher, Rubén. "Tolerar lo incapturable". *Revista lacaniana de psicoanálisis* XII.22 (Abril 2017): 155-169.

Tarrab, Mauricio. "Notas sobre el cuerpo". *Metaphora* (Guatemala) 3 (Nov. 2004).http://pepsic.bvs lud.org/scielo.php?script=sci_arttext&pid=S2072-06962004000100016

Tiberi, Olga. "J. Derrida: La deconstrucción de lo humano". Argus-*a* Artes y Humanidades/Arts & Humanities II.7 (2013).
http://www.argus-a.com.ar/publicacion/333-jderrida-la-deconstruccion-de-lo-humano.html

Villalobos Herrera, Álvaro. "Utopías de liberación". En Diégues, Iliana, compiladora. Cartografías críticas", vol. 1. Los Ángeles: Ediciones Karpa, 2018. http://www.calstatela.edu/al/karpa/villalobos

Otras publicaciones de Argus-*a*:

Virgen Gutiérrez
Mujeres de entre mares. Entrevistas

Ileana Baeza Lope
Sara García: ícono cinematográfico nacional mexicano, abuela y lesbiana

Gustavo Geirola
Teatralidad y experiencia política en América Latina (1957-1977)

Domingo Adame
Más allá de la gesticulación. Ensayos sobre teatro y cultura en México

Alicia Montes y María Cristina Ares (compiladoras)
Cuerpos presentes. Figuraciones de la muerte, la enfermedad, la anomalía y el sacrificio.

Lola Proaño Gómez y Lorena Verzero / Compiladoras y editoras
Perspectivas políticas de la escena latinoamericana. Diálogos en tiempo presente

Gustavo Geirola
Praxis teatral. Saberes y enseñanza. Reflexiones a partir del teatro argentino reciente

Alicia Montes
De los cuerpos travestis a los cuerpos zombis. La carne como figura de la historia

Lola Proaño - Gustavo Geirola
¡Todo a Pulmón! Entrevistas a diez teatristas argentinos

Germán Pitta Bonilla
La nación y sus narrativas corporales. Fluctuaciones del cuerpo femenino en la novela sentimental uruguaya del siglo XIX (1880-1907)

Robert Simon
To A Nação, with Love: The Politics of Language through Angolan Poetry

Jorge Rosas Godoy
Poliexpresión o la des-integración de las formas en/desde La nueva novela *de Juan Luis Martínez*

María Elena Elmiger
DUELO: Íntimo. Privado. Público

María Fernández-Lamarque
Espacios posmodernos en la literature latinoamericana contemporánea: Distopías y heterotopíaa

Gabriela Abad
Escena y escenarios en la transferencia

Carlos María Alsina
De Stanislavski a Brecht: las acciones físicas. Teoría y práctica de procedimientos actorales de construcción teatral

Áqis Núcleo de Pesquisas Sobre Processos de Criação Artística Florianópolis
Falas sobre o coletivo. Entrevistas sobre teatro de grupo

Áqis Núcleo de Pesquisas Sobre Processos de Criação Artística Florianópolis
Teatro e experiências do real (Quatro Estudos)

Gustavo Geirola
El oriente deseado. Aproximación lacaniana a Rubén Darío.

Gustavo Geirola
Arte y oficio del director teatral en América Latina. Tomo I México - Perú

Gustavo Geirola
Arte y oficio del director teatral en América Latina. Tomo II. Argentina – Chile – Paragua – Uruguay

Gustavo Geirola
Arte y oficio del director teatral en América Latina. Tomo III Colombia y Venezuela

Gustavo Geirola
Arte y oficio del director teatral en América Latina. Tomo IV Bolivia - Brasil - Ecuador

Gustavo Geirola
Arte y oficio del director teatral en América Latina. Tomo V. Centroamérica – Estados Unidos

Gustavo Geirola
Arte y oficio del director teatral en América Latina. Tomo VI Cuba- Puerto Rico - República Dominicana

Gustavo Geirola
Ensayo teatral, actuación y puesta en escena. Notas introductorias sobre psicoanálisis y praxis teatral en Stanislavski

Argus-*a*
Artes y Humanidades / Arts and Humanities
Los Ángeles – Buenos Aires
2018

www.ingramcontent.com/pod-product-compliance
Lightning Source LLC
Chambersburg PA
CBHW020633220526

45464CB00001B/134